PICKWICK

MARCO PACORI

I SEGRETI
DEL LINGUAGGIO
DEL CORPO

Sperling & Kupfer

Le fotografie scattate in studio di posa sono di Pierluigi Bumbaca.

FSC
www.fsc.org
MISTO
Carta
da fonti gestite in
maniera responsabile
FSC® C115118

www.pickwicklibri.it
www.sperling.it

I segreti del linguaggio del corpo
di Marco Pacori
Proprietà Letteraria Riservata
© 2010 Sperling & Kupfer Editori S.p.A.
© 2018 Mondadori Libri S.p.A., Milano

ISBN 978-88-6836-064-1

I edizione Pickwick luglio 2013

Anno 2018-2019-2020 - Edizione   18 19 20 21 22 23 24 25 26

Indice

Introduzione

Volevo diventare un disegnatore di fumetti.

I miei soggetti preferiti non erano paesaggi, animali o altro, ma la figura umana e il suo movimento: credo sia nata lì la mia curiosità per tutto ciò che il corpo esprime.

Poi, a 12 anni, l'incontro fatale: un libraio mi suggerisce alcuni testi tra cui *Il piccolo Hans. Analisi della fobia di un bambino di cinque anni*, di Freud. Non dimenticai i fumetti, ma un'altra passione aveva cominciato a farsi strada nella mia mente: la psicologia e lo studio del comportamento.

Più o meno da quell'età ho iniziato ad approfondire l'argomento dedicandomi a letture sempre più complesse.

Volevo diventare psicoanalista (a 18 anni avevo finito di leggere tutte le opere di Freud), ma un anno dopo un altro evento ha cambiato il corso della mia vita: ho assistito a una conferenza in cui si parlava di linguaggio del corpo e di ipnosi. Finalmente una psicologia di cui vedevi l'effetto in modo immediato.

Sono diventato psicologo! Esperto in linguaggio del corpo e in ipnosi… ovviamente non verbale.

Il mio primo corso su questi temi l'ho seguito nel 1983 e da quel momento non ho più smesso di studiare, applicare e approfondire la materia.

Nel 1988 ho tenuto la mia prima lezione sul linguaggio del corpo.

Ho pubblicato il primo articolo al riguardo nel 1989 e il primo libro, *Come interpretare i messaggi del corpo*, nel 1997.

Era il 2000 quando ho creato un piccolo sito web, «Il linguaggio del corpo» (www.linguaggiodelcorpo.it). Ora è il più importante riferimento italiano su Internet su questo tema e grazie alla sua ampia sezione internazionale mi ha dato modo di presentarmi «referenziato» ai più noti esperti mondiali sull'argomento: gli americani David Givens e Joseph C. Hager, lo spagnolo Jaume Masip, gli israeliani Nili e Gabriel Raam, la serba Aleksandra Kostic e numerosi altri.

Con molti di loro siamo diventati amici e abbiamo avuto modo di scambiare osservazioni, opinioni, vedute. Questo mi ha permesso di modificare il mio approccio alla comunicazione non verbale, facendo sì che potessi integrare la mia prospettiva di stampo europeo con quelle di altre culture.

I veri maestri, però, sono state tutte le persone che ho incontrato o osservato: ai corsi che tengo, sulle banchine dei treni, nelle sale d'attesa degli aeroporti, durante una seduta...; da sempre giro con foglietti per appunti (e se non ho altro scrivo anche su un tovagliolo) per annotarmi un particolare gesto oppure una reazione non verbale a un discorso che mi colpisce.

Il linguaggio del corpo è la mia passione. Credo di essere uno dei pochi fortunati a far coincidere il proprio interesse con la professione. Inoltre sono curioso di natura e non ho mai smesso di meravigliarmi e stupirmi guardando cosa fa la gente.

Non mi sono limitato al mio campo, ma ho voluto approfondire tutto quello che poteva aiutarmi a capirlo meglio: neurologia, fisiologia, linguistica, zoologia eccetera. Forse sono monomaniacale al riguardo, ma credo sia l'unico modo per conoscere davvero a fondo qualcosa.

Come ha fatto Freud con i propri sogni, ho usato spesso me stesso come fonte di osservazione e questo mi ha fatto capire molte cose di me, ma soprattutto mi ha dato la possibilità di prendere fiducia e familiarità con il metodo di lettura della comunicazione non verbale.

Questo libro è la sintesi di quasi trent'anni di studio e mi auguro che ora possa esservi utile per appassionarvi alla materia e capire quanto il linguaggio del corpo sia importante in ogni rapporto umano.

Buona lettura,

1

Una panoramica

Il «mondo perduto»

Tutta la nostra cultura è fondata sulla parola, sul suo apprendimento e sulla sua importanza, ma quando ci troviamo a faccia a faccia con qualcuno, o semplicemente ci passa sotto gli occhi, ci bastano pochi secondi per essere già in grado di farci un'idea di chi abbiamo di fronte. Un abito sgualcito, un'acconciatura perfetta, la fragranza del suo profumo, la forma, l'espressione e la mobilità dei suoi occhi, la corporatura, la posizione delle spalle influenzano il nostro giudizio senza necessità che l'altro apra bocca.

In altre parole, possiamo formarci l'impressione di una data persona solo sulla base di indizi non verbali.

Queste valutazioni potrebbero apparire affrettate e approssimative, ma spesso si rivelano accurate e precise. In uno studio sulla prima impressione, per esempio, a diverse persone senza alcuna preparazione è stato mostrato un filmato di 20-30 secondi in cui un aspirante candidato si presentava per un lavoro. Ai partecipanti è stato chiesto di valutare quanto il soggetto ripreso fosse sicuro di sé e affabile. Con grande sorpresa, gli sperimentatori si sono accorti che i giudizi quasi non si discostavano da quelli di esaminatori esperti che avevano trascorso almeno 20 minuti con il candidato.

Secondo Nalini Ambady, docente di psicologia alla Tufts University di Medford, Massachusetts, sono sufficienti 3 secondi per giungere a conclusioni mirate su un perfetto sconosciuto. Questa capacità di farci un quadro rapido e corretto di qualcuno, afferma la studiosa, ha radici ancestrali e viene controllata da una regione del nostro cervello – l'amigdala, come vedremo più avanti – che «ragiona» per sensazioni, sulla base di una percezione «olistica», cioè di un'impressione globale.

Bene, allora basta ascoltare le proprie sensazioni, crederci e osservare con cura per poterci muovere con assoluta disinvoltura nei rapporti interpersonali! Peccato che, tranne in casi eccezionali, questo succeda solo nei laboratori sperimentali. Nella vita di ogni giorno siamo in genere pessimi osservatori; non abbiamo né la cultura né l'attenzione per dare ascolto alle nostre percezioni viscerali e, soprattutto, di solito non ci fidiamo del nostro intuito.

Certo, talvolta capita che troviamo qualcuno simpatico o antipatico senza che abbia proferito verbo, oppure che a un colloquio di lavoro o a una visita medica ci sentiamo particolarmente a nostro agio o fortemente a disagio senza nessun motivo apparente; così come di tanto in tanto percepiamo in una persona un «non so che» che non ci convince oppure abbiamo l'impressione che nel nostro partner ci sia qualcosa che non va. Purtroppo, si tratta di esperienze isolate: nella vita quotidiana, proprio perché la nostra educazione ci porta a essere razionali, tendiamo a dare eccessivo peso alle parole e ad ascoltare poco l'intuito, sottovalutando e trascurando i messaggi del corpo.

È gioco forza che, se vogliamo riappropriarci di questa importante fetta della nostra esperienza, dobbiamo «tornare dietro ai banchi» e dedicarci con impegno a imparare nuovamente a cogliere questo linguaggio; questa volta, però, in maniera tecnica: apprendendo il significato degli atti non verbali e prestandoci a un'osservazione attenta per poi interpretare quanto abbiamo rilevato.

Si torna a scuola

Il corpo, ora lo sappiamo, rivela intenzioni, attitudini e personalità in modo automatico e ingovernabile, ma spesso i segnali che tradiscono questi atteggiamenti sfuggono sia a chi li produce sia a chi assiste alla loro esecuzione.

Un esempio di lettura analitica di questo processo è il seguente.

Nel 2004, George W. Bush, allora presidente, intervistato da Carole Coleman, un'arguta

George W. Bush durante l'intervista con Carole Coleman

giornalista irlandese, ha esibito un intero repertorio di segni di tensione.

Alla domanda: «Signor presidente, lei è un uomo con una grande fede in Dio [...] crede che la mano di Dio la stia guidando in questa guerra al terrorismo?» Bush balbetta: «Io penso, io penso /nel frattempo scuote la testa/ che Dio /batte due volte le ciglia e chiude gli occhi per 1 secondo/ che la mia relazione con Dio sia una relazione personale /batte nuovamente due volte le ciglia/. E mi rivolgo al buon Dio perché mi dia la forza; e mi rivolgo al buon Dio per avere una guida [...]»; dopodiché borbotta di nuovo: «Ma, ma, ma... /lo sguardo appare smarrito/ il Dio /porta le mani al petto a indicare che è quello che sente/ che conosco non è quello, quello che /batte le ciglia più volte e porta gli occhi verso il basso senza guardare niente di preciso/ ... il Dio che conosco è quello che, che promuove la pace e la libertà [...]».

Balbettii, esitazioni, ripetizioni, battiti scomposti di ciglia, chiudere gli occhi in modo prolungato, fissare lo sguardo nel vuoto sono tutti segnali di disagio, imbarazzo e confusione.

Dennis O'Mahoney si sposta in avanti

Questa forma di comunicazione, come abbiamo detto, è quasi del tutto incontrollabile.

Non c'è faccia più inespressiva di quella dell'esperto giocatore di poker; eppure Dennis O'Mahoney, notissimo pokerista, in una partita famosa per la sua posta incredibilmente alta, non ha saputo nascondere il nervosismo nei momenti clou del gioco, tradendo la propria apprensione con un *tic all'occhio sinistro, passandosi velocemente la lingua sul labbro inferiore* o *portando il busto in avanti sollevandosi dalla sedia* in un gesto di fuga.

Se nel gioco delle carte conta molto nascondere le emozioni, in altri tornei vale più la logica: è forse per questo (ma più probabilmente perché è molto emotivo) che Garry Kasparov, re incontrastato degli scacchi, nel campionato mondiale del 2002 a New York contro il suo rivale di sempre Anatolij Karpov, non si cura di celare il proprio stato d'animo: più e più volte, infatti, *si tocca la nuca e la parte alta della testa* in segno di confusione, *batte nervosamente il piede, afferra sconsolato la testa fra le mani* in un atto che più avanti definiremo di «autoconforto» eccetera. Per inciso, la partita poi l'ha persa.

Garry Kasparov si tiene la testa fra le mani

Gli atti non verbali dal valore emotivo, come quelli che abbiamo illustrato, comprendono segnali che non hanno lo scopo di comunicare alcunché, anzi, il più delle volte tradiscono impulsi, desideri e pensieri che preferiremmo tenere nascosti. Questo naturalmente non vale per gesti, come quello di Bush di portare le mani al petto, che servono a dare enfasi al discorso, o a comportamenti quali annuire, guardare l'interlocutore alla fine di una frase o sollevare un braccio nel corso di una conversazione, che hanno la funzione di regolare il dialogo.

La comunicazione non verbale è stata definita da Edward Hall, uno dei precursori nello studio di questa materia, «il linguaggio silenzioso». Eppure, la dimensione non verbale ha tutti i «numeri» per non passare inosservata. Le misure effettuate da alcuni studiosi sul volume delle comunicazioni che inviamo più o meno involontariamente dimostrano quanto realmente tale dimensione conti nei nostri scambi.

L'antropologo Albert Mehrabian ha stabilito che solo il 7% di tutte le informazioni che ci arrivano da un'interazione passa attraverso le parole; il restante, che è comunicazione non verbale, si divide in un 38% che ci perviene dal tono della voce e un 55% che arriva dai segnali di mani, braccia, gambe, piedi eccetera. Armato di cronografo, il ricercatore Ray Louis Birdwhistell ha constatato che, mediamente, in una giornata non parliamo per più di 10-12 minuti e che una frase media non dura oltre 10 secondi e mezzo. Sulla base delle sue valutazioni, ha poi stabilito che il 65% delle interazioni da lui esaminate «prendeva la via del corpo».

Naturalmente, queste stime sono indicative e non valgono in tutti i contesti: per esempio, durante una conversazione telefonica o in una chat le parole contano molto di più dei gesti. Tuttavia, in una comune interazione faccia a faccia sono numerosi i segnali che inviamo e riceviamo in modo non verbale.

Proprio per questo motivo, comprendere il significato di tali messaggi involontari diventa un grosso vantaggio a livello interpersonale: capire chi abbiamo di fronte, quali siano le sue intenzioni, se quello che dice coincide con quello che pensa e così via senza che l'interlocutore se ne accorga consente di anticipare le sue mosse, trovare gli argomenti per coinvolgerlo o convincerlo e sapere come «prenderlo».

All'interno della comunicazione non verbale distinguiamo diverse forme espressive, dalla distanza interpersonale al contatto fisico, dai toni di voce ai gesti.

Vediamo ora le caratteristiche delle principali categorie di segnali non verbali.

La prossemica: il rapporto con lo spazio

Edward Hall, l'antropologo che ha coniato il termine prossemica, definisce questa disciplina «*lo studio di come l'uomo struttura inconsciamente i microspazi – le distanze tra gli uomini mentre conducono le transazioni quotidiane –, l'organizzazione dello spazio nella propria casa e negli altri edifici e infine la struttura delle sue città*».

In effetti, come gli animali anche noi umani abbiamo un nostro territorio e lo stabiliamo in ogni luogo in cui ci troviamo: dalla casa all'ufficio, dal nostro banco a scuola alla nostra scrivania sul lavoro, fino al compartimento sul treno o allo spazio che circonda l'ombrellone quando siamo in spiaggia.

La distanza interpersonale

La territorialità è un meccanismo istintivo che negli animali consente la regolazione della diffusione della popolazione e della densità di insediamento; il territorio assume per l'animale il carattere di luogo sicuro, tanto è vero che se perde la propria «tana» diventa più vulnerabile ai predatori. Parallelamente, nelle dispute tra animali della stessa specie per il possesso di un territorio ha in genere la meglio chi già possiede il territorio conteso. Lo stesso vale anche per l'essere umano: si sa, per esempio, che una squadra di calcio che gioca in casa risulta più temibile che se si cimentasse sul campo avversario.

La distanza in base a cui l'uomo regola i rapporti interpersonali è detta «spazio vitale o prossemico»: potremmo rappresentarla come una bolla di sapone che ci avvolge. Ogni violazione dello spazio vitale (che nella nostra cultura si estende in ogni direzione per 70 centimetri-1 metro) da parte di uno sconosciuto, ci provoca un aumento dello stato di tensione. Quando ci troviamo in ambienti affollati, in cui lo spazio prossemico si riduce fino a portarci a stretto contatto con gli altri, proviamo un forte senso di frustrazione e stress, inoltre diventiamo particolarmente intolleranti e insofferenti.

La disposizione dei tavoli al ristorante fa la differenza

In spazi pubblici, come sale di attesa o locali, la disposizione di sedie, tavoli e altri elementi di arredo influenza il nostro umore e i nostri atteggiamenti.

Lo hanno provato Stephani Robson e Sheryl Kimes della School of Hotel Administration della Cornell University.

Nella loro ricerca hanno constatato che se in un locale i tavoli sono troppo vicini (nel loro studio si trovavano a circa 40 centimetri l'uno dall'altro), i clienti sono meno soddisfatti e lasciano il ristorante più in fretta rispetto a quando tra i tavoli c'è uno spazio più confortevole (circa 1 metro). Questa differenza ha importanti implicazioni per il successo del locale e sul piano remunerativo: il cliente vi trascorre più tempo e tende a spendere di più, spesso ci ritorna, lo consiglia agli amici.

Tornando al concetto di spazio prossemico, va precisato che la «bolla» non è sferica: infatti, una violazione prossemica fatta sul fianco crea meno tensione di una frontale, o, in alcuni casi, da dietro: la bolla ha, in definitiva, dei contorni irregolari. Inoltre, lo spazio prossemico personale varia da cultura a cultura: è molto ridotto nei popoli dei Paesi caldi (come tra i latinoamericani o gli arabi), in cui arriva quasi al contatto fisico; è invece molto ampio nei Paesi freddi (tra gli inglesi misura circa 2 metri). Da questa diversità possono nascere dei problemi nei rapporti interetnici: qualcuno può trovare il suo interlocutore appiccicoso, mentre quest'ultimo può ritenere il primo freddo.

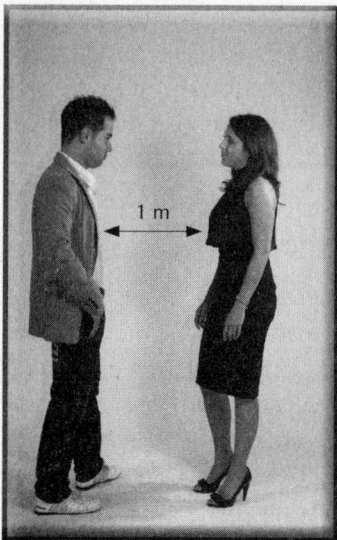

La distanza prossemica personale

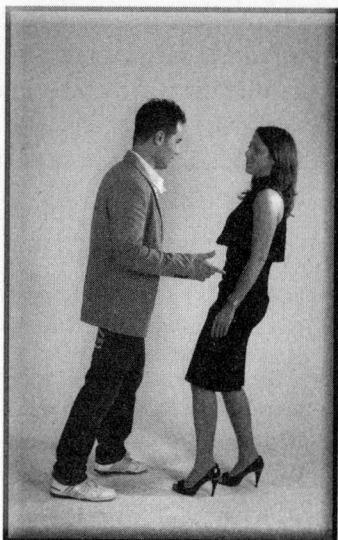

Un esempio di violazione della distanza prossemica

Distinguiamo quattro distanze prossemiche, e per ciascuna abbiamo una fase di vicinanza e una di lontananza:

» distanza intima: da 0 cm a 45 cm;
» distanza personale: da 45 cm a 70 cm-1 m;
» distanza sociale: da 120 cm a 2 m;
» distanza pubblica: attorno ai 3 m.

La **distanza intima** è la distanza dei rapporti intimi (per esempio tra partner) e sconfina nel contatto fisico: a questa distanza si può sentire l'odore e il calore dell'altro; inoltre si possono avvertire le sue emozioni; gli sguardi diretti sono poco frequenti; il tono della voce è più basso, così come il volume.

La **distanza personale** è la distanza adottata da amici o persone che provano attrazione per l'altro: a questa distanza si può toccare l'altro, lo si guarda più frequentemente che nel caso della distanza intima, ma non se ne sente l'odore e il calore.

La **distanza sociale** è una distanza adottata nei rapporti formali: con gli impiegati di un ufficio, con commercianti e professionisti.

La **distanza pubblica** è la distanza che manteniamo fra il nostro gruppo (in spiaggia, su un prato eccetera) e gli estranei e si colloca attorno ai 3 metri.

Lo status di un individuo influenza la dimensione della sua zona personale: tanto più elevata è la posizione sociale o lavorativa, tanto più ampia sarà la sua sfera prossemica. Inoltre, dirigenti e graduati dell'esercito spesso reputano di essere in diritto di violare la distanza intima dei propri subordinati.

La distanza prossemica è influenzata da diversi fattori: etnici, di temperamento (una persona estroversa viola più facilmente lo spazio prossemico di una introversa), relativi allo stato d'animo (un individuo nervoso o furioso mostra di tollerare meno degli altri la violazione dello spazio personale; uno depresso può anche non percepirla) o alla storia personale (per esempio, se una donna ha subìto uno stupro, può diventare particolarmente suscettibile all'avvicinamento di un uomo).

Un altro fattore che incide sulla percezione della distanza interpersonale è il *sesso*: una donna solitamente gradisce di più un avvicinamento frontale rispetto a uno laterale, mentre per un uomo è l'esatto contrario.

Infine, un *ambiente* particolarmente opprimente e minaccioso rende le persone più circospette e aggressive quando qualcuno si avvicina loro. In un esperimento condotto su un gruppo di carcerati è stato dimostrato come gli individui violenti abbiano un ampio spazio prossemico, circa tre volte più esteso rispetto ai prigionieri più docili. Peraltro, questi ultimi mostrano un aumento della percezione prossemica posteriore perché, come confermato dagli stessi reclusi, temono un attacco fisico o omosessuale da tergo.

Distanza interpersonale
e impulso di autoconservazione

Lo spazio che interponiamo tra noi e gli altri nasce da un compromesso tra l'esigenza di avere un contatto e il bisogno di mantenere le distanze; tanto maggiore è la confidenza, la familiarità o l'attrazione che proviamo nei confronti del nostro interlocutore, tanto più lo faremo avvicinare; quanto più invece l'altro ci suscita diffidenza, ostilità o ci intimidisce, tanto più lo terremo alla larga.

Attraverso la rilevazione della resistenza elettrica della pelle si era già accertato che una violazione della distanza interpersonale provoca un aumento della tensione emotiva, ma recentemente Ralph Adolphs e Daniel Kennedy del California Institute of Technology sono giunti alla conclusione che la sensazione di disagio che proviamo in quel caso dipenda dall'attivazione dell'amigdala, una delle strutture più primitive del cervello che, come vedremo, è la principale artefice del linguaggio del corpo.

Per accertarlo gli studiosi hanno esaminato le reazioni di una donna di 42 anni che aveva subìto un'estesa lesione all'amigdala. La paziente dava segni di insofferenza solo quando una ricercatrice le stava a circa 35 centimetri, distanza di gran lunga più contenuta rispetto a quella (64 centimetri) che per altri venti volontari era fonte di stress.

Il coinvolgimento dell'amigdala è stato rilevato attraverso la FMRI, la risonanza magnetica funzionale, che in pratica «filma» il cervello. L'amigdala, peraltro, durante l'esperimento manifestava un'attività più intensa sia nella donna in questione sia negli altri partecipanti.

La cinesica: i movimenti del corpo

La cinesica riguarda i movimenti prodotti da una singola parte del corpo: gli esempi di cinesica più noti sono i «gesti», ma appartengono a questa classe anche i movimenti del collo, del tronco, del naso (come un arricciamento), della bocca, dei piedi (come pestarsi i piedi, artigliarli, sollevare i talloni eccetera), delle dita, delle gambe e degli occhi.

La maggior parte dei movimenti cinesici sono involontari e legati all'emozione che si prova al momento; altri accompagnano il discorso, lo sostituiscono, lo completano: possiamo disegnare nell'aria una silhouette per suggerire l'idea di una donna formosa o, nel puntualizzare qualcosa, fare un gesto simile all'ok, muovendo la mano in verticale.

Alcuni movimenti di tronco, braccia e testa hanno la funzione di regolare il flusso della conversazione. Fissare in modo prolungato l'altro mentre prima si distoglieva lo sguardo, schiudere le labbra, spostare il busto in avanti, sollevare un braccio sono segnali che indicano a chi parla di ampliare quanto dice, di cambiare discorso, di ripetere, di affrettarsi, di passare la parola.

Analizziamo ora le diverse categorie dei segnali cinesici, affidandoci alla classificazione messa a punto da due dei più eminenti studiosi di questo tipo di comportamento, Paul Ekman e Wallace Friesen.

I ricercatori propongono cinque classi di segnali:

» emblemi;
» illustratori;
» *affect-display* (dimostratori di emozioni);
» regolatori;
» adattatori.

Vediamoli nel dettaglio.

La categoria degli **emblemi** definisce atti non verbali che hanno una traduzione verbale immediata, conosciuta e condivisa dai membri di un gruppo, di una classe, di una cultura, insomma presentano un significato concordato.

Solitamente la loro funzione è quella di ripetere o sostituire il discorso che accompagnano. Gli emblemi possono prendere il posto delle parole qualora non si riesca a parlare a causa del rumore, della distanza, di condizioni organiche (mutismo) o convenzioni (per esempio nel gioco dei mimi).

Gli emblemi sono prodotti consapevolmente, in modo intenzionale e deliberato e il loro impiego viene appreso nell'ambito di una data cultura. A questa classe appartengono il gesto di sollevare

Il gesto delle corna

il pollice per indicare che «è tutto a posto», il battersi la tempia per suggerire che qualcuno è «tocco», il ruotare l'indice nella guancia per esprimere l'idea di un cibo particolarmente gustoso e così via. Ma attenzione, non sempre gli emblemi hanno un significato univoco: fare il segno delle corna può indicare che il destinatario ha un partner infedele oppure essere usato come atto scaramantico.

Un gruppo di scienziati del National Institute on Deafness and Other Communication Disorders (Istituto nazionale statunitense sulla sordità e altri disturbi della comunicazione) ha scoperto che questo tipo di gesti, assieme ai cinetografici o «pantomime», che vedremo tra poco, viene elaborato dalle stesse aree cerebrali in cui viene prodotto il linguaggio.

Non siamo soli

Gli etologi Amy Pollick e Frans de Waal dello Yerkes National Primate Research Center di Atlanta hanno dimostrato che i nostri cugini primati usano qualcosa di molto simile agli emblemi, il cui senso può cambiare a seconda del contesto.

Osservando il comportamento sociale tra scimpanzé e bonobo in cattività, hanno identificato trentuno gesti che intendevano esprimere un preciso messaggio, ma tale messaggio poteva variare a seconda della situazione in cui i segnali venivano esibiti.

Per esempio, il gesto di stendere un braccio con il palmo verso l'alto è generalmente usato per chiedere cibo o conforto ma, dopo un combattimento o nel corso di una riconciliazione, ha lo scopo di sollecitare una maggiore vicinanza oppure un contatto fisico.

I gesti **illustratori** sono direttamente collegati al discorso e servono, appunto, a illustrare ciò che viene detto, solitamente mentre viene detto.

Possiamo distinguere sei tipi di illustratori: le «*bacchette*» (movimenti che «battono il tempo», accentuando ed enfatizzando particolari parole o frasi); i *movimenti ideografici* (segnali che indicano la direzione del pensiero; per esempio muovere la mano davanti alla fronte per esprimere l'idea di essere storditi); i *movimenti deittici* (segnalano qualcosa o qualcuno che si trova davanti o attorno a noi; per esempio puntare l'indice verso qualcosa su cui vogliamo richiamare l'attenzione o che è oggetto del nostro discorso). Abbiamo poi i *movimenti spaziali*, che descrivono una relazione spaziale: nell'illustrare la dinamica di un incidente potremmo far collidere la punta delle nostre dita tenute unite per rappresentare lo scontro delle automobili. I *movimenti cinetografici o pantomime* sono gesti che illustrano un'azione del corpo; per esprimere l'idea di avere respinto qualcuno possiamo portare effettivamente le mani davanti a noi come se stessimo spingendo per allontanare qualcosa. Infine, i *movimenti pittografici*: delineano la sagoma di ciò a cui ci si sta riferendo (per esempio, si traccia una linea curva dalla base dello sterno al bacino per indicare una persona sovrappeso o una donna incinta).

Cogliere i gesti cinetografici
per leggere nel pensiero

I movimenti anticipano sempre di qualche attimo quello che stiamo per dire, ma a volte succede che riusciamo a esprimerci solo a gesti, mentre la parola non ci viene in mente.

Le «pantomime», come abbiamo accennato, sono elaborate dalle stesse aree del cervello che producono il linguaggio, perciò chi le osserva riesce a tradurle facilmente in parole, intuendo quello che l'altro sta per dire (o non riesce a esprimere) ancora prima che l'interlocutore apra bocca. Questa capacità consente quindi di anticipare la battuta di chi ci sta di fronte o di dirla simultaneamente con lui o lei, creando innanzitutto l'impressione di essere molto in sintonia con l'altro (cosa che ci rende ai suoi occhi interlocutori accattivanti). Se poi esprimiamo quello che pensa ma non è in grado di mettere in parole, possiamo addirittura sembrare capaci di leggere nel pensiero (il che aumenta il nostro *appeal* nei suoi confronti)!

Un esercizio per diventare sensitivi

L'abilità a cogliere i segnali cinetografici può essere acquisita con un semplice esercizio:

1) per prima cosa registrate un talk show;
2) guardatelo con il dito pronto sul tasto PAUSA;
3) non appena vedete qualcuno fare un gesto che vi pare descrittivo, mettete in pausa;
4) spiegate a voce o per iscritto quello che supponete stia per dire chi parla;
5) riavviate il filmato e verificate se quanto avete ipotizzato coincide con ciò che dice effettivamente il parlante;
6) ripetete questo esercizio più volte e poi usate la vostra nuova abilità per sorprendere amici e conoscenti.

Gli **affect-display** (dimostratori di emozioni) sono movimenti dei muscoli facciali e corporei associati alle emozioni primarie (sorpresa, paura, collera, disgusto, tristezza e felicità).

Numerose ricerche hanno confermato che le espressioni del viso comunicano in modo efficace ciò che la persona prova in quel momento, mentre i movimenti del corpo fanno capire quanto è intensa l'emozione. È possibile, e anche semplice, controllare consapevolmente l'espressione facciale: non sempre, quindi, è una fonte attendibile di informazioni sullo stato emotivo. È molto più difficile, invece, controllare gli affect-display corporei. Questi movimenti possono essere collegati al comportamento verbale e ripetere, qualificare o contraddire un'emozione espressa verbalmente.

I **regolatori** sono gesti che mantengono e regolano l'alternarsi dei turni di conversazione (cioè dei momenti in cui si prende o si passa la parola). Vengono eseguiti in maniera inconsapevole e abituale, secondo delle regole apprese anch'esse in modo inconscio.

Gli **adattatori** sono l'ultima categoria proposta da Ekman e Friesen. Gli autori ipotizzano che tali movimenti siano stati appresi originariamente come sforzo di adattamento per soddisfare bisogni psichici o fisici oppure per esprimere emozioni atte a mantenere o sviluppare contatti personali. Esempi sono ripulirsi da inesistenti briciole all'angolo della bocca, togliere un filo dalla giacca dell'interlocutore, allontanare all'improvviso e senza motivo un bicchiere davanti a sé. La loro funzione è di procurare sollievo.

Nell'adulto questi comportamenti sono messi in atto in forma stilizzata e parziale. Alcuni adattatori sono appresi con l'esperienza personale: per questo motivo i significati collegati sono idiosincratici, cioè estremamente soggettivi. Questi gesti sono inconsci, legati all'abitudine e non hanno lo scopo di comunicare.

Chi gesticola parla meglio

È stato accertato che parlare fluentemente, in modo colorito, avere la battuta pronta, sono capacità legate all'espressività e alla quantità dei gesti che esprimiamo durante il dialogo. Peraltro, basta pensare al fatto che quando parliamo al telefono spesso gesticoliamo nonostante non ci veda nessuno.

Una delle prime osservazioni al riguardo si deve allo psicologo Bernard Rimé dell'Università di Lovanio, in Belgio, che ha notato come, nel gesticolare parlando, il movimento anticipi sempre la parola.

In un esperimento dove i soggetti erano immobilizzati si è constatato come, parlando, avessero difficoltà a esprimersi e provassero molto spesso la sensazione di avere una «parola sulla punta della lingua». Un'altra indagine svolta in condizioni simili ha dimostrato che l'eloquio dei partecipanti impossibilitati a muoversi diventa più povero, più «insipido», l'articolazione delle parole appare più stentata e aumentano gli errori di pronuncia.

Uno studio di Robert Krauss ed Ezequiel Morsella, psicologi alla Columbia University di New York, ha fatto nuova luce sul rapporto tra linguaggio e gesti.

I due ricercatori hanno applicato degli elettrodi al braccio destro dei soggetti seduti per registrare la presenza di tensione muscolare. Ai partecipanti venivano quindi lette delle definizioni di utensili, oggetti e idee, poi veniva chiesto loro di individuarli pronunciandone il nome.

Dall'esame delle risposte e dal confronto con gli elettromiogrammi (cioè i tracciati che rilevano l'attività muscolare) si è osservato che i termini concreti suscitavano una maggiore contrazione nei muscoli dell'arto dominante.

Peraltro, è stato constatato che, benché tensione e movimento dell'altro braccio non fossero misurati, anch'esso veniva mosso assieme alla mano, e i movimenti erano tutt'altro che scomposti: anzi, erano realizzati in modo tale da fornire una raffigurazione plastica del termine cercato oppure dei gesti che si compiono di solito per afferrare l'oggetto in questione o farne uso. Per esempio, nell'atto di recuperare il nome «pianura», i soggetti muovevano la mano a raggiera e nel ricordare il termine «spiedo» eseguivano una rotazione con il pugno semichiuso.

Questo accade perché quando ci troviamo a richiamare alla mente un nome, recuperiamo in realtà l'intero complesso di informazioni a esso legate. In altre parole, attiviamo non solo l'area linguistica del cervello, ma anche quella motoria e premotoria dove archiviamo le sequenze di azioni fra loro coordinate. L'evocazione del movimento a livello cerebrale metterebbe automaticamente in moto i muscoli e ci spingerebbe ad accennare almeno parte della sequenza; questa, a sua volta, diverrebbe uno «spunto» per ricordare il nome dell'oggetto in questione.

Movimenti dello sguardo

Già nel 1890 lo psicologo William James, nel libro *Principi di psicologia*, aveva intuito che il movimento degli occhi riflette i processi di pensiero e l'attivazione degli emisferi cerebrali.

Marcel Kinsbourne, in tempi più recenti, ha scoperto che normalmente quando dobbiamo risolvere un problema linguistico giriamo testa e occhi verso destra; mentre quando ci troviamo a fare calcoli matematici o valutare la posizione di qualcosa in uno spazio spostiamo lo sguardo in alto e a sinistra. L'inverso accade per i mancini.

È inoltre stato ampiamente dimostrato che quando rievochiamo una scena o ripensiamo a un ambiente che abbiamo visto, il nostro sguardo si sposta come se ci trovassimo di fronte alla situazione reale. Per esempio, Stephan Brandt e Lawrence Stark hanno condotto un esperimento in cui ai partecipanti veniva chiesto di fissare un semplice disegno e memorizzarlo. Quando è stato domandato loro di immaginarlo, i soggetti ripetevano gli stessi movimenti oculari che avevano fatto guardando la figura.

Gli psicologi norvegesi Bruno Laeng e Dinu-Stefan Teodorescu hanno riprodotto i risultati di questo esperimento e li hanno sviluppati. L'esito della loro ricerca ha messo in luce che i soggetti che fissavano lo sguardo centralmente durante la visione di una scena, facevano lo stesso, spontaneamente, mentre se la raffiguravano mentalmente.

Inoltre, durante un'indagine sui movimenti oculari Michael Spivey e Joy Geng hanno osservato che quando pensiamo a un oggetto cerchiamo sistematicamente uno spazio vuoto dove rappresentarcelo. Quindi, se abbiamo davanti un muro bianco oppure un quadro, sceglieremo il primo per proiettare le nostre immagini senza interferenze.

Leggere i movimenti degli occhi per leggere nel pensiero

1) Chiedete a un amico di sedersi davanti a voi e di ripensare a un ambiente di casa sua o che gli sia familiare;

2) suggeritegli di puntare lo sguardo su una parete o sul soffitto;

3) chiedetegli quindi di immaginare di descriverlo, ma senza pronunciare realmente le parole (così si concentra di più);

4) mentre ci pensa muoverà lo sguardo visualizzando la posizione di arredi e oggetti;

5) a quel punto, cercate di intuire cosa sta vedendo (per esempio, se guarda in alto può osservare un lampadario; se porta lo sguardo in basso, può immaginare il letto o un tappeto);

6) infine, provate a indovinare e fatevi dire se avete «visto giusto».

La paralinguistica

Schiarirsi la voce, cambiarne il volume o il tono, fare silenzio, colpire il tavolo con un pugno, tamburellare o schioccare le dita, ma anche ridere, singhiozzare, succhiare, sbuffare sono comportamenti che appartengono alla branca della comunicazione non verbale conosciuta come paralinguistica.

I comportamenti paralinguistici possono essere espressi coscientemente o inconsapevolmente e trasmettere atteggiamenti, emozioni, sensazioni.

All'interno dello «strumento voce» possiamo distinguere diverse variabili.

Il tono, per esempio, può essere alto, medio o basso: la dominanza spesso è espressa da un tono basso, mentre la sudditanza è comunicata da un tono più acuto.

Anche il volume è modulabile: chi è in collera alza la voce, chi è intimidito la abbassa.

Il parlato può essere più veloce o più lento: chi ha un eloquio molto veloce è solitamente ansioso; per contro, chi parla in modo moderatamente veloce dà l'idea di essere ambizioso, energico ed estroverso; le persone che parlano in modo lento e monocorde appaiono depresse o avvilite.

Il contatto fisico

Toccare, sfiorare, accarezzare, dare un buffetto sono modi attraverso cui esprimiamo la forma più coinvolgente e intensa di relazione umana.

Essere toccati di frequente e in modo amorevole incide moltissimo sull'umore da adulti, sulla stima di sé e su come ci proponiamo come partner.

Ci sono persone maggiormente a proprio agio con il contatto fisico e altre che lo vivono con più imbarazzo: le prime sono tendenzialmente costruttive e soddisfatte della vita che conducono e di se stesse; hanno vissuto un'infanzia spensierata, sono sicure di sé, assertive, benvolute e ricercate; inoltre, affrontano i problemi di petto invece di avvilirsi.

Il contatto fisico nell'interazione

Chi è più inibito nel contatto, invece, vive un senso di inferiorità o problemi di tipo emotivo.

Laura Guerrero e Peter Andersen, esaminando il contatto fisico nelle interazioni fra i sessi e in particolare nelle relazioni di coppia, hanno messo in evidenza come gli uomini siano più intraprendenti nei primi approcci con le donne, mentre queste ultime sono più propense al contatto all'interno dei rapporti di coppia stabili, specie nel matrimonio.

Un atteggiamento analogo si riscontra tra individui che rivestono posizioni sociali diverse all'interno di un'azienda o di un'istituzione. Judith Hall ha osservato che chi ricopre una carica importante tocca molto di più i subordinati che non il contrario; inoltre, queste due categorie di persone hanno un approccio fisico diverso: chi è più «altolocato» tende a toccare in modo più amichevole e il suo contatto è diretto maggiormente alle braccia o alle spalle; per contro, i subalterni hanno contatti più formali oppure si limitano a stringere la mano.

Un «tocco» vincente

Michael Kraus, Cassy Huang e Dacher Keltner dell'Università di Berkeley, in California, partendo dal presupposto che la comunicazione tattile promuove la collaborazione, esprime in modo diretto le emozioni ed è usata per trasmettere calore e sincerità, hanno voluto verificare se nei giochi di squadra questi messaggi corporei incidessero sui risultati.

La loro indagine, svolta sulle squadre di basket della NBA – un contesto in cui il «rituale» dei contatti è piuttosto codificato – ha così dimostrato che quanto più i compagni si mettono «le mani addosso», esprimendo empatia, cooperazione e sincronia, tanto più risultano coesi e collaborativi, atteggiamenti che si traducono in una più alta probabilità di vincere in campionato.

Il contatto persuade e rende irresistibili

Toccare lievemente uno sconosciuto crea un legame minimo che predispone favorevolmente quest'ultimo verso di noi.

Un esperimento condotto dallo psicologo americano Chris Kleinke ha dimostrato che il semplice fatto di essere sfiorati mentre si riceve la richiesta di donare qualche spicciolo induce facilmente a mettere mano al portafogli.

Gli psicologi David Smith, Joseph Gier e Frank Willis hanno effettuato una ricerca analoga: i clienti di un supermarket venivano avvicinati con la richiesta di provare un nuovo prodotto alimentare. Metà delle persone interpellate veniva toccata durante la richiesta, l'altra metà no. L'esito ha dato prova che ciò che faceva la differenza era proprio il contatto! Chi veniva toccato era molto più incline ad assaggiare il cibo e a comprarlo.

Uno studio affine di Jacob Hornik, docente di marketing e pubblicità all'Università di Tel Aviv, ha messo in evidenza che se i commessi di un grande magazzino toccano i clienti nel momento in cui interagiscono con loro, questi ultimi tendono a passare più tempo a fare compere, ad acquistare di più, ad apprezzare il servizio e, in generale, perfino il luogo. Sempre Hornik, nelle sue numerose indagini al riguardo, ha constatato che il contatto fisico aumenta i sentimenti positivi sia nei confronti di quanto viene proposto sia del promotore; inoltre, chi viene toccato è più compiacente e disponibile verso il venditore.

Studi condotti in bar e ristoranti hanno riscontrato che le mance crescono se la cameriera al momento di portare il conto sfiora il cliente, e questo accade anche se il cliente non è consapevole di essere stato toccato!

Ma l'effetto positivo del contatto non si limita al contesto della vendita di prodotti o servizi. Anche quando il tema è la salute, le persone sono più disponibili e cooperative se chi le segue appoggia una mano sulla loro o tocca loro l'avambraccio.

Gli psicologi Sidney Jourard e Robert Friedman hanno messo

in luce come un paziente in psicoterapia tenda a parlare di più con il proprio terapista e a soffermarsi su questioni più intime se viene sfiorato brevemente da quest'ultimo. In ospedale, poi, il semplice tocco di un'infermiera il giorno prima di un'operazione chirurgica diminuisce nel paziente la percezione dello stress per l'intervento. E non si tratta solo di una valutazione soggettiva: il battito cardiaco e la pressione si abbassano veramente. Inoltre, in questo caso, aumenta la cooperazione del paziente nei riguardi delle raccomandazioni preoperatorie.

Muzza Eaton, Iola Mitchell-Bonair ed Erika Friedmann hanno addirittura scoperto che quando le badanti di persone anziane le incoraggiavano a mangiare, con un colpetto sull'avambraccio o appoggiando loro una mano sulla spalla, queste ultime poco mancava che spazzolassero i piatti.

Insomma, il contatto convince. Non solo, conferisce fascino e prestigio: chi tocca viene giudicato più dominante, determinato, caloroso ed espressivo rispetto a chi è più restio a farlo. È quanto risulta da uno studio effettuato da Brenda Major e Richard Heslin della State University di New York. In conclusione, se chiunque abbia a che fare con il pubblico avesse un po' di «tatto» (in senso letterale) mentre interagisce con i propri utenti, piacerebbe di più e risulterebbe maggiormente persuasivo e gradevole.

La cronemica: l'effetto del tempo nella comunicazione

I tempi di reazione, il modo in cui percepiamo il tempo, il tempo di esecuzione di un gesto o di un'espressione verbale costituiscono una branca a sé nella comunicazione non verbale.

La percezione del tempo rappresenta il modo in cui ne avvertiamo lo scorrere: in rapporto a questa percezione stabiliamo cosa sia la puntualità, il ritardo, l'attesa, la velocità o la lentezza nell'esecuzione di un gesto o nel parlare, l'innesco o la scomparsa di un'espressione facciale eccetera.

Il tempo è un fattore importante nell'interpretazione dei messaggi non verbali: per esempio, il riflesso di soprassalto a stimoli inattesi (che comporta un sobbalzo all'indietro di testa e schiena, il chiudere gli occhi, l'aumento del battito delle ciglia) si innesca dopo circa 1 secondo ed è ancora più veloce in chi ha subìto traumi o è ansioso.

La velocità del movimento di una persona ce la fa identificare come depressa, nervosa, intraprendente e così via. Inoltre, nella decodifica delle espressioni facciali la mimica della sorpresa è genuina se si innesca velocemente; per contro, la tristezza tipicamente scompare con lentezza.

In un'epoca come la nostra, in cui spopolano le nuove tecnologie, il tempo di attesa di un sms o un'email – seppur breve – può sembrarci eccessivo se siamo impazienti di ricevere la risposta o intendiamo valutare le intenzioni dell'altro.

In uno studio condotto su cinquantacinque partecipanti è stato chiesto di giudicare un candidato (descritto in una vignetta) per un lavoro. I candidati si differenziavano tra loro per esperienza nel settore e tempo impiegato a rispondere a un'email (normale: dopo un giorno; non normale: dopo due settimane o un mese di silenzio). Sotto tutti gli altri aspetti i candidati erano uguali. I risultati dell'esperimento hanno dimostrato che chi rispondeva dopo un giorno era valutato più positivamente di chi se la prendeva comoda.

William Gudykunst e Stella Ting-Toomey hanno identificato due modi di percepire il tempo: monocronico o policronico. Nella nostra società prevale la prima inclinazione: siamo frenetici, ossessionati dall'orologio e in generale dallo scorrere del tempo; non a caso, è proprio da noi che è stata coniata l'espressione «il tempo è denaro». Ma il tempo può essere percepito anche come policronico, come è tipico delle culture araba, latinoamericana o indiana: culture più pacate, lente, dove ci si dedica a parecchie cose contemporaneamente e con meno accanimento.

Ritardatari cronici e maniaci della puntualità

Il rapporto con il tempo è molto soggettivo e dipende dalla circostanza che viviamo. Eppure esistono due disposizioni estreme per quanto riguarda la gestione del tempo: c'è chi è immancabilmente in ritardo e chi vive la puntualità in modo maniacale.

Diana DeLonzor, time-management consultant e autrice del libro *Never Be Late Again* (Mai più in ritardo), ha identificato sette categorie di perditempo.

Cominciamo da chi ha la presunzione di essere sempre nel giusto, i cosiddetti **razionalizzatori**: chi appartiene a questa classe ha estrema difficoltà ad ammettere la responsabilità del ritardo e tende ad attribuirlo a cause esterne.

Un'altra categoria di «pelandroni» è quella degli **industriosi**; questi ultimi hanno sempre qualcosa da fare e sono ossessionati dall'idea di sfruttare ogni minuto possibile per renderlo proficuo.

Naturalmente non poteva mancare la classe di quelli dell'**ultimo minuto**: inconsciamente, questi individui tergiversano finché non arrivano in prossimità di un esame o di una consegna; provano una sorta di piacere psicologico a fare tutto nel rush finale, si sentono più vivi se sono sempre di fretta.

Anche gli **indolenti** tendono a rimandare a tempi migliori: questi ultimi sono caratterizzati dall'avere poco autocontrollo e si trovano immancabilmente a rinviare impegni e cose da fare.

Pure chi è **insofferente** verso istituzioni e regole mostra questa inclinazione; il suo procrastinare è vissuto come un modo per esercitare un controllo sulla propria vita facendosi attendere.

Altri inguaribili ritardatari sono quelli con la **testa fra le nuvole**: sono perennemente distratti e assorbiti dai loro pensieri e di conseguenza dimenticano facilmente appuntamenti e scadenze.

Un'ultima categoria di temporeggiatori sono i **cerimoniali**; si tratta di persone ansiose che mettono al primo posto la pulizia, l'ordine e l'esecuzione rigida dei loro rituali quotidiani: è inevitabile che siano in ritardo.

Le **persone eccessivamente puntuali**, al contrario, hanno un rispetto reverenziale del tempo altrui, temono il giudizio degli altri e preferiscono prevenire il ritardo; agli appuntamenti sono capaci di arrivare con notevole anticipo per non far aspettare chi li attende. Il loro tempo è molto scandito e rigido, spesso sono persone pessimiste e se le cose vanno troppo per le lunghe tendono facilmente a spazientirsi.

In linea di massima chi è puntuale di natura è anche affidabile, dipendente, sincero e gran lavoratore; inoltre è pignolo, metodico, razionale, conservatore e diffidente rispetto alle novità; si differenzia dai «cerimoniali» perché l'idea di mancare di rispetto all'altro viene prima delle sue rigide abitudini.

Ci sono alcune culture per cui la puntualità è un must, come quella giapponese: se un nipponico prende un treno, per esempio, si aspetta che arrivi sicuramente in orario.

La comunicazione olfattiva

Gli odori sono l'esperienza sensoriale più forte che possiamo provare.

L'odore personale ha un grande, quanto spesso sconosciuto, impatto nella percezione interpersonale: una madre è in grado di distinguere l'odore del proprio figlio appena nato da quello di altri bambini della stessa età semplicemente annusando un indumento che il piccolo aveva indossato in precedenza. D'altro canto, diversi esperimenti hanno dimostrato che i neonati riconoscono l'odore della propria mamma (per esempio prediligono i tamponi ascellari usati dalla propria madre rispetto a quelli di altre donne).

Altri test svolti su adulti hanno evidenziato che sia gli uomini sia le donne sono capaci di riconoscere il genere sessuale, il proprio odore e quello del partner solo annusando delle magliette indossate per qualche ora, mentre da una ricerca di Rachel Herz ed Elizabeth Cahill è emerso che le donne giudicano l'odore personale come il fattore più importante nella scelta del partner.

Numerose ricerche hanno dimostrato che siamo comunque tutti sensibili all'odore personale e soprattutto a quel componente noto come feromone, un composto chimico volatile prodotto a partire dalla sintesi chimica degli ormoni che va a stimolare direttamente, e senza che ne abbiamo consapevolezza, le strutture cerebrali che controllano l'eccitazione sessuale.

Il clima, il genere sessuale, l'ambiente e le abitudini di vita, certe malattie, l'alimentazione, le emozioni e l'età influiscono sul nostro odore. Per esempio, durante l'allattamento i neonati hanno una particolare fragranza acidula di cui è responsabile l'acido butirrico contenuto nel latte; i ragazzi, quando raggiungono la pubertà, presentano un afrore piuttosto pungente che assomiglia a quello degli animali in calore ed è provocato dall'assorbimento del fluido spermatico nel sangue e dalla sua successiva espulsione attraverso la pelle; nelle adolescenti, durante le mestruazioni la pelle assume un odore simile a quello della pelle conciata; l'età avanzata, invece, fa sì che la pelle sappia di foglie secche.

Gli etologi austriaci Kerstin Ackerl, Michaela Atzmueller e Karl Grammer sono riusciti per primi a dimostrare che, come gli animali, anche gli esseri umani sono in grado di distinguere l'odore della paura, per quanto non si sappia ancora quale sia la molecola che lo veicola. D'altra parte, a molti sarà capitato di avvertire l'odore ascellare aspro e intenso di chi è in preda a un forte sfogo emotivo.

Comunicazione non verbale e cultura

L'ambiente culturale influenza tutti gli ambiti della nostra vita e coinvolge sia aspetti interiori (gli atteggiamenti, i valori, le credenze, le opinioni) sia esteriori (l'abbigliamento, il cibo, gli utensili, l'architettura).

Inoltre la cultura non è statica ma dinamica: evolve con le generazioni.

Non c'è motivo, quindi, di non pensare che possa avere un peso anche nell'espressione e nell'esecuzione dei segnali non verbali.

Gesti e cultura

Ogni popolo ha un differente repertorio di gesti.

David Efron è stato il primo studioso a prendere in esame questo aspetto: esaminando i gesti di siciliani ed ebrei lituani emigrati in America ha rilevato che i due

Il gesto dell'ok

popoli, oltre a parlare in modo diverso, possedevano un bagaglio gestuale molto differente. Queste prime indagini sono state poi approfondite da Paul Ekman e Wallace Friesen, Desmond Morris e altri ricercatori.

Specie in quelli che sono definiti «emblemi» (cioè gesti appresi in un determinato gruppo etnico e il cui valore e significato conta solo in quel contesto) le diversità tra i popoli sono notevoli. Per esempio, il gesto pressoché universale dell'ok a Malta serve a indicare chi ha tendenze omosessuali.

Gaffe gestuali... e madornali

Paolo Balboni, docente del Dipartimento di scienze e linguaggio dell'Università Ca' Foscari, riporta due esempi di gaffe gestuali dei presidenti americani Bush jr e Clinton.

Bush, in visita a Manila, ha sollevato il pollice tenendo il resto delle dita chiuse a pugno, emblema che in America significa «bene». Solo che si trovava in Estremo Oriente e in quel contesto il gesto ha lo stesso valore del mostrare il dito medio.

Clinton ha esibito un altro segno americano per esprimere l'ok: piegare l'indice e unirlo al pollice a formare un ovale, tenendo le altre dita tese. Il problema è che lo ha fatto alla Duma di Mosca, e nei Paesi slavi e arabi quel gesto ha tutt'altro significato: vuole dire «ti faccio il ...!»

Lo sguardo fra i popoli

Sia tra gli esseri umani sia tra i primati il gesto di guardare è associato alla dominanza, al potere o all'aggressione; inoltre viene utilizzato per esprimere interesse, affiliazione e cura.

L'intensità e la frequenza dello sguardo hanno un grande impatto a livello interpersonale. Judee Burgoon, Valerie Manusov e altri hanno dimostrato che in una simulazione di colloquio di lavoro i soggetti che guardavano di più venivano assunti con più facilità ed erano giudicati più credibili e attraenti rispetto a chi si mostrava più schivo.

Peraltro, guardare altrove non è sempre segno di timidezza o soggezione: è infatti piuttosto comune distogliere lo sguardo mentre ci si concentra, si riflette o si sta parlando, è un modo per raccogliere le idee e ricordare meglio.

In ogni caso, la durata dello sguardo e le regole che disciplinano quando e dove si può guardare l'altro cambiano da cultura a cultura.

Per esempio, gli arabi guardano più a lungo e in modo più diretto di quanto non facciano gli americani. Abbassare le sopracciglia e socchiudere gli occhi – un gesto che a volte adottiamo per mostrare attenzione – è interpretato dai cinesi come un segno di disappunto e questo li induce a mantenere un'espressione impassibile quando parlano; sempre in Cina, inoltre, è giudicato molto insolente guardare qualcuno negli occhi, gesto che in genere viene evitato.

Sul versante opposto troviamo i russi, che normalmente fissano uno sconosciuto a lungo, un comportamento che invece agli occidentali appare invadente e aggressivo.

Distanza interpersonale e contatto fisico

Come abbiamo già accennato nel paragrafo sulla prossemica, nel parlare con qualcuno non gli stiamo appiccicati, ma manteniamo una certa distanza dettata dal motivo dell'interazione, dalla situazione, dall'ambiente e dalla posizione sociale.

Anche qui contano molto le influenze dell'ambiente di vita. Per esempio, i maschi arabi tendono a sedere molto più vicini rispetto agli americani e agli europei e sono orientati in modo più diretto l'uno verso l'altro; inoltre esibiscono solitamente un maggiore contatto visivo e hanno l'abitudine di parlare in modo particolarmente sguaiato.

I ricercatori Robert Forston e Charles Larson hanno rilevato come gli studenti latinoamericani tendano a disporsi in gruppi più raccolti rispetto ai loro pari europei. Jennifer Noesjirwan, dal canto suo, ha osservato che gli indonesiani stanno a più stretto contatto quando sono seduti rispetto agli australiani. I russi, poi, possono sembrare rudi o scorbutici a un occidentale che assista a una loro conversazione per strada o in un negozio: non solo stanno troppo vicini secondo i parametri occidentali, ma quando conversano adottano un volume alto.

Infine, Robert Shuter ha messo in luce che anche tra gli individui di cultura occidentale le cose cambiano: per esempio, noi italiani stiamo più vicini di quanto non facciano tedeschi o americani.

Anche per quanto riguarda il contatto fisico esistono differenze culturali. Ci sono Paesi in cui il contatto è frequente e intenso (come quelli arabi o latinoamericani) e altri dove toccarsi pubblicamente è vietato (in Giappone, Cina e in genere fra le popolazioni asiatiche, dove però, per assurdo, spingersi in mezzo a una folla è piuttosto comune. Fra i cinesi, comunque, avere uno stretto contatto fisico con gli amici è normale).

Bush, maestro di bon-ton

George W. Bush massaggia Angela Merkel, che si allarma

Non c'è bisogno di appartenere a una cultura profondamente diversa per rendersi conto che anche da Paese a Paese i modi e la frequenza dei contatti possono cambiare e che quindi la propria condotta al riguardo possa risultare, a propria insaputa, inopportuna e villana.

Ne ha fatto le spese il «*vilain*» George W. Bush al G8 del 2006 quando, dopo una discussione al tavolo delle trattative con gli altri leader dei Paesi industrializzati, si è alzato dalla sedia, con nonchalance è scivolato dietro alla cancelliera tedesca Angela Merkel e le ha appoggiato le mani sulle spalle praticandole un vigoroso massaggio. Di fronte a tanta «premura» la Merkel ha sollevato di scatto le braccia, stretto i pugni e soffocato un grido. I giornali hanno gridato allo scandalo e hanno parlato di molestie sessuali, ma si trattava solo di una gaffe... anche se di proporzioni colossali.

Tono di voce e modo di parlare

Anche il tono di voce può subire delle influenze culturali.

Per esempio, in Giappone spesso le donne parlano con una voce particolarmente squillante, specie se dialogano con un uomo in un contesto d'affari o per motivi ufficiali.

Chi è di lingua madre inglese tende a fraintendere l'uso della prosodia (cioè l'uso di pause, intonazioni eccetera per regolare lo scambio verbale) da parte degli arabi: questi ultimi tendono a produrre un prolungato abbassamento del tono quando gradiscono che l'interlocutore prenda la parola, per gli anglosassoni avviene invece il contrario.

I lapsus gestuali

Paul Ekman, che assieme a Wallace Friesen ha fornito la più completa classificazione dei gesti, ha notato che a volte produciamo degli emblemi in modo inconscio. In questo caso, tali segnali sono realizzati in maniera parziale, di solito in una posizione insolita e spesso nascosta.

Più nello specifico, un lapsus gestuale si contraddistingue per le seguenti caratteristiche:

» l'atto viene eseguito in una posizione inconsueta;
» il segnale viene prodotto in modo abbozzato;
» non c'è intenzione di comunicarlo all'interlocutore.

Ricevi questo anello, segno della mia... infedeltà

Un uomo sta per sposarsi. Al momento dello scambio degli anelli, come da rituale, la futura moglie pronuncia le parole: «Ricevi questo anello, segno del mio amore e della mia fedeltà...» e fa per infilargli l'anello al dito. Lui le porge la mano, ma invece di sollevare l'anulare lo abbassa lievemente assieme al medio, esibendo così un abbozzo del gesto delle «corna». Non appena si rende conto della gaffe, si guarda attorno con un'espressione preoccupata e un sorriso imbarazzato per verificare se qualcuno se ne sia accorto. Subito dopo, le dà il dito giusto. A lei comunque non è sfuggito il gesto.

A posteriori, si scopre che all'addio al celibato, incitato dagli amici e sotto l'effetto dell'alcol, lo sposo aveva fatto sesso con una prostituta assoldata per l'occasione dai compari. Il gesto gli è sfuggito perché provava un profondo senso di colpa per questa debolezza, se ne vergognava e voleva in qualche modo confessarlo, ma temeva di rovinare tutto.

Nemmeno gli attori, normalmente ben consapevoli del loro atteggiamento pubblico, riescono a controllare queste azioni involontarie.

È il caso di Elizabeth Hurley, come si vede nella foto accanto. Già sollevare gli occhiali, come se scivolassero, è un segno di disappunto, ma l'attrice mostra una certa ostilità nel fare quest'azione con il dito medio. Nella cultura occidentale, e in particolare in quella americana, infatti, mostrare questo dito è una forma di insulto: il fatto che il gesto sia mimetizzato dall'atto di spingere in su gli occhiali dimostra che non c'è una reale volontà di esibirlo.

Il lapsus gestuale di Elizabeth Hurley

Nell'immagine qui sotto vediamo invece l'attrice Jennifer Aniston che posa il mento sulla mano destra: il dito anulare è appoggiato sulla guancia, mentre con medio e indice sembra fare quello che in Italia sarebbe un gesto di scongiuro. Peccato che la Aniston sia americana e che nella sua cultura quel segno non abbia lo stesso significato. Ne deduciamo così che il senso debba essere necessariamente diverso: tutte le forme di autocontatto (come abbracciarsi il torso, infilare le mani sotto le cosce, tenere il pollice all'interno del pugno chiuso) hanno la funzione di consolare se stessi. Visto che gli angoli delle labbra sono piegati verso il basso, gli occhi sono persi nel vuoto e le palpebre superiori formano

Falso lapsus gestuale di Jennifer Aniston

una diagonale verso il basso, siamo di fronte a un'espressione di tristezza accompagnata da un solco verticale tra le sopracciglia, a indicare che l'attrice vive anche una punta di preoccupazione. La ricerca di autoconforto risulta così perfettamente coerente con il messaggio inviato dalla mimica facciale.

Gli atti non verbali universali

Ekman e Friesen hanno dimostrato che le espressioni facciali di base (sorpresa, paura, collera, disgusto, tristezza e felicità) sono condivise da tutte le culture. Lo stesso vale per buona parte degli atti non verbali che illustreremo in questo libro: passarsi la lingua sulle labbra, accarezzarsi i capelli, sfregarsi il naso o deglutire hanno il medesimo significato indipendentemente da dove ci si trova.

I segnali di cui parleremo, infatti, fanno parte di quello che è definito EBL (Emotional Body Language) o linguaggio del corpo emozionale: si tratta per lo più di azioni «parziali» o di reazioni primitive in cui lo stimolo che innesca l'atto non verbale viene vissuto come una violazione della distanza personale, qualcosa che dà luogo a un prurito, viene assimilato a un cibo appetitoso e via dicendo.

Le regole del linguaggio del corpo

Nella comunicazione verbale il rapporto tra un segno (una parola scritta o pronunciata) e il suo significato è arbitrario, cioè si stabilisce per convenzione all'interno di un dato gruppo etnico (per cui quell'oggetto su cui ci si siede, con uno schienale e quattro gambe, è chiamato «sedia» in Italia e «chaise» in Francia).

Nel linguaggio del corpo la relazione tra ciò che si rappresenta e ciò che è rappresentato è fondamentalmente di *somiglianza*, di *assimilazione*, di *parte per il tutto* o di *contiguità*.

Per capirlo facciamo degli esempi.

Poniamo di trovarci a una riunione di condominio per concordare la riparazione del tetto e supponiamo che uno dei condomini, dopo essersi seduto, prenda una penna e la tenga in verticale.

In questo caso, diciamo che esibisce un simbolismo fallico, perché l'oggetto usato è oblungo ed è posto in modo da mimare un'erezione (se ci giocherellasse invece perderebbe del tutto questo valore). Questa ostentazione è un segnale di competizione: in altre parole, dovremo aspettarci che il condomino in questione sia polemico, ostile e opponga mille obiezioni alla mozione.

L'esibizione di simboli fallici nel linguaggio non verbale è segno di dominanza o sfida. Per esempio, chi è al potere ha tradizionalmente come corredo un oggetto oblungo: lo scettro, il bastone del comando, la bacchetta magica, la tiara eccetera. Non a caso, quando un comandante doveva affrontare un'armata, al momento dell'attacco sfilava la spada e la sollevava davanti a sé.

Comunque, l'esibizione fallica ha radici ben più lontane: nei babbuini, per esempio, il capobranco spesso ostenta il pene eretto e fa finta di montare un maschio gregario per dimostrare la sua supremazia.

Stattene fuori!

Un esempio di assimilazione cui ho assistito è il seguente.

Luigi e Mario sono amici e si trovano seduti l'uno di fronte all'altro, senza tavoli di mezzo; di fianco a loro ci sono altre sedie. Luigi racconta entusiasta che vorrebbe rilevare un distributore di benzina, Mario trova l'idea magnifica e subito propone di formare una società. Luigi, che evidentemente non aveva intenzione di condividere la cosa con nessuno, afferra una sedia da un lato e la pone davanti a sé appoggiando gli avambracci sullo schienale. In altre parole, sul piano emotivo esprime l'idea che l'amico si «allarghi troppo» e di conseguenza mette una barriera fisica ai suoi propositi di intrusione nel progetto.

Molti atti non verbali sono (e vedremo perché) un frammento di un'azione più complessa: così, l'impulso alla fuga può ridursi a un piede orientato in una direzione diversa da quella dell'interlocutore, al cambiare ripetutamente posizione da seduti o all'afferrare i braccioli.

Alcuni comportamenti del corpo sono infine azioni compiute su un oggetto legato a qualcun altro o qualcos'altro: per esempio, se un uomo è attratto da una donna con cui conversa, ma non ha ancora la confidenza per toccarla, può accarezzare distrattamente il cellulare di lei. Ogni oggetto personale, infatti, è vissuto come un'estensione della nostra persona. Per questo, se siamo stati lasciati dal nostro partner possiamo strappare con rabbia i biglietti d'amore che ci aveva scritto.

L'amigdala: il motore del linguaggio del corpo

Le reazioni non verbali hanno origine in una parte molto primitiva del cervello che si chiama amigdala.

4) Il messaggio è inviato alla corteccia prefrontale che valuta la reazione

2) L'amigdala avverte un pericolo

3) L'amigdala innesca una risposta immediata

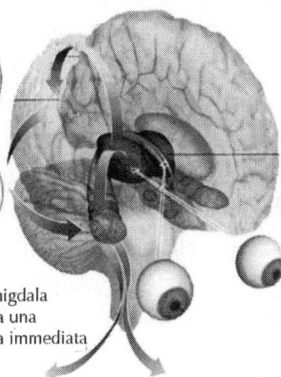

1) Il talamo invia un segnale all'amigdala e alla corteccia visiva

Il funzionamento dell'amigdala in reazione a uno stimolo

L'amigdala è un organo della dimensione di una mandorla (cui assomiglia e da cui prende il nome) e si trova alla base del cervello; è la sede degli istinti, la sua funzione originale è di preservare l'organismo dal pericolo e apprende per esperienza. Così, per esempio, se tocchiamo una pentola e ci scottiamo, l'amigdala crea una sorta di scheda per la «consultazione rapida» e archivia lo stimolo e la risposta di evitare, la volta successiva, ogni oggetto che appaia incandescente.

Appena lo stimolo si ripresenterà, l'amigdala sarà pronta e reagirà in modo adeguato e subitamente. Visto che il suo scopo è preservare la sopravvivenza, l'amigdala deve rispondere con immediatezza. Se lo stimolo è elementare la sua valutazione di solito è appropriata, ma le cose si complicano se lo stimolo diventa più complesso. E diventano ancora più intricate se, come accade per l'amigdala umana, oltre a reagire a pericoli o segnali di paura, si attiva ogni volta che qualcosa provoca uno stato di eccitazione psicologica.

Questo significa che se mentre camminiamo cade una tegola e facciamo un salto per evitarla, l'amigdala ha reagito a dovere; ma se manifestiamo lo stesso impulso quando siamo di fronte al capo, a un compito d'esame, alla siringa per le analisi del sangue e ad altri stimoli innocui, allora qualcosa non va.

Sebbene il nostro cervello si sia evoluto, infatti, la nostra amigdala non è molto più raffinata di quella di una specie inferiore e si comporta come se fossimo nella giungla o nella savana. Poiché, come abbiamo detto, deve giudicare gli stimoli in fretta – potrebbe trattarsi di una questione di vita o di morte –, per lo più usa il parametro della somiglianza: se una cosa è simile a un'altra che avvertiamo come minacciosa, allora scatena l'impulso alla fuga o all'attacco.

Insomma, se dipendesse tutto dall'amigdala agiremmo in modo sconsiderato. Per fortuna il suo istinto, quando è fuori luogo, viene frenato in parte da una struttura più evoluta e «assennata»: la corteccia prefrontale. Da questo scontro si produce un «brandello» dell'azione originale, istintiva, che è quello che comunemente chiamiamo «linguaggio del corpo».

A questo punto, però, facciamo un passo indietro e rivediamo la sequenza fase per fase.

Quando percepiamo uno stimolo con i sensi, tale stimolo per prima cosa passa attraverso il talamo, una sorta di centralino di smistamento dei messaggi; da lì, a seconda del tipo di segnale sensoriale, il messaggio viene dirottato alla regione competente (se è qualcosa che vediamo si attiva l'area visiva o occipitale; se si tratta di una parola, l'area linguistica eccetera). Ma per prima cosa il talamo sottopone il messaggio all'amigdala, attraverso un circuito monosinaptico, una specie di filo diretto. Se l'amigdala, nel suo processo sommario, trova che lo stimolo abbia «qualcosa a che fare» con un evento o un oggetto minaccioso, scatena immediatamente una reazione che coinvolge altre strutture cerebrali e ghiandolari, oltre a cuore, muscoli, intestino e così via.

In un secondo momento, attraverso un circuito polisinaptico (cioè passando per più «stazioni») il talamo rinvia lo stesso messaggio alla corteccia prefrontale. Se quest'ultima giudica che la reazione è adeguata dà l'avallo, altrimenti tenta di frenarla sopprimendo le reazioni dell'amigdala. Ma, come abbiamo detto, qualcosa «scappa»: si tratta del segnale del corpo.

Tutto questo processo, dalla percezione dello stimolo all'esecuzione dell'atto non verbale, dura circa 1 secondo; ciò significa che per valutare che cosa ha dato luogo a una risposta non verbale nel nostro interlocutore non dovremo far altro che risalire a quanto abbiamo detto o fatto circa 1 secondo prima.

Questa regola non vale se è la persona stessa a dire qualcosa cui poi reagisce con un segnale non verbale: in questo caso, lo stimolo nasce nel pensiero dell'individuo, da una sua rappresentazione interna. Per esempio, poniamo che qualcuno ci parli di «suo fratello» e nel farlo abbia un abbassamento della voce, che diventa anche più roca. È il segno che l'idea del fratello lo mette a disagio. In questo caso la contemporaneità è solo apparente: l'individuo infatti reagisce al fatto di aver immaginato il fratello, di aver ripensato a un episodio che lo riguardava o a qualcosa di simile.

Il circuito analogico

Gli atti non verbali che osserviamo sono l'elemento di spicco di un circuito più vasto che comprende uno stimolo e un contesto.

Lo stimolo che suscita una reazione non verbale deve possedere una precisa caratteristica: deve avere valore emotivo. Questa carica emotiva può essere intrinseca o estrinseca ed è l'elemento che mette in allerta l'amigdala.

È intrinseca quando le regole che governano l'espressione dei segnali non verbali sono le stesse che usa l'amigdala per giudicare gli eventi. Per esempio, se proviamo ad avvicinare una persona sconosciuta a una distanza di 30 centimetri vedremo che questa immediatamente si scosta.

È estrinseca quando una data parola, atto o situazione suscita una reazione emotiva immotivata a causa di un'associazione personale. Un esempio è il seguente: Luca entra in un bar e dopo un po' scambia delle battute con Chiara, una ragazza che frequenta lo stesso locale. Lui ordina un aperitivo, vede che lei ha un bicchiere vuoto davanti a sé e pensa di offrirle un altro drink, così le chiede: «Bevi? /lei immediatamente arrossisce, distoglie lo sguardo e si schiarisce la voce/ ... se ti ordino un altro bicchiere di quello che hai preso?»

Le parole di lui sono del tutto innocue, eppure, evidentemente, per lei hanno un significato particolare.

Dopo un po' Chiara esce. Il barista allora si avvicina a Luca e gli confida che la ragazza ha avuto problemi con l'alcol: ecco spiegato perché ha reagito in quel modo alla domanda «Bevi?» Naturalmente, il fatto che lui abbia fatto una pausa subito dopo quella parola ha generato ambiguità; inoltre, il fatto che i due si trovassero proprio in un bar ha giocato il suo ruolo nel determinare l'associazione di lei.

Il ruolo del contesto

Alle volte la sfera emotiva reagisce alle parole indipendentemente dal discorso in cui sono inserite. È come se possedesse delle forbici con cui ritaglia solo ciò che la colpisce.

In altri casi, invece, l'impatto di atti, parole e frasi dipende proprio dal contesto in cui sono inserite.

Cosa intendiamo esattamente con contesto? Quest'ultimo comprende l'ambiente in cui avviene lo scambio, il ruolo sociale di chi parla e di chi reagisce, la circostanza dell'interazione, l'aspetto fisico di chi compie l'atto non verbale e anche ciò che è stato detto in precedenza e che influenza il significato degli stimoli a cui reagiamo.

Per esempio, se una donna si trova dal ginecologo per fare un'ecografia al seno e sente dire: «È proprio grosso», potrebbe dare un colpo di tosse (un segnale di ansia) perché magari è preoccupata per la sua salute. Se sentisse la stessa espressione al supermercato, invece, probabilmente non avrebbe nessuna reazione.

Poniamo che questa frase venga pronunciata alla fermata dell'autobus e che un individuo molto sovrappeso lì accanto deglutisca (un altro segnale di tensione): potrebbe farlo perché ritiene si parli di lui, proprio perché si sente obeso.

In certi casi, il ruolo istituzionale di chi parla può essere il motivo per cui le sue parole vengono interpretate in un dato modo. Se andiamo dall'avvocato e questo, esaminando gli incartamenti, borbotta: «Davvero pesante» nel momento in cui solleva il plico dei fogli, potremmo rispondere: «Eh, sì» con un filo di voce (anche l'abbassamento di voce è un indice di ansia) perché magari riteniamo che si riferisca alla gravità del caso.

Va puntualizzato che il contesto conta tanto più quanto le espressioni sono generiche, cioè senza un riferimento preciso. Ma naturalmente potremmo manifestare delle reazioni non verbali anche quando le frasi sono inequivocabili. Se per esempio veniamo chiamati a testimoniare su un fatto criminoso e l'ufficiale di polizia ci chiede: «Lei lo sa chi è stato?» possiamo cominciare a sudare freddo (la tipica traspirazione emotiva) anche se non ne sappiamo niente; semplicemente, ci sentiamo in soggezione, il tono del poliziotto era un po' intimidatorio o pensiamo che lui sospetti un nostro coinvolgimento.

A volte, se non conosciamo i retroscena di una data situazione possiamo incorrere in fraintendimenti.

Fraintendimenti

Caterina è una ragazza molto espansiva, solare e materna: con gli amici, indipendentemente dal sesso, ha un modo di fare spigliato e spontaneo, ha spesso dei contatti fisici, anche se discreti e innocui. Un giorno, è al bar con Mario e mentre gli racconta una cosa tiene la mano sul suo avambraccio. In quel mentre arriva Simone, il compagno di lei: Caterina subito si blocca, solleva la testa, irrigidisce la schiena e dopo qualche attimo toglie la mano dal braccio dell'amico.

A un osservatore esterno (e anche a Simone) potrebbe sembrare che queste reazioni nascondano qualcosa. Intuizione che sarebbe valida, non fosse che Caterina si è allarmata solo perché Simone è morbosamente geloso e avrebbe potuto travisare le sue intenzioni… cosa che comunque lui ha fatto lo stesso!

Le classi degli atti non verbali

Per prima cosa distinguiamo i segnali emotivi dai comportamenti che esprimono una relazione interpersonale.

Per quanto riguarda i primi adotteremo, in linea di massima, la classificazione messa a punto da Stefano Benemeglio. Dividiamo così i segnali del corpo in tre categorie:

» atti di scarico della tensione;
» atti di rifiuto;
» atti di piacere.

Gli **atti di scarico della tensione** sono tutti quei comportamenti che tradiscono ansia, apprensione e paura; all'interno di questa classe inseriamo anche gli atti di autoconforto, segnali che non esprimono direttamente tensione emotiva, ma sono prodotti in conseguenza a uno stato di disagio come forme di autoconsolazione.

La classe degli **atti di rifiuto** include espressioni di disappunto, fastidio e rabbia inespressa.

Passarsi la lingua sulle labbra, infilare una mano fra i capelli riavviandoli, portare il busto in avanti eccetera sono **atti di piacere**, cioè comportamenti che evidenziano che quello che stiamo facendo o dicendo suscita attrazione, curiosità e interesse nell'altro.

Approfondiremo l'argomento nei capitoli 3 e 4, esaminando nel dettaglio ciascuna categoria.

Possiamo usare i segnali non verbali «alla rovescia»?

Parlando di gesti come sfregarsi il naso, togliersi qualcosa dalla zona lacrimale, «spazzolarsi» la giacca e via dicendo, sorge spontanea la domanda se questi segnali possano essere impiegati per comunicare un preciso atteggiamento all'inconscio dell'altro, un'intenzione o un giudizio.

Allo stato attuale delle conoscenze possiamo affermare che in certi casi è possibile, in altri non si sa.

Per esempio, è stato accertato che le variazioni di postura che tradiscono uno stato d'animo sono registrate dall'amigdala. Quando i soggetti coinvolti nell'esperimento vedevano delle posture connesse con la paura, si rilevava una considerevole attività nelle aree del cervello che elaborano le reazioni emotive. Le parti più evolute del cervello giudicano poi se la reazione dell'amigdala è adeguata e opportuna; se no provano a soffocarla.

L'abilità nel cogliere i segnali del corpo

Capire i segnali del corpo rappresenta un vantaggio sul piano interpersonale. La ricerca ha dimostrato che chi possiede questa capacità in buona misura gode di relazioni di coppia più soddisfacenti, ha più fascino, più autorevolezza, è popolare e si conosce bene; da amici e conoscenti è descritto come caloroso, amichevole, aperto, protettivo, costruttivo e responsabile.

Questa facoltà ha un nome: si chiama sensibilità non verbale. Si tratta di un'attitudine affine all'empatia, la capacità di mettersi nei panni degli altri e di provare le emozioni altrui; tuttavia, leggere i messaggi del corpo degli altri non porta necessariamente a condividere i loro sentimenti.

Alcune categorie di persone sono più abili di altre a decodificare e a esprimersi attraverso il linguaggio del corpo.

Età, sesso, ambiente e capacità di leggere i messaggi non verbali

Judith Hall, Robert Rosenthal e altri studiosi americani hanno elaborato un test che ha messo in luce come personalità, professione, età e sesso possano contribuire a rendere gli individui più o meno sensibili verso i segnali non verbali.

Innanzitutto, sottoponendo i bambini all'esperimento, si sono resi conto che l'abilità a cogliere questi messaggi aumenta progressivamente con l'età, a partire dagli 8 anni fino all'età adulta (fra gli adulti, le prestazioni si stabilizzano tra i 20 e i 30 anni). C'è un'unica eccezione: la valutazione delle modificazioni della voce e di altri segni vocali è più precisa fra i più piccoli che fra i bambini più maturi. Questo dato, che trova conferma in altre indagini, indica probabilmente che la sensibilità al tono di voce viene in parte disimparata nel corso della socializzazione. Ciò potrebbe dipendere dal fatto che, poiché la voce tradisce molti più messaggi emotivi rispetto alla postura o ai movimenti corporei, i bambini crescendo vengono condizionati a ignorarli per evitare di mettere in imbarazzo il proprio interlocutore.

Quanto al sesso, si è appurato che le femmine sono, in linea di massima, più «acute» dei maschi; questa differenza rimane invariata a tutti i livelli d'età. Le donne sono anche più efficienti, oltre che nel coglierli, nel ricordare i segnali non verbali osservati nel corso di un'interazione. Il sesso «debole» spicca in particolare nella destrezza a distinguere gli indizi di emozioni negative, tuttavia si è accertato che le donne più legate al ruolo tradizionale sono meno «smaliziate» di quelle più emancipate.

In parte, questa sensibilità può dipendere dal fatto che, dovendo accudire i neonati, le donne sviluppino una spiccata sensibilità per i loro vocalizzi e i movimenti corporei. Ma la spiegazione più plausibile, dato che già a 8 anni le bambine sono più abili dei maschietti, è che esista una sorta di sensibilità innata dovuta alla diversa struttura del cervello femminile.

Il cervello di ogni essere umano è costituito di due metà (assomiglia nell'aspetto a una noce), che hanno però proprietà diverse: nell'emisfero destro sono più sviluppate la fantasia, la percezione dei segnali non verbali e l'intuizione, quello sinistro è più matematico, logico e dotato sul piano del linguaggio. Uno dei due, solitamente il destro, è dominante, cioè mette in sordina le percezioni dell'altro.

Mentre nei maschi le trasmissioni tra le due metà avvengono quasi esclusivamente attraverso il corpo calloso, una specie di cerniera che si trova sulla superficie del cervello, nelle donne esistono numerose connessioni intraemisferiche, una sorta di collegamenti sotterranei. Questa condizione aumenta il contatto tra i due emisferi e permette alle donne non solo di tradurre più facilmente le emozioni in parole, ma anche di essere più consapevoli dei segnali colti dall'emisfero sinistro.

A parziale correzione di questa constatazione è stato provato che quando si valuta il comportamento non verbale in situazioni tipiche del sesso opposto la superiorità femminile viene meno. Per esempio, gli psicologi Terrence Horgan e Jessi Smith hanno osservato che le donne sono meno accurate nel giudicare il comportamento non verbale nel corso di un interrogatorio in ambito militare; per contro, gli uomini sono meno precisi nel caso debbano valutare il linguaggio del corpo di assistenti sociali al lavoro.

Certe attività professionali possono attirare le persone più dotate nella comunicazione non verbale, o forse l'esperienza in queste professioni migliora la capacità di decodificare questo tipo di messaggi. In ogni caso, i punteggi più alti nei test li conseguono attori e studenti di arti visive e della comunicazione non verbale.

In seconda posizione troviamo la categoria dei clinici (psichiatri, psicologi, medici, infermieri psichiatrici e altri operatori dell'igiene mentale), i cui punteggi sono paragonabili a quelli degli studenti di scuola superiore. Moderatamente «intuitivi» sono anche gli insegnanti e i dirigenti, ma certo non eccellono.

L'abilità a leggere i messaggi del corpo può dipendere anche da come si è vissuta la propria infanzia.

Uno studio degli psicologi Holley Hodgins e Richard Koestner ha dimostrato, infatti, che l'abilità a cogliere i segnali non verbali è legata alle esperienze precoci: un temperamento mite, l'armonia fra i genitori e una moderata rigidità del padre sembrano essere i fattori che contribuiscono maggiormente a sviluppare questa facoltà.

Vivere in un ambiente relativamente tranquillo e sereno rende più accorti verso i segnali non verbali che indicano emozioni positive (felicità, entusiasmo, interesse), mentre avere genitori violenti e aggressivi porterebbe all'incapacità di leggere queste emozioni; d'altro canto, a dispetto di quanto si potrebbe pensare, non induce a essere più smaliziati nel cogliere rabbia, paura e altre emozioni negative.

Crescere in una famiglia espressiva contribuisce a sviluppare una tendenza a mostrare le proprie espressioni emotive; per contro, poiché c'è trasparenza, non aiuta a cogliere i messaggi non verbali. Al contrario, formarsi in un clima di durezza e inibizione porta a rizzare le orecchie verso questi segnali come difesa nei confronti di un ambiente arido.

Carattere e percezione della comunicazione non verbale

Oltre alle nostre esperienze precoci, anche la nostra disposizione caratteriale può renderci più o meno sensibili a determinati tipi di segnali non verbali.

Chi è chiuso e schivo, per esempio, tende a notare soprattutto i segnali e le espressioni facciali legati all'ansia e alla preoccupazione.

Le persone che vivono nel timore del giudizio altrui sono particolarmente attente ai segni di disapprovazione, stizza e insofferenza; tuttavia, proprio per la paura di essere inopportuni o di cogliere espressioni di disappunto, portano abitualmente lo sguardo verso il basso, perdendosi così numerosi comportamenti non verbali. Infine, ricordano bene atteggiamenti, espressioni e pose di irritazione, collera e impazienza, ma hanno la memoria corta per i comportamenti che evidenziano emozioni positive.

Anche chi è ansioso è più abile della media nel cogliere espressioni facciali e altri segnali non verbali. Se però la situazione si fa stressante la sua capacità viene fortemente offuscata. Inoltre è più sensibile a mimica e atteggiamenti che rivelano intenzioni minacciose; se poi si trova di fronte a una persona che mostra atteggiamenti sia positivi sia negativi, la sua attenzione si polarizza sui segnali di critica o disapprovazione.

Analogamente, chi è depresso o sta attraversando un periodo difficile tende a percepire soprattutto gli atteggiamenti non verbali negativi. Anzi, tanto più si è giù di corda, tanto più si colgono negli altri emozioni simili, e questo vale in particolar modo per le donne. I depressi, poi, sono più sensibili ai comportamenti e agli sguardi che esprimono rifiuto e li vedono anche dove l'atteggiamento è ambiguo; inoltre sono capaci di leggere segnali di paura dove proprio non ci sono. In generale, tuttavia, sono meno efficienti della media nell'interpretare i segnali non verbali e, per assurdo, questa loro incapacità si manifesta anche di fronte a espressioni evidenti di paura. Invece, nel caso si tratti di leggere segni di tristezza sono dettagliati e accurati. Infine, quando l'atteggiamento o l'espressione facciale da decifrare è inequivocabile, sono più disattenti alle manifestazioni di accettazione, entusiasmo e felicità.

Tutto il contrario accade agli estroversi e agli ottimisti: questi ultimi sono più sensibili e perspicaci agli atteggiamenti che esprimono gradimento e approvazione.

La cecità per i segnali non verbali: l'alessitimia

Vi è mai capitato di vedere persone che appaiono schive, taciturne, smarrite e del tutto fuori posto a una cena, un matrimonio o in una riunione di lavoro? Potrebbero essere alessitimici.

L'alessitimia (letteralmente «non avere le parole per le emozioni», termine coniato dallo psichiatra Peter Sifneos all'inizio degli anni Settanta) è una sorta di handicap che impedisce a chi ne soffre di identificare e comprendere le proprie emozioni e quelle altrui. È caratterizzata anche dalla difficoltà a distinguere le emozioni da semplici sensazioni fisiche e da una tendenza a orientarsi verso la realtà esterna piuttosto che su quella interiore.

Si stima che ne sia afflitto circa il 10% della popolazione, seppure con livelli diversi di gravità.

Chi soffre di questa incapacità appare spesso poco espressivo e confuso, la sua postura è piuttosto rigida e mostra segni di evidente disagio e ansia durante una conversazione o un'interazione, risultando schivo, freddo e inibito. A seconda dell'entità del deficit può cadere in contraddizione quando parla, esitare, fare silenzi prolungati, mostrarsi perplesso e vagare con lo sguardo nel vuoto. È spesso conformista e del tutto privo di senso dell'umorismo. In contrasto con l'immagine svagata e confusa, a volte l'alessitimico ha delle reazioni emotive esagerate e incontrollabili, con improvvisi scatti di rabbia e frustrazione.

Benché di solito chi soffre di questo disturbo abbia un basso profilo scolastico, proprio per l'incapacità di integrarsi e di legare con gli altri, non è insolito trovare alessitimici fra chi svolge attività che si possono coltivare in solitudine come la matematica, la fisica, l'informatica: non a caso, sembra soffrano o abbiano sofferto di questo handicap personaggi famosi come Albert Einstein o Bill Gates.

È stato stimato che più del 47% di chi si rivolge al proprio medico di base lamentando problemi psicosomatici o dolori immotivati possiede un certo grado di alessitimia: in particolare, è stata rilevata un'alta frequenza di alessitimici tra chi ha la sindrome da intestino irritabile, soffre di frequenti somatizzazioni, attacchi di panico, bulimia, anoressia oppure fa uso di stupefacenti.

Inoltre, è stata rilevata un'insolita incidenza del deficit tra i depressi; forse proprio a causa di tale «sordità emotiva» questi individui sono solitari, inappagati sul piano delle relazioni interpersonali e incapaci di fare carriera sul lavoro. La frustrazione dovuta all'handicap porta spesso gli alessitimici a trovare rifugio nell'alcol o nell'abuso di droghe.

Questa «anestesia» emotiva potrebbe essere anche alla base di una marcata preferenza per film scioccanti o horror, che evocano emozioni forti e quindi sono per loro più comprensibili.

Il rapporto intimo può offuscare la capacità di leggere i segnali non verbali

Alcuni di noi hanno un tipico modo di fare quando sono nervosi o preoccupati: si mordono il labbro inferiore, giocherellano con le sopracciglia o le pizzicano, fanno ripetutamente le «orecchie» a una pagina eccetera. Chi ci vive a fianco, come il partner o i genitori, impara presto a riconoscere questi segni di emotività e quindi si accorge immediatamente se abbiamo qualcosa che ci tormenta.

Si potrebbe pensare che i famigliari o i conviventi, in funzione della lunga frequentazione, possano capire i propri compagni, figli o genitori meglio di chiunque altro, ma la ricerca scientifica dimostra che non sempre le cose stanno così.

Intuire cosa passa per la testa dell'altro è un bene per la coppia: partner affiatati e sereni in genere sono in grado di cogliere i sentimenti negativi dell'altro nei momenti di conflitto e superare la crisi. Il contrario accade alle coppie infelici, che tendono a fraintendere i rispettivi messaggi. In modo analogo, i compagni di stanza o di appartamento che sono più sensibili alla comunicazione non verbale hanno interazioni migliori rispetto a chi è più «ottuso» al riguardo.

Tuttavia, come già anticipato, gli amici intimi o il partner dimostrano di non possedere una capacità di leggere il linguaggio del corpo dell'amico o del compagno superiore a quella di un perfetto sconosciuto.

Uno dei motivi di tale «miopia» è legato agli stereotipi e ai pregiudizi sull'individuo in questione: il nostro giudizio su queste persone «speciali» è teso a esaltare i lati positivi e a minimizzare quelli negativi; si pensa, per esempio, che siano meritevoli di fiducia o che siano fondamentalmente buone e oneste. Oltre che nel partner tendiamo anche a credere nel rapporto e nel suo futuro.

Una ricerca svolta dagli psicologi americani Eric Anderson, Matthew Ansfield e Bella DePaulo ha messo in evidenza, per esempio, che chi vive un legame tende a ritenere molto più veritiere le parole del compagno a confronto di quelle di un estraneo. In effetti, sembra che un atteggiamento simile paghi: le coppie che lo mettono in atto si rivelano alla lunga più stabili e appagate. Ma se da un lato questa «visione» rende la coppia più solida, dall'altro crea una sorta di paraocchi che impedisce di prendere coscienza di eventuali segni di infedeltà o menzogna. Accorgersi di indizi di tradimento o disinteresse vorrebbe dire cominciare a mettere in discussione l'unione e, di conseguenza, c'è chi preferisce mettersi le proverbiali fette di prosciutto sugli occhi. In particolare, questo atteggiamento sembra più comune nelle donne che nel sesso «forte».

È anche vero che, con il passare del tempo, si tende a guardare sempre di meno l'altro e si danno più cose per scontate: si suppone così che il partner tenga una certa condotta, reagisca in modo prevedibile eccetera.

A indagare a fondo su questa «distrazione» tipica dei rapporti intimi ci hanno pensato Weylin Sternglanz dell'Università del Texas e la stessa DePaulo, docente presso l'Università della California.

I due psicologi hanno raccolto un gruppo di quarantotto coppie di amici che si conoscessero da almeno tre mesi. I membri di ciascuna coppia venivano convocati assieme e quasi subito divisi: il primo andava a compilare dei questionari sulla relazione con l'altro, mentre il secondo (filmato da una videocamera) restava con lo sperimentatore, che gli chiedeva di parlare di un'esperienza in cui qualcuno lo avesse reso molto felice, molto triste o lo avesse fatto arrabbiare parecchio.

Il volontario veniva invitato a raccontare le vicende due volte: nella prima gli era richiesto di esprimere apertamente gli stati d'animo vissuti, nel «replay» di nasconderli. In seguito, la persona veniva mandata a riempire gli stessi questionari dell'altro. Il primo, nel frattempo, guardava la ripresa (senza sonoro) dell'amico e quella di uno sconosciuto. Al termine della visione, doveva giudicare quali emozioni avessero espresso.

Al momento di tirare le somme, gli studiosi hanno accertato che nel valutare le emozioni i partecipanti erano accurati e precisi quando assistevano al video in cui l'amico dava libero sfogo alle proprie emozioni, mentre si rivelavano approssimativi e generici quando dovevano giudicare cosa provava lo sconosciuto.

Inoltre, nel momento in cui l'amico riferiva di un episodio felice, sia che manifestasse la propria gioia in modo esplicito, sia che cercasse di non darla a vedere, veniva prontamente «beccato» dal compagno di avventure. Quando invece si trattava di valutare il filmato in cui l'amico celava delle emozioni negative, questo fiuto spariva e la capacità di giudizio non era per nulla diversa da quella dimostrata verso gli estranei. Dal confronto tra i questionari sull'amicizia e i giudizi sui video è emerso un dato curioso: quanto più saldo era il rapporto, tanto peggiore era il riconoscimento delle emozioni nascoste degli amici.

Secondo gli autori dello studio, la carenza di acume esibita dai partecipanti è dovuta al fatto che proviamo un senso di responsabilità nei confronti dei sentimenti di chi sentiamo vicino. In altre parole, non possiamo mostrarci o restare indifferenti se sta male. Perciò, se non siamo in condizione di dargli conforto oppure temiamo che il suo disappunto o malumore sia diretto a noi, talvolta preferiamo ignorare i suoi segnali, evitando così di dover entrare in conflitto o di creare dissapori manifesti nel rapporto.

Tutti possiamo imparare

Tranne casi eccezionali (come gli alessitimici gravi), chiunque con la giusta preparazione è in grado di diventare un esperto di linguaggio del corpo.

Si è appurato che, leggendo libri sul tema o frequentando corsi che trattino questo argomento, non solo si impara a prestare maggiore attenzione ai segnali non verbali, ma ci si sente più a proprio agio con gli altri, maggiormente benvoluti, più tolleranti, aperti, flessibili e capaci di assumere il punto di vista altrui e comprendere il motivo delle sue azioni.

2

Istruzioni per l'uso

Sgombrare la mente da pregiudizi e luoghi comuni

La percezione è un fatto scontato per tutti, eppure il modo in cui percepiamo il mondo attorno a noi è condizionato da schemi, pregiudizi e preconcetti che abbiamo acquisito nel vivere in società che funzionano da veri e propri filtri.

Pensiamo per esempio alla famosa «faccia» su Marte: vediamo un volto umano invece che una superficie irregolare solo perché abbiamo in mente uno schema della faccia umana. Ciò vuol dire che tendiamo a vedere quello che conosciamo e a ignorare quello che per noi non significa niente. È questo il motivo per cui generalmente non notiamo alcuni comportamenti non verbali come sollevare un piede, ritrarre il busto o deglutire: se le riteniamo azioni casuali o fisiologiche non c'è motivo di prestare loro attenzione. Se invece partiamo dal presupposto che ogni minima variazione nell'aspetto, nel colorito, nel tono muscolare eccetera è una reazione scatenata da uno stimolo, allora faremo innanzitutto attenzione a questi cambiamenti e poi cercheremo il motivo per cui si sono realizzati.

Per imparare a cogliere i segnali del corpo dobbiamo liberarci di stereotipi, conoscenze sommarie e percezioni basate su esperienze personali.

Una pseudoscienza nota come fisiognomica (la disciplina che studia i rapporti fra aspetto fisico e personalità) ha influenzato il pensiero comune, contribuendo a instaurare degli stereotipi, concezioni aprioristiche che attribuiamo a chi mostra un dato aspetto o comportamento. Così, se vediamo qualcuno con il mento sfuggente lo troviamo inibito, se ha gli occhi sporgenti pensiamo sia collerico, se ha le labbra carnose riteniamo sia sensuale e passionale, mentre se le ha sottili lo reputiamo schivo e chiuso. Considerazioni simili possono storpiare il nostro giudizio sulle persone e portarci ad assumere atteggiamenti del tutto immotivati nei loro confronti.

Laura Mast, del Missouri Western State College, ha approfondito l'analisi di queste distorsioni della percezione verificando l'impatto della combinazione di determinate taglie e fattezze fisiche nella formulazione di un giudizio.

Sulla base della sua indagine, ha scoperto in primo luogo che il volto comunica molto più del corpo riguardo alla personalità di qualcuno.

Inoltre, le proporzioni di volto e corporatura ci dispongono più o meno favorevolmente verso gli altri, sebbene in modo del tutto immotivato. Per esempio, un maschio con una faccia ampia e un corpo sottile viene considerato, rispetto ad altre combinazioni, in modo positivo. Un volto sottile su un corpo grasso o magro genera invece i giudizi più negativi, mentre un fisico corpulento unito a un volto largo viene giudicato complessivamente bene.

Le donne trovano riscontri opposti rispetto agli uomini: quelle con il volto sottile vengono giudicate più positivamente, a prescindere dalla taglia del corpo, mentre quelle con il viso largo riscuotono pareri negativi, ma meno sfavorevoli se la loro silhouette è esile.

Quando la ricercatrice ha voluto verificare quanto risultassero attraenti i soggetti ritratti nelle foto sottoposte ai partecipanti, ha scoperto che i fisici massicci venivano reputati più piacevoli di quelli sottili. Per quanto riguarda la personalità, gli uomini con facce ampie e corpo magro sono stati giudicati i più generosi.

Ulteriori studi hanno investigato l'importanza della forma fisica sull'impatto che abbiamo quando vediamo qualcuno: per esempio, è stato provato che un eccessivo sovrappeso o un'estrema magrezza incidono in modo pesante nei colloqui di assunzione. I pregiudizi sono particolarmente forti e negativi per gli obesi (soprattutto per le donne), che vengono visti come sedentari, apatici, inaffidabili e incompetenti. Per questo motivo, si è scoperto, spesso chi è troppo grasso viene impiegato in lavori umili e con poche possibilità di carriera proprio perché ritenuto poco sveglio, scarsamente motivato e poco intraprendente.

Come vedremo, invece, l'interpretazione è più complessa.

Il transfert

Un ulteriore processo che ci porta a sviluppare pregiudizi sugli altri è il transfert. Questo concetto è stato sviluppato da Sigmund Freud per spiegare come mai il soggetto analizzato, a un certo punto della relazione con l'analista, tendeva ad attribuirgli atteggiamenti, pensieri e sentimenti in modo del tutto immotivato. Il padre della psicoanalisi ha concluso che ciò accade perché, quando il rapporto con lo psicoterapeuta si fa importante, il paziente proietta su di lui delle esperienze vissute originariamente con i genitori.

In tempi recenti, la psicologa Susan Andersen ha scoperto che in effetti il transfert esiste ed è il primo processo di valutazione interpersonale che utilizziamo nell'interazione con gli altri, per di più in modo inconsapevole. La Andersen ha appurato che non solo proiettiamo le figure dei nostri genitori, ma anche quelle di ogni persona significativa della nostra vita, in base a rassomiglianze nelle fattezze, nell'abbigliamento, nel modo di fare, nelle abitudini, nel tono di voce.

Naturalmente, proprio perché la nostra valutazione è fondata soltanto su caratteristiche esteriori e superficiali, molto spesso sarà arbitraria.

Addestrare l'attenzione

L'attenzione è l'elemento che viene «messo a fuoco» dalle nostre percezioni.

Per cogliere e interpretare il linguaggio del corpo dei nostri interlocutori, dovremo concentrarci esclusivamente su di loro e sul loro comportamento, il che significa non farci distrarre da ciò che ci accade attorno, neppure dalle nostre emozioni, dai pensieri che inevitabilmente ci passeranno per la mente e da sensazioni interiori o fisiche.

Occorre anche imparare a essere elastici nella gestione dell'attenzione, cioè spostarla con estrema prontezza su qualunque parte del corpo in cui avvenga un cambiamento e prendere coscienza del fatto che, rispetto a uno stesso stimolo, la persona che stiamo osservando potrà avere reazioni contraddittorie.

Una volta acquisita familiarità con i comportamenti non verbali, poi, dovremo riportare l'attenzione anche al discorso e muoverci quindi su due piani: quello della conversazione con l'interlocutore e quello delle sue reazioni non verbali.

Imparare a osservare i comportamenti non verbali

Quando avremo appreso il significato dei gesti che analizzeremo nei prossimi capitoli – leccarsi le labbra è indice di piacere, togliere ipotetiche briciole dall'angolo della bocca è segno di disappunto, deglutire è un segnale di tensione e così via – potremo iniziare ad allenare il nostro spirito di osservazione.

Un buon modo per cominciare è sfogliare un giornale scandalistico o una rivista di attualità soffermandosi sulle pose spontanee. Il vantaggio di questo tipo di analisi è che possiamo svolgerla con comodo, senza timore che qualcosa ci sfugga proprio perché l'immagine è statica e possiamo rivederla quante volte vogliamo e per tutto il tempo che ci serve. Presto ci accorgeremo che il segnale più vistoso trova un riverbero in altri comportamenti meno appariscenti.

Osservando la foto qui a lato di Angelina Jolie e Brad Pitt, per esempio, il primo atto non verbale che cogliamo è il fatto che, nel baciarlo, lei tiene il bicchiere sollevato. Questo è verosimilmente un segnale di barriera, cioè un modo per tenere l'altro a distanza. L'interpretazione viene confermata se si nota che la Jolie lo bacia a lato e non sulla bocca e tiene le labbra chiuse e piegate

Tenerezza o fastidio? Lo rivelano i segnali non verbali

in una smorfia che esprime disgusto o disprezzo. Inoltre, la mascella di lei è contratta in segno di collera. Infine, ha gli occhi chiusi, gesto che potrebbe essere naturale in un contatto così ravvicinato, ma che all'interno di questo quadro significa probabilmente che lei preferisce non guardarlo (un altro segno di disgusto).

Anche i talk show e i dibattiti televisivi si rivelano un ottimo «punto d'osservazione» per fare allenamento nel cogliere i segnali del corpo.

Essere bravi nel leggere e nell'interpretare i messaggi non verbali significa essere in grado di accorgerci dei comportamenti insoliti con ogni sistema sensoriale: la vista, l'udito, il tatto e perfino l'odorato. Nelle nostre interazioni quotidiane siamo distratti dalla comunicazione non verbale perché diamo molto peso al discorso; inoltre, dobbiamo interloquire e quindi buona parte della nostra attenzione sarà impegnata in questo compito.

Se invece guardiamo un talk show non dobbiamo fare altro, appunto, che guardare. Meglio ancora se togliamo l'audio, così non saremo nemmeno distolti dal dialogo. In questo modo ci renderemo conto che i gesti, i cambiamenti di postura e di orientamento, le contrazioni muscolari, i movimenti dei piedi eccetera sono molto più numerosi di quanto notiamo normalmente.

Sulla base delle indagini di Jon Grahe e Frank Bernieri, due studiosi dell'Università di Toledo, è stato appurato che sono proprio i segnali che cogliamo con la vista a consentirci una maggiore accuratezza nel valutare una relazione o l'atteggiamento di qualcuno.

Per giungere a questa conclusione gli psicologi hanno chiesto a un gruppo di osservatori di giudicare il tipo e l'intensità del rapporto tra due individui sulla base di indici diversi: una trascrizione dell'interazione, una registrazione audio del dialogo, un video, un filmato con tanto di sonoro e infine una ripresa accompagnata dalla trascrizione della conversazione.

Esaminando i risultati, i ricercatori hanno verificato come le valutazioni più precise venissero fatte da chi si era basato solo sulla scena filmata senza l'audio; l'aggiunta del sonoro non soltanto non incideva sull'attendibilità, ma in alcuni casi portava a distorcere il senso di quello che si era visto.

Un esercizio analogo di allenamento all'osservazione possiamo svolgerlo quando ci troviamo nella sala d'attesa di un aeroporto o sulla banchina di una stazione, quando facciamo la coda in banca, alla posta o agli sportelli per la prenotazione degli esami medici. In queste situazioni la gente è troppo occupata a badare ai propri bagagli, a guardare i tabelloni delle partenze o il monitor che indica il prossimo numero da servire per fare attenzione a noi: possiamo così osservarli senza il timore di essere sorpresi a scrutarli.

Diventare soggetti di osservazione

Per prendere confidenza con la lettura e l'interpretazione dei segnali del corpo conviene fare attenzione anche al proprio comportamento non verbale. Questo soprattutto perché, nonostante siamo inconsapevoli di generare dei messaggi con il corpo, ci conosciamo: sappiamo quali sono i nostri atteggiamenti, le nostre opinioni, le nostre inclinazioni e la nostra storia e questa conoscenza ci può aiutare a comprendere, per esempio, perché ci siamo sfregati il naso in risposta a un dato argomento o a una certa scena.

Lavorare su noi stessi è utile per capirsi meglio, ma anche per renderci conto che quando ci spazzoliamo la giacca, ci grattiamo uno zigomo o portiamo la lingua sui denti come per ripulirli, lo facciamo per una ragione ben precisa.

Questo esercizio ci farà prendere confidenza con il metodo di lettura del circuito stimolo-risposta-contesto e ci porterà a capire che se noi reagiamo in un determinato modo a uno stimolo, lo stesso con ogni probabilità accade agli altri.

«Tendere le orecchie»: la sensibilità per i toni di voce

All'interno della comunicazione non verbale i segnali più difficili da cogliere sono quelli paralinguistici (colpi di tosse, abbassamento del volume della voce, il suono con cui inspiriamo o quello prodotto dalla dilatazione delle narici – un segno di collera – o ancora il colpo dato nel poggiare un bicchiere, nel battere il piede sul pavimento e così via) e quelli tonali (variazioni del tono di voce, della sonorità, dello spessore vocale eccetera). Questo è dovuto al fatto che tali messaggi viaggiano sullo stesso canale della parola e vengono percepiti con l'udito. La parola in questo caso rappresenta un vero e proprio disturbo.

Un modo per affinare la sensibilità a queste variazioni è, di nuovo, mettersi davanti al televisore e seguire un talk show, ma questa volta chiudendo gli occhi: la gamma di segnali di cui ci renderemo conto sarà impressionante rispetto a quanto accade di solito.

Vediamo ora uno specchio delle caratteristiche vocali e timbriche delle emozioni e di alcuni atteggiamenti.

Paura. Il tono è piuttosto acuto, con poche modulazioni, il che – assieme alla velocità di articolazione delle parole – dà alla voce un'espressione tesa. La voce inoltre è stridula, esile e può apparire tremula. Il parlato è spesso spezzato da inspirazioni frettolose e superficiali; le pause tra le frasi sono in genere lunghe e sono frequenti gli intercalari (uhm, ehm eccetera), le ripetizioni, un'improvvisa balbuzie, inversioni della sintassi, ripetizioni di parte della parola («vera-veramente»). Sono spesso associati alla paura gli schiarimenti di voce e gli scoppi di tosse convulsa; infine, il suono della respirazione diventa percepibile.

Ansia. Il tono assomiglia molto a quello della paura: la voce ricorda lo stridio di una corda di violino, è debole, a volte quasi afona e il modo di parlare è accelerato e interrotto da veloci respiri a bocca aperta.

Collera. La voce suona metallica, dura, tesa e piena; il volume è piuttosto alto. Il modo di parlare è veloce, anche se le parole sono scandite e chiare; le pause sono molto brevi.

Disgusto/disprezzo. Il tono è profondo, nasale e con poche variazioni. La voce che esprime disgusto suona poco tesa e poco piena; nel disprezzo invece prende corpo e il volume è piuttosto basso. L'articolazione delle parole è lenta, le pause brevi, le parole sembrano espulse con forza.

Tristezza. La voce è profonda, debole e monocorde. Il parlato è lento, mentre l'articolazione delle parole è media. Le pause appaiono in genere lunghe.

Felicità/entusiasmo. La voce è piena, melodiosa e mediamente tesa, il tono squillante, con ampie esclusioni del timbro. Il volume è costantemente elevato ed è caratterizzato da un crescendo finale al termine delle frasi.

Piacere. La voce suona calda, pastosa, modulata. La parlata è piuttosto veloce; l'articolazione media e le pause brevi.

Noia. La voce è piatta, abbastanza profonda e il parlato è lento e stanco.

Dominanza. La voce è tipicamente bassa, sonora, vibrante e di volume superiore alla media.

Remissività. Il tono di voce è acuto, flebile e soffocato.

Ambizione. Il tono e il volume sono alti e la voce suona armoniosa; l'eloquio ha un ritmo piuttosto accelerato.

Rilassatezza. Il tono è basso, pastoso, armonioso; la voce è sonora, le frasi lunghe e la frequenza di articolazione delle parole lenta e cadenzata.

Competenza. Viene trasmessa da due parametri: la risposta veloce e un tono di voce sonoro con un volume relativamente alto.

Come e cosa guardare

Come già accennato, nel momento in cui interagiamo con qualcuno diamo peso soprattutto a quello che dice; la parola è però la fonte meno attendibile per capire se quanto ci comunica l'altro è sincero.

Facciamo attenzione, inoltre, a quello che l'interlocutore esprime con la sua mimica facciale. Anche in questo caso però molte espressioni sono facilmente simulabili o dissimulabili: possiamo sorridere, per esempio, per nascondere uno stato d'imbarazzo o perché vogliamo far credere a chi ci sta di fronte che troviamo gradevole o divertente il suo discorso; possiamo sollevare le sopracciglia per dare l'impressione di essere sorpresi; siamo altrettanto capaci di mostrare un atteggiamento corrucciato, contrariato o deluso.

Certo, esistono movimenti facciali che non riusciamo a riprodurre a comando, come la forma a triangolo scaleno che assume la palpebra superiore nella tristezza genuina, o il sollevamento e l'unione delle sopracciglia nell'apprensione, né siamo in grado di controllare i tempi di esibizione delle emozioni (l'espressione di sorpresa autentica, per esempio, non dura più di 5 secondi).

Nemmeno sul resto del corpo abbiamo un controllo totale. Innanzitutto, per lo meno nei destrimani, il lato sinistro sarà maggiormente fuori controllo rispetto al destro. Inoltre, abbiamo un discreto controllo della postura del tronco fino alla vita, che invece diminuisce drasticamente dal bacino in giù ed è spesso assente nei piedi.

I movimenti e le pose di questi ultimi sono in definitiva la fonte più spontanea di espressione del corpo: possiamo sollevare i talloni quando proviamo un impulso alla fuga, alzare il piede quando siamo interessati a qualcosa, ritirarlo se proviamo un senso di fastidio. (Osservando il disegno nella pagina a fianco si possono vedere le parti del corpo su cui abbiamo un maggiore o minore controllo.)

Poste queste premesse, dovremmo sbirciare continuamente i movimenti dei piedi dell'interlocutore per disporre di informazioni attendibili, ma è anche vero che le regole dell'interazione prevedono che si guardi l'altro in volto, non che si fissino le sue gambe o i piedi! Gli psicologi Marianne Gullberg e Sotaro Kita hanno confermato con una recente indagine quanto è già emerso in ricerche precedenti: nell'interazione interpersonale la nostra attenzione si posa su un numero davvero esiguo di gesti dell'altro e, proprio a causa di questo «disinteresse», tendiamo a ignorare i messaggi non verbali dell'interlocutore.

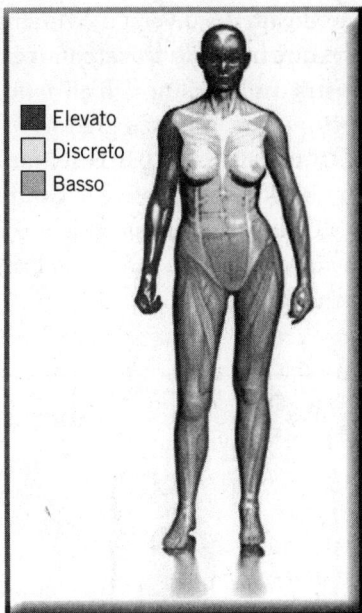

■ Elevato
□ Discreto
■ Basso

Il controllo delle diverse parti del corpo

Come aggirare questa forma mentis senza perdere una fonte di segnali così importante?

Grazie alle proprietà del nostro sistema visivo.

Noi possediamo due modi di guardare: la visione foveale o diretta, con cui cogliamo gli oggetti a fuoco, nei dettagli e a colori, e la visione periferica o «coda dell'occhio», con cui percepiamo, con molta più velocità e destrezza, il movimento e le variazioni di luminosità. Quindi, per rilevare i movimenti che avvengono ai margini del nostro campo visivo non dobbiamo fare altro che prestare attenzione a quello che avviene «alla periferia», pur continuando a mantenere lo sguardo sul volto del nostro interlocutore.

Se chiediamo al partner oppure a un amico di spostare il piede mentre noi lo guardiamo in faccia, ci accorgeremo che notarlo è più semplice di quanto non si pensi: una volta imparato il significato dei diversi movimenti dei piedi, anche se li vedremo eseguire in modo sfocato potremo riconoscerli. Così facendo, la nostra osservazione dell'altro non gli darà l'impressione di essere sottoposto a un terzo grado.

Naturalmente, per osservare anche i movimenti di piedi e gambe dobbiamo essere in condizione di guardare l'altra persona a 360 gradi, cioè senza ostacoli o barriere: quindi, meglio scegliere di accomodarsi su sedie o poltrone, piuttosto che a una scrivania o a un tavolino.

Il contorsionista

Segnali di disagio in pubblico

Esaminando questa immagine di Bush senior ai primi tempi della sua carriera politica, possiamo notare come fosse fortemente a disagio nelle situazioni pubbliche. Cominciando la nostra analisi dal volto, osserviamo che ha un'espressione sorridente e apparentemente rilassata. Tuttavia, basta scendere per accorgersi che tiene le mani unite davanti a sé come a formare una barriera. Il busto è rivolto verso quello che si presume sia l'uditorio; dal bacino in giù notiamo però che sta compiendo una torsione degna di un contorsionista: bacino e gambe sono infatti orientati verso tutt'altra direzione. Infine, Bush dondola il piede della gamba sinistra, appoggiata sull'altra, tradendo così un impulso alla fuga.

Occhio ai fraintendimenti

Quando interpretiamo il linguaggio del corpo di qualcuno possiamo incorrere in fraintendimenti.

Innanzitutto, abbiamo già detto che dobbiamo tenere conto

delle differenze culturali: per esempio, il fatto che un cinese o un giapponese distolga frequentemente lo sguardo non è indice di menzogna o imbarazzo, ma sarà dovuto alle norme di comportamento apprese nella sua società.

In secondo luogo, alcuni comportamenti non verbali sono reazioni riflesse (cioè comportamenti motori elementari) legate agli aspetti fisiologici di determinate emozioni: per esempio, l'ansia provoca un restringimento delle vie aeree superiori, la stizza che ci induce a sfregarci il naso è data da un senso di irritazione alle mucose delle narici. Di conseguenza può capitare che giudichiamo reazioni emotive quelle che sono risposte organiche: così, se uno è raffreddato può tossire oppure si può leccare le labbra perché sono secche per il caldo. Insomma, vanno sempre tenuti in considerazione lo stato di salute del soggetto e le condizioni ambientali.

Inoltre ci sono persone che fanno un determinato gesto d'abitudine: tutti conoscono il vezzo di Vittorio Sgarbi che si ravvia continuamente i capelli o il tic di Maurizio Costanzo che si passa di frequente la lingua sulle labbra. Quando esaminiamo il comportamento non verbale di qualcuno dobbiamo quindi distinguere le azioni abituali (legate alla sua personalità o ai suoi atteggiamenti) da quelle che il soggetto produce in relazione a specifici stimoli.

In aggiunta ai comportamenti che esamineremo nei prossimi capitoli, inoltre, esistono i cosiddetti atti idiosincrasici: comportamenti che non hanno un valore universale, ma che vengono messi in atto da una particolare persona quando è sotto stress, quando qualcosa le piace eccetera.

In questo caso, l'unico modo per coglierli è frequentare il nostro soggetto e registrare i gesti che esegue in maniera ricorrente quando prova determinate emozioni o si trova in certe situazioni.

Infine, alcuni atti vengono eseguiti per nascondere dei difetti fisici: una donna che abbia una voglia sul volto può portare di frequente i capelli davanti alla faccia; chi ha una mutilazione di una o più dita può nascondere la mano per vergogna, così come può compiere lo stesso gesto chi si mangia le unghie, per non darlo a vedere.

Una tirata d'orecchi

Se ci guardiamo attorno noteremo che il contatto con l'orecchio è piuttosto comune e vario: c'è chi si abbassa il bordo del padiglione auricolare, chi comprime il lembo davanti al condotto uditivo, chi infila parzialmente un dito nel condotto, chi si tira l'orecchio.

Quest'ultimo è il caso di Diego. Ha avuto un padre molto severo e, forse per una forma di trasgressione, ha sviluppato una passione patologica per il gioco d'azzardo. Caterina, sua moglie, accortasi che l'abitudine del partner è diventata incontrollabile, lo ha costretto a rivolgersi a uno psicologo e dopo qualche mese le cose hanno cominciato a cambiare: Diego, a quanto racconta, non prova più l'impulso di giocare, si sente più soddisfatto di sé e ha assunto abitudini più regolari.

Tutto sembra andare per il meglio, fino a quando viene messo in cassa integrazione. Caterina teme che questa frustrazione lo porti a regredire e così inizia a osservarlo meglio. Controllando conti e portafoglio non ha motivo di sospettare che il marito sia ricaduto nelle vecchie abitudini, ma ha notato che pochi giorni dopo la cattiva notizia Diego ha iniziato a esibire un insolito modo di fare: *quando ritiene che nessuno lo veda si tira le orecchie fino a renderle rosse.*

La moglie sa che il padre ricorreva proprio a questa punizione per castigarlo, così un giorno decide di pedinare Diego... e in effetti scopre che l'uomo ha ripreso a giocare e per coprire le perdite ha contratto dei debiti.

Tirarsi le orecchie è quindi probabilmente un modo per autopunirsi, ipotesi avvalorata dal fatto che ha cominciato a farlo solo dopo essere ricaduto nel vizio del gioco d'azzardo.

Stabilire qual è il comportamento di base di chi osserviamo

Soprattutto quando si tratta di valutare se l'interlocutore dice la verità o mente è importante stabilire in che misura il suo comportamento cambi rispetto all'atteggiamento che tiene di solito, che chiameremo comportamento di base.

Per esempio, se una persona abitualmente gesticola e ci guarda spesso negli occhi ma rispetto a un determinato argomento si irrigidisce e distoglie lo sguardo, possiamo presumere che abbia qualcosa da nascondere.

Lo stesso principio vale per altre situazioni, specie dove il cambiamento dell'altro ci appare inspiegabile. Poniamo di stare piacevolmente conversando con un amico: si ride, si scherza, si fanno battute e a un certo punto lui si fa più serio (il suo volto è meno espressivo, più tirato e le palpebre appaiono socchiuse): è evidente che quanto abbiamo detto o come l'abbiamo detto l'ha messo di malumore.

Un altro esempio è quello che segue.

In un'intervista sul canale FOX News il noto giornalista americano Glenn Beck ha messo in forte imbarazzo Sarah Palin, prima donna a ricoprire la carica di governatore dell'Alaska e candidata alla poltrona di vicepresidente americano nelle elezioni del 2008.

La Palin, in precedenti occasioni, aveva già dato prova di notevole ignoranza.

Nel corso dell'intervista di Beck, nonostante le provocazioni di quest'ultimo, la Palin aveva saputo mantenere una certa rilassatezza e perfino sorridere per buona parte del tempo. A mandare in frantumi la sua compostezza è bastata però una domanda che faceva nuovamente leva sulla sua scarsa cultura: qual era, tra i padri fondatori degli Stati Uniti, il suo preferito?

«Ehhm, lei sa… /fa una pausa/sposta lo sguardo da sinistra in alto alla ricerca di una risposta e batte le ciglia/balbetta qualcosa e allarga le braccia nel gesto di indicare qualcosa di ampio/ be', tutti loro, perché vengono comunemente considerati assieme con così tante diverse…» Beck incalza: «Chi è il suo preferito?» /La Palin guarda in basso in un atto che segnala soggezione e si schiarisce la voce, un segno di imbarazzo e disagio/ «… opinioni e tante diversità riguardo alle posizioni politiche, ma presi collettivamente, hanno contribuito insieme a formare l'Unione…»

In definitiva, quando è stato toccato il suo punto debole la governatrice ha mostrato una notevole difficoltà sul piano dell'esposizione verbale, ma ha cambiato anche comportamento non verbale.

Possiamo concludere che il comportamento di base della Palin è quello composto e controllato, mentre di fronte a una domanda imbarazzante non ha dato solo un segnale non verbale, ha proprio cambiato il suo intero atteggiamento. Naturalmente, se invece di un personaggio pubblico, abituato a riflettori e interviste, il soggetto in questione fosse stata una persona qualunque intervistata a un angolo di strada, avremmo potuto aspettarci di osservare segni di tensione e imbarazzo sin dall'inizio, e quello sarebbe stato il suo comportamento di base.

Sarah Palin abbassa gli occhi nell'intervista con Glenn Beck

Un'altra immagine dell'intervista alla Palin

La donna chiusa a doppia mandata

Serena è una donna alta, attraente, slanciata, dai tratti quasi aristocratici. Nel call center dove lavora viene considerata altezzosa e frigida dai colleghi maschi perché, seppure si mostri amichevole, ogni volta che viene avvicinata da un uomo incrocia le braccia, scoraggiando i «galletti» a farle ulteriori proposte. Al contrario, con le donne mostra posture più aperte e rilassate e con qualcuna ha stretto amicizia anche al di fuori dell'ambiente di lavoro. Questo atteggiamento suscita addirittura in qualche malizioso il sospetto che Serena propenda per «l'altra sponda».

Filippo, che lavora nel suo stesso ufficio, è una persona aperta e un buon osservatore e ha notato che quando Serena indossa maglie ampie o giacche, invece di tenere le braccia conserte si limita a incrociare le mani sulle ginocchia. Siccome la collega gli piace, decide di ignorare i pregiudizi e la invita a prendere un caffè dopo il lavoro; inaspettatamente, lei accetta con entusiasmo.

L'appuntamento va benissimo: la conversazione risulta talmente piacevole che i due decidono di proseguire la serata assieme andando a mangiare una pizza.

Dopo cena, Serena si sente in dovere di svelare il mistero del suo atteggiamento: anni prima ha subìto un intervento per un tumore che le ha lasciato un seno visibilmente più piccolo dell'altro, cosa che lei vive come una deturpazione che non la rende più desiderabile agli occhi degli uomini. Ecco perché quando un uomo le stava troppo vicino tendeva a nascondere questa «bruttura»... altro che puzza sotto il naso!

Affidarsi anche all'intuito

In questo libro viene spiegato come leggere e interpretare il linguaggio del corpo in modo analitico. Tuttavia, come abbiamo precisato nel primo capitolo, potenzialmente abbiamo tutti la facoltà di capire il comportamento non verbale degli altri in modo intuitivo.

Capita per esempio che qualcuno ci incuta paura, ci irriti o ci faccia sentire a nostro agio senza dire o fare alcunché di particolare: in questi casi, la percezione è una sensazione viscerale con cui captiamo emozioni e intenzioni dell'altro senza essere consapevoli del perché ci riusciamo.

Questa facoltà, lo abbiamo già visto, deriva dall'elaborazione di un circuito di strutture cerebrali coordinate dall'amigdala. (Lo dimostra il fatto che quando una di queste, la corteccia somato-sensoriale, subisce un danno, le persone mostrano grosse difficoltà a dare un senso alle espressioni emozionali del volto.)

Partendo da tali considerazioni, il neurologo Ralph Adolphs dell'Università dell'Iowa ha elaborato un'ipotesi molto plausibile per spiegare come siamo in grado di comprendere quello che prova un'altra persona semplicemente guardandola.

Secondo Adolphs nel leggere le espressioni facciali adotteremmo due strategie: la prima consiste in un ragionamento che porta a collegare due ordini di fatti (per esempio, un sorriso suggerisce che una persona è felice). La seconda sarebbe di natura intuitiva e presumibilmente la adottiamo quando sul volto dell'altro osserviamo una mescolanza di emozioni che ne rende difficile l'interpretazione.

In questo caso, per capire l'interlocutore indosseremmo in un certo senso la sua «maschera facciale», prestando attenzione alle sensazioni e ai sentimenti che ci rimanda l'insieme di contratture e rilassamenti dei diversi distretti muscolari facciali.

Detto in termini neurologici, rappresenteremmo nella nostra corteccia somatosensoriale la stessa configurazione del volto osservata, ricostruendo nel nostro cervello una simulazione di quello che l'altra persona sta provando.

Possiamo impiegare un procedimento analogo quando vediamo qualcuno assumere una certa postura e sospettiamo che questa abbia una funzione emotiva. In altre parole, possiamo metterci nella sua posizione oppure semplicemente immaginare di trovarci in quella posa per comprenderne il valore emotivo.

Lo hanno scoperto gli psicologi Mototaka Suzuki e Yutaka Haruki dell'Università giapponese di Waseda. Sulla base di una sperimentazione, si sono resi conto che determinate posture del corpo sono in grado di influenzare il nostro umore e la consapevolezza delle nostre emozioni.

Nel loro studio veniva suggerito a un gruppo di partecipanti di assumere alcune posture, e ad altri di limitarsi a immaginarlo. Le posture suggerite includevano: tenere il tronco inclinato o diritto e la testa in alto, diritta oppure giù; le pose di questi due segmenti del corpo venivano quindi combinate per ottenere un totale di sei posizioni.

In entrambi i gruppi i risultati sono stati analoghi: pressoché per tutti l'assumere determinate pose equivaleva a diventare coscienti di provare delle emozioni e dei cambiamenti dell'umore. In particolare, quando i soggetti stavano con la schiena curva e inclinavano la testa si sentivano più deboli, svuotati e con un umore più cupo.

Sviluppare l'intuizione per i segnali non verbali

Esercizio A

1) Sfogliate un giornale e scegliete delle foto di persone che siano in determinate pose non comuni (evitando quindi quelle che si possano facilmente ritrovare in questo libro) oppure che esibiscano delle espressioni facciali ambigue.
2) Mettetevi davanti a uno specchio e cercate di assumere la stessa espressione o postura.
3) Chiudete gli occhi e ascoltate il vostro corpo e le emozioni che vengono suscitate.

Esercizio B

1) Chiedete a un amico, partner o collega di prestarsi a un gioco: la lettura del pensiero.
2) Suggeritegli di pensare intensamente a un episodio felice e a uno molto spiacevole della propria esperienza, senza dirvi a quale dei due sta pensando.
3) Osservate i cambiamenti della sua mimica facciale, della postura, del tono muscolare eccetera e imitateli.
4) Ascoltate le vostre sensazioni.
5) Descrivete all'altro l'episodio in base a quello che vi viene in mente spontaneamente e chiedetegli se le vostre intuizioni sono vere o no (parlategli delle vostre sensazioni, descrivetegli delle immagini eccetera).

3

Cosa possiamo cogliere al primo incontro

Un'impressione che lascia il segno

Con una sola occhiata e sulla base dell'aspetto fisico, della postura e della fisionomia di una persona ci facciamo un'idea precisa e spesso dura a morire dell'altro, ma non sempre il nostro giudizio è corretto. Si tratta della famosa «prima impressione».

Ne abbiamo già accennato nel primo capitolo, ma qui illustriamo il concetto in modo più esteso.

La prima impressione è una sorta di Polaroid in grado di catturare importanti elementi di chi abbiamo di fronte, spesso in modo preciso e accurato. Questo giudizio può essere formulato anche sulla base di una sola occhiata e in tempi brevissimi e nasce in modo automatico: che se ne sia consapevoli o meno siamo influenzati dall'abbigliamento, dai tratti del volto, dalle forme del corpo e dalla postura di chi osserviamo.

L'aspetto fisico è sicuramente una delle cose che ci colpiscono per prime; si è scoperto per esempio che in un colloquio di lavoro o in un esame i candidati attraenti vengono ritenuti più qualificati dei pretendenti più bruttarelli. Se in questo caso la valutazione è sicuramente storpiata dai nostri preconcetti («ciò che è bello è anche buono»), in molte altre situazioni si dimostra valida e oculata.

Ciò avviene perché il cervello, attraverso un processo detto olistico, riesce a trarre una sintesi basandosi su dettagli sottili come un certo tono di voce, l'orologio che l'altro porta al polso, il modo di dare la mano oppure l'atteggiamento delle spalle.

Anche l'abbigliamento ci può dare delle informazioni su chi abbiamo di fronte: il fatto che la persona sia vestita in modo elegante o casual, ordinario o stravagante, colorato o anonimo può farci già capire qualcosa di lui o lei. Naturalmente, l'abito che indossiamo è anche legato alla moda, alla circostanza, al periodo dell'anno, all'età eccetera e per questo è possibile incorrere in fraintendimenti. Per esempio, gli psicologi americani Carol Scherbaum e Donald Shepherd hanno messo in evidenza che scegliere il rosso per un colloquio di lavoro non paga molto: nel loro esperimento, individui di entrambi i sessi che vestivano di blu e indossavano una giacca venivano giudicati più competenti e abbigliati in modo appropriato rispetto a chi portava un capo di colore rosso o non aveva una giacca.

Uno studio condotto dagli psicologi Roger Squier e John Mew ha inteso invece stabilire se la struttura facciale di una persona possa essere indicativa della sua personalità.

Per il loro esame hanno mostrato ai candidati due gruppi di foto: uno di individui con volti allungati e spigolosi, l'altro con ritratti di persone dal viso corto e squadrato.

Bene, il risultato ha dato prova che chi aveva la faccia allungata è stato giudicato più reattivo, determinato e sincero rispetto a chi aveva il volto corto; questi ultimi, per contro, venivano ritenuti più controllati, conformisti e sagaci.

Come già accennato nel capitolo precedente, la fisiognomica – la disciplina che lega determinate caratteristiche del volto a specifiche inclinazioni del carattere – è tuttavia molto discutibile e trova poche evidenze scientifiche, se non nessuna.

Uno dei più noti esponenti di questa corrente è stato l'italiano Cesare Lombroso. Questo medico, partendo dalla misurazione della forma e dimensione del cranio di molti delinquenti, era giunto alla conclusione che attraverso l'osservazione della fisionomia del volto si potesse stabilire il grado di devianza criminale di un individuo: una teoria del tutto infondata, ma sicuramente affascinante.

Influenza degli ormoni

La moderna ricerca scientifica ha naturalmente smentito le deduzioni di Lombroso e quelle di altri esponenti della corrente di pensiero cui faceva capo; ha però scoperto che in una qualche misura esistono realmente alcune corrispondenze tra il carattere e le fattezze del volto.

Per lo più si tratta di caratteristiche dovute all'effetto secondario degli ormoni sessuali e in particolare del testosterone, l'ormone maschile, che oltre ad agire sullo sviluppo sessuale contribuisce a modellare determinati tratti fisici (per esempio, chi ha alti livelli di testosterone è più alto, più muscoloso, ha un torace più ampio e spalle più larghe) ed è responsabile di un certo temperamento.

È stato appurato che l'uomo che presenta livelli elevati di questo ormone tende a essere indipendente, ambizioso e competitivo; chi ha questo profilo in genere è di indole dominante, ostinato, energico e capace di grande concentrazione quando ha un obiettivo.

Non lo si potrebbe definire esattamente un padre di famiglia: nel rapporto di coppia tende a essere infedele, accusatorio, a volte brutale e a non farsi molti scrupoli ad abbandonare il proprio «nido»; si mostra, inoltre, un padre assente e indifferente. Sul lavoro spesso è insofferente e ha difficoltà a mantenere un'occupazione.

Queste disposizioni di personalità viaggiano di pari passo con una particolare morfologia del viso indotta proprio dall'effetto dell'ormone maschile: per esempio, il pomo d'Adamo è particolarmente prominente, il mento largo e la mascella squadrata, il naso pronunciato e le arcate sopraccigliari sporgenti; il volto è spesso coperto da una fitta peluria.

James Dabbs, che ha dedicato numerosi studi al rapporto tra questo ormone e il comportamento, ha osservato che gli individui che possiedono un alto tasso di testosterone tendono a sorridere poco e in modo più manierato.

Sia l'organismo dell'uomo sia quello della donna producono ormoni maschili e femminili. Solo la «bilancia» è diversa: un alto tasso di estrogeni (gli ormoni femminili) in un uomo produce dei cambiamenti nel suo aspetto, gli cresce il seno (ginecomastia) e aumenta la sua massa grassa (peraltro, proprio le cellule grasse sono la causa di un aumento degli estrogeni, per cui quanto più uno è obeso tanto più è alta la produzione di estrogeni), e di conseguenza anche gli atteggiamenti e il comportamento saranno femminilizzati.

Per contro, afferma l'antropologo Peter Ellison, che ha studiato questo fenomeno per anni, uomini con un basso livello di testosterone (che si riflette anche nelle loro fattezze: occhi più grandi, mascelle arrotondate, naso più piccolo eccetera) sono anche più premurosi, meno litigiosi, più socievoli, affidabili, fedeli come partner e attaccati al proprio nucleo famigliare.

L'effetto degli ormoni sulla fisionomia: equilibrio ormonale, alto livello di testosterone, alto livello di estrogeni

Parallelamente, un alto livello di estrogeni in una donna contribuisce a modellarne il volto: questi ormoni, per esempio, conferiscono al viso una forma a cuore, rendono la mascella arrotondata e il mento poco pronunciato, fanno sì che le labbra siano piene e carnose, il naso piccolo e sottile, gli occhi grandi e le sopracciglia fini, mentre l'ossatura sottostante è piana.

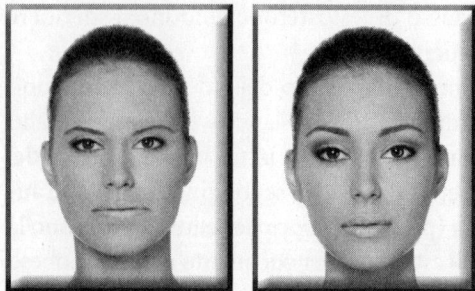

L'effetto di un alto tasso di estrogeni (a destra) sulla fisionomia femminile

In questo caso, però, non è stato riscontrato un effetto sul comportamento delle donne che presentano queste fattezze, bensì sulla loro biologia: sono particolarmente fertili e in grado di portare a compimento la gravidanza.

Asimmetrie

Un aspetto del volto che spesso passa inosservato è che tutti noi possediamo una più o meno evidente asimmetria dei due lati del viso: in altre parole, il lato destro non è mai del tutto speculare a quello sinistro.

Questa differenza in molti casi può dipendere da motivi di ordine biologico, ma anche le attitudini possono far sviluppare maggiormente la muscolatura di una parte del volto rispetto all'altra. Esaminando degli accademici di facoltà umanistiche o scientifiche si è appurato per esempio che chi insegna discipline esatte (come matematica o fisica) mostra in genere una muscolatura più tonica e sviluppata nella regione inferiore destra, mentre psicologi o individui scelti a caso hanno un viso più armonico.

La «pancetta» e lo stress

Una linea invidiabile, un corpo sodo e scolpito, il ventre imperativamente piatto sono standard cui, nella società in cui viviamo, è difficile sottrarsi. Pur di adeguarci siamo disposti a tutto: dalle diete da fame agli esercizi addominali da colica; dai massaggi alle saune… e se tutto ciò non dovesse bastare, possiamo persino ricorrere alla liposuzione.

Con un simile pensiero in testa, se vediamo qualcuno appena corpulento o che ostenta una vistosa pancetta, lo riteniamo un irriducibile pantofolaio: apatico, svagato e insopportabilmente posapiano. Mai come in questo caso, però, il comune buonsenso si è rivelato più lontano dalla realtà.

Recenti indagini hanno messo in luce come l'accumulo di grasso nella regione dell'addome sia una diretta conseguenza di un temperamento ansioso o di stress prolungati. Questa è almeno la strabiliante conclusione, apparsa sul *Journal of Endocrinal Investigation*, cui è giunta un'équipe di endocrinologi dell'Università di Göteborg, in Svezia: soggetti ansiosi o nevrotici, i cui disturbi sono addebitabili allo stress, tendono in misura significativa ad accumulare, indipendentemente dalla conformazione fisica, un appesantimento dell'addome.

A causare una condizione di stress contribuiscono non solo le disposizioni del carattere, ma anche ambiente e circostanze: una vita disagiata, densa di frustrazioni e insoddisfazioni, alla lunga ci rende infelici e nervosi. Un'indagine condotta in Svezia su circa milletrecento uomini ha dimostrato che le persone con la pancetta tendevano a vivere in modo sregolato e poco salutare, molte non avevano un'occupazione stabile o erano impiegate in lavori poco gratificanti.

Altri studi analoghi hanno provato che chi presenta adiposità addominale è spesso divorziato e la sua esistenza è vuota e incolore; non fa esercizio fisico (o ne fa poco) e non ha né tempo né interesse per dedicarsi a svaghi e hobby.

Si potrebbe pensare che l'associazione pancetta-stress colpisca in modo esclusivo il sesso forte. In parte questo è vero – i maschi hanno una tendenza più accentuata ad accumulare l'adipe nella regione addominale (e questo è attribuibile a un calo concomitante del testosterone) – ma le donne non ne sono immuni. Lo dimostra una ricerca che ha coinvolto un sostenuto campione di donne, eseguita dagli studiosi Roland Rosmond e Per Björntorp.

Nel sesso femminile, la sola obesità non è legata allo stress, ma se la donna ha l'adipe concentrato sul ventre, allora tende a presentare un quadro tipico: fa spesso uso di tranquillanti e antidepressivi, lamenta disturbi del sonno e un generale malcontento, infine descrive se stessa come una persona con poca energia e vitalità, incline a perdersi d'animo e d'indole pessimista.

Il modo di camminare

Il modo di camminare è qualcosa di strettamente individuale, tanto che siamo in grado di riconoscere qualcuno anche solo in base al suo passo.

Ognuno ha un modo di camminare particolare e riconoscibile

Innanzitutto, uomo e donna hanno un diverso modo di camminare: gli uomini tendono a mostrare una maggiore oscillazione del corpo in senso laterale e tengono i gomiti orientati verso l'esterno; le donne fanno passi più corti e portano i gomiti verso l'interno.

Naturalmente il passo è anche influenzato dalla nostra condizione fisica: se siamo affaticati, acciaccati, appena svegli o se abbiamo preso una storta o subìto un incidente, il nostro modo di muoverci sarà alterato. Inoltre, alcune professioni portano a un certo modo di muoversi: per esempio, le modelle imparano a essere più erette e flessuose; chi fa sci, danza o ginnastica artistica diventa più coordinato e stabile.

In ogni caso, la nostra andatura rivela atteggiamenti, attitudini e perfino preferenze sessuali.

La maggior parte di noi impara a camminare tra i 12 e i 18 mesi; una volta conquistati la stabilità e l'equilibrio cominciamo ad acquisire uno stile particolare nel muoverci. Non si tratta solo di spostarci nello spazio, infatti: la nostra andatura, la lunghezza del passo, l'intensità con cui appoggiamo o pestiamo i piedi per terra tradisce la nostra personalità, l'emozione che proviamo e tanti altri messaggi.

Quando siamo nervosi, sotto pressione o parliamo al cellulare, capita facilmente che camminiamo in modo spedito e in spazi ristretti per scaricare la tensione: è emblematica al riguardo la tradizionale immagine del marito che percorre a grandi passi i corridoi del reparto di ostetricia in attesa che la moglie partorisca.

Anche il nostro carattere si riflette nella nostra camminata. Per esempio, ci sono individui che appaiono sgraziati e scomposti, incappano nei lampioni o nelle paline dei segnali stradali e incespicano perfino nelle proprie gambe. Si tratta di persone che definiremmo «con la testa fra le nuvole» o, in base a uno dei profili di personalità più scientifici, l'MBTI (Myers-Briggs Type Indicator), tipi «intuitivi», cioè persone fantasiose, estrose e distratte. Nel muoversi è facile osservarli guardare verso l'alto o tenere la testa in su con lo sguardo trasognato.

Naturalmente, non è sufficiente che qualcuno si faccia lo sgambetto da sé perché si possa incasellarlo in questa tipologia. Lo stesso può capitare a chi teme il giudizio altrui, specie se è o si sente osservato (ma in questo caso non avrà lo sguardo assente e svagato); e poi a chiunque può succedere di inciampare se è stanco oppure si trova in quei frangenti della giornata in cui forze, attenzione, lucidità e destrezza vengono meno.

Un altro tipo di personalità riconoscibile dal suo modo di camminare è il cosiddetto tipo «A», prepotente, dispotico, collerico, permaloso, pignolo e perennemente in corsa contro il tempo (non a caso è anche particolarmente a rischio di problemi cardiaci). Cammina come se fosse impegnato in una marcia o una maratona; le sue falcate sono ampie, veloci e decise.

Anche chi è depresso ha uno stile caratteristico nel camminare: il suo passo è lento, strascicato, con passi corti; inoltre muove poco le braccia mentre avanza, ha un'oscillazione laterale piuttosto marcata e, nell'insieme, appare rigido e legnoso.

Chi è schivo, timido e insicuro si muove in modo frettoloso (i suoi passi sono corti e rapidi) e spesso rasenta i muri.

Gli individui inibiti si mostrano particolarmente rigidi nel passo, appaiono un po' come dei robot; inoltre, possono tenere la testa incassata fra le spalle.

Pure il nostro stato emotivo può riflettersi nella camminata; è quanto ha concluso un gruppo di ricercatrici americane capitanate da Melanie Cluss. Chi è arrabbiato, per esempio, ha un passo piuttosto scattante, pesta di più i piedi e flette parecchio i gomiti.

Caratteristiche che assomigliano, peraltro, a quelle di chi è felice: in questo caso il passo è spedito, ma non marziale come nella collera e anche qui i gomiti vengono piegati molto, ma in modo più armonioso.

Chi è triste ha invece una camminata simile a chi è depresso: più che camminare, arranca, trascina i piedi e le sue braccia sono quasi incollate al corpo.

Naturalmente, queste indicazioni valgono in relazione al modo di camminare abituale di una certa persona: per esempio, chi sta per perdere il treno avrà una falcata simile a quella dei tipi A; se un timido incrocia delle persone che lo mettono in imbarazzo può accelerare il passo e cambiare direzione; uno che sia stato appena licenziato può incedere con passo lento, strascicato e radente ai muri non perché sia depresso, ma perché è avvilito e frastornato.

Gli psicologi Donald Elman, Duane Schulte e Allen Bukoff, inoltre, hanno osservato che se camminiamo per strada e qualcuno ci fissa tendiamo a muoverci in modo più spedito, mentre il nostro passo rallenta se qualcuno ci guarda brevemente (in questo caso non ci sentiamo presi di mira), ma l'effetto scompare se questo qualcuno al tempo stesso ci sorride.

Il modo di camminare e l'inclinazione sessuale

Dal modo di muoversi possiamo anche riconoscere le inclinazioni sessuali della persona che osserviamo. È quanto sostengono Kerri Johnson, Simone Gill e altri studiosi della New York University.

Johnson e i suoi colleghi hanno misurato i fianchi, la vita e le spalle di un gruppo misto composto da otto maschi e otto femmine, di cui metà eterosessuali e metà omosessuali. Hanno quindi chiesto loro di camminare per 2 minuti e li hanno filmati, trasformandoli poi, con un programma di videoediting, in anonime figure in movimento. A quel punto, hanno potuto misurare il loro movimento stabilendo l'esatto ammontare dell'oscillazione delle spalle e degli ancheggiamenti.

Sono stati in grado di stabilire, per prima cosa, che chi ha un orientamento omosessuale tende ad avere una silhouette più simile a quella del sesso opposto (cioè a possedere forme più tubolari se donna e più a clessidra se uomo). Particolare era anche il modo di muoversi dei gay: le donne scuotevano maggiormente le spalle rispetto alle controparti etero, mentre gli uomini dimenavano di più i fianchi.

A fine capitolo troverete un test per valutare il modo in cui camminate.

Lo sguardo

Molto spesso il primo impatto che abbiamo con uno sconosciuto avviene attraverso lo scambio oculare.

I muscoli dell'occhio non sono facili da controllare, quindi ciò che suggeriscono i movimenti oculari di qualcuno non solo è attendibile, ma esprime bene la sua personalità e i suoi atteggiamenti interpersonali.

Gli sguardi possono inviare diversi messaggi come la dominanza, l'intelligenza, un'intenzione aggressiva, un atteggiamento amichevole, attrazione eccetera.

Occhiate ripetute possono indicare la volontà di conversare; peraltro, una gran quantità di sguardi e il mantenimento dello sguardo sono tipici di chi è estroverso e sicuro di sé.

Il movimento degli occhi può esprimere le emozioni che una persona prova: occhi spenti, poco mobili e pupille strette sono tipiche di chi è depresso; per contro, occhi che si spostano continuamente suggeriscono ansia e instabilità emotiva.

Le persone modificano i loro sguardi in modo intenzionale e involontario quando inviano diversi tipi di messaggi: per esempio, chi è dominante guarda in modo più diretto e mantiene un alto livello di contatti visivi, mentre chi è sottomesso tende a schivare gli occhi altrui e guarda spesso in basso; inoltre, interrompe il contatto visivo molto velocemente quando incrocia lo sguardo di qualcuno.

L'ammontare delle occhiate dipende anche dallo status della persona che ci troviamo davanti. Con chi ha una condizione sociale elevata la quantità di sguardi o di contatti visivi è modesta, mentre è massima con chi ha un moderato status sociale e minima con chi dimostra di appartenere ai ceti meno agiati.

Occhiali e pregiudizi

Comunemente gli occhiali sono considerati antiestetici. Il motivo è da ricercare soprattutto negli stereotipi, spesso di tipo negativo, che accompagnano questo accessorio.

Uno dei primi studi al riguardo, condotto dallo psicologo George Thornton, ha dimostrato che una persona, se inforca o meno gli occhiali, dà un'impressione diversa: con le lenti addosso suggerisce l'idea di essere più intelligente, dipendente, industriosa e onesta.

In un altro studio Adam Elman ha appurato come un uomo che porti gli occhiali appaia più gentile, tenero, sensibile e gregario, tratti considerati tipicamente femminili e che proprio per questo tendono a offuscarne la mascolinità.

È stato invece dimostrato che chi porta gli occhiali tende a essere più ansioso e ad avere una minore stima di sé rispetto alla media.

Il colore degli occhi rivela le nostre inclinazioni

Gli occhi, l'avremo detto o sentito un migliaio di volte, possono essere furbi, tristi, vacui, intelligenti e quant'altro. Non si tratta unicamente di modi di dire; la psicologia ha fornito prove più che convincenti che le intuizioni popolari sono, una volta tanto, valide.

La moderna scienza della comunicazione non verbale ha permesso di identificare con precisione l'espressione che lo sguardo assume quando siamo in collera oppure abbiamo paura, quando ci sentiamo tristi o felici. Si sa anche che un certo modo di guardare sfuggente, guizzante, incerto è spesso un indizio che l'interlocutore sta mentendo. La sessuologia ha poi constatato come la dilatazione della pupilla e la luminosità dell'occhio siano indiscussi segni di interesse e attrazione.

Ma avremmo mai previsto che, basandoci solo sul colore degli occhi, saremmo stati in grado di fare ipotesi molto verosimili riguardo al temperamento, le attitudini e addirittura le preferenze artistiche di chi ci sta di fronte?

Una vasta serie di ricerche sembra dare atto che esiste una relazione tra colore dell'iride e una particolare disposizione del carattere e del comportamento.

In un recente numero della rivista *Developmental Psychobiology* è stato riportato l'esito sorprendente di una ricerca condotta su bambini in età prescolare. Nella prima infanzia uno dei contrassegni più accurati della timidezza è il colore degli occhi: chi è inibito, con buona probabilità ha gli occhi azzurri! Lo studio eseguito dagli psicologi Robert Coplan, Benjamin Coleman e Kenneth Rubin dell'Università Carleton di Ottawa, in Canada, è la conferma definitiva di una serie di indagini che l'hanno preceduto. La corrispondenza scoperta viene meno dopo i 4-5 anni, quando il bambino comincia a frequentare la scuola e ha, di conseguenza, maggiori contatti con coetanei e adulti.

A quel punto, commentano i ricercatori Kenneth Rubin e Lilly Both, lo svantaggio iniziale di chi ha gli occhi chiari viene bilanciato dall'interazione con l'ambiente, rimettendo tutti sullo stesso piano.

Allison Rosenberg e Jerome Kagan, altri due studiosi che hanno investigato al riguardo, ritengono che alla base del rapporto fra occhi «slavati» e inibizione ci sia un comune substrato biologico. Numerose ricerche analoghe sembrano dimostrare la fondatezza di questa ipotesi.

Studi paralleli hanno infatti dato prova dell'esistenza negli individui con gli occhi scuri di un maggiore stato di reattività neurofisiologica e mentale; questa condizione li rende più scattanti, dinamici e vivaci rispetto alle persone con l'iride chiara, che tendenzialmente appaiono più pacate, moderate e riflessive, ma anche, per lo meno nei primi anni di vita, meno socievoli e più schive.

La causa di queste due diverse predisposizioni sembrerebbe dipendere da una sostanza naturalmente presente nel nostro cervello che, in funzione del suo ammontare, renderebbe il sistema nervoso più o meno eccitabile. Il nome di questo elemento è neuromelanina, e si trova anche nell'iride e nella pelle (dove è chiamato melanina o eumelanina) determinando il colorito di questi tessuti.

La neuromelanina appare in grado di facilitare gli scambi nervosi, accelerandone la trasmissione. Il pigmento degli occhi e il suo omologo cerebrale sembrano andare di pari passo: in altre parole, alte concentrazioni di melanina nell'iride (e quindi occhi molto scuri) corrisponderebbero a un altrettanto elevato livello di neuromelanina (e a una grande reattività nervosa).

L'inverso accadrebbe se gli occhi sono chiari. Un'indagine di Bruce Hale, Daniel Landers e altri dell'Università di Louisville sembra dare peso a questa spiegazione. Questi psicologi hanno constatato come gli individui con gli occhi scuri forniscano in media prestazioni migliori in attività fisiche che richiedano una bassa soglia di reazione come la boxe o il giocare in difesa nel football; chi ha gli occhi chiari pare invece dare il meglio di sé in sport più misurati e di precisione come il bowling o il golf.

Lo stato di più alta eccitazione delle persone dagli occhi bruni è una condizione generalizzata che coinvolge non solo la mente, ma l'intero organismo: si è per esempio appurato che gli individui maggiormente a rischio di ipertensione (in genere un correlato dell'eccitabilità) hanno in misura statisticamente significativa l'iride di colore bruno.

Gli occhi scuri suggeriscono che l'individuo è anche più impressionabile di chi li ha chiari. È quanto hanno dimostrato gli psicologi Allan Markle, Roger Rinn e Crystal Bell. Gli studiosi hanno esposto a delle scene in TV un rilevante numero di individui di entrambi i sessi. Le immagini riguardavano situazioni neutre, violente oppure di accoppiamento fra animali. Le reazioni erano testate con una sorta di macchina della verità. Facendo quindi un confronto fra colore degli occhi e intensità delle risposte emotive è apparso evidente che chi aveva gli occhi scuri aveva reagito in modo più forte; per contro, le «iridi chiare» erano rimaste più impassibili.

Persino il giudizio estetico è connesso al colore degli occhi. Da indagini sulle preferenze per forme e colori si è rilevato come chi ha gli occhi castani o neri tende a prediligere figure simmetriche, oggetti complessi e strutture che presentino un grande numero di angoli. Al contrario, le persone con gli occhi chiari dichiarano un maggiore gradimento per forme più ordinarie, regolari e non sono particolarmente sensibili al colore.

Partendo da queste osservazioni, altri studiosi hanno voluto verificare se tali diversità avessero un rilievo anche in relazione al tipo di trattamento psicologico. Gli studi che hanno coinvolto bambini e giovani adulti hanno rivelato che chi ha gli occhi scuri dà risultati migliori con interventi di tipo comportamentale che prevedono un maggiore coinvolgimento dell'individuo e una partecipazione più attiva. Per converso, gli individui con gli occhi celesti trovano più giovamento con terapie basate sul dialogo o comunque più «cerebrali».

La postura

La posizione del corpo può essere influenzata dalla situazione, dallo stato d'animo, dalle emozioni e dallo status sociale.

Per esempio, il ricercatore giapponese Saito Fuyuki ha scoperto che chi è ansioso mostra spesso un'oscillazione ritmica del corpo e ha problemi di equilibrio; inoltre, tende ad avere dei soprassalti per un nonnulla o a girarsi rapidamente quando sente un rumore improvviso.

Anche le altre specie comunicano molto attraverso le posture del corpo: per esempio, un cane che sia rilassato e sicuro di sé lo manifesta con la coda piegata sulla schiena, le orecchie distese, stiracchiando e allungando il corpo; per contro, se è intimorito o se intende dimostrare sottomissione, inarca la schiena verso il basso, piega le zampe e la coda. In modo analogo, anche altri animali comunicano la posizione sociale (se vivono in gruppo) oppure rabbia, paura o eccitazione con l'esibizione di determinate posture. Comune a molti mammiferi è dare l'impressione di avere un corpo più imponente per intimorire l'avversario: per esempio, un gallo può allargare le ali, un gatto rizzare il pelo, un gorilla gonfiare il petto.

Anche gli esseri umani, per quanto evoluti, usano le posture per comunicare messaggi simili. Per esempio, un uomo che vuole impressionare una donna può, nel conversare con lei, appoggiare le mani sui fianchi, massaggiarsi il collo, tenere le gambe larghe e il tronco dritto o leggermente arcuato in avanti. Nancy Henley e Sean Harmon, invece, hanno osservato che quando uno di due interlocutori sta in piedi mentre l'altro è seduto il primo viene percepito come dominante.

Possiamo modificare la posizione di tronco, braccia e gambe anche per dare segnali al gruppo o alla persona con cui interagiamo rispetto al grado di sicurezza in noi stessi, all'immagine che abbiamo di noi e in rapporto agli atteggiamenti che proviamo in quella circostanza.

Posizione delle gambe

Le gambe possono essere tenute vicine o divaricate; da seduti, poi, possiamo sovrapporle o tenerle scostate; inoltre, possiamo «annodarle», avvinghiarle alla sedia, tenerle allungate incrociando i piedi, portare i piedi sotto la sedia, sollevare i talloni eccetera; infine, possiamo dare a gambe e bacino lo stesso orientamento del corpo o portarli in una direzione diversa.

Per convenzione, gli uomini tendono a mantenere le gambe larghe, mentre le donne le tengono ravvicinate o accavallate: se vediamo quindi qualcuno in una posizione di questo tipo (coerente con il proprio genere sessuale) sappiamo che la sua postura non ha un valore sul piano psicologico, ma rappresenta un adeguamento alle norme sociali.

Le cose cambiano quando queste pose sono esasperate (gambe troppo divaricate o troppo strette, per esempio) o quando si assumono posture tipiche del sesso opposto: questo vale soprat-

Posizione comune dell'uomo da seduto

tutto se è una donna a tenere le gambe molto scostate, e meno se un uomo le accavalla (o tiene la gamba destra piegata ad angolo sopra la sinistra, appoggiando la caviglia sull'altro ginocchio).

Tenere le gambe scostate è spesso segno di apertura o socievolezza, allargarle troppo è segno di dominanza, sfida o provocazione.

Allungarle da seduti può essere sinonimo di rilassatezza, non però se i piedi sono incrociati, come accade tipicamente sulla poltrona del dentista: in quel caso è una forma di autoconforto e segnala disagio o un impulso inibito alla fuga.

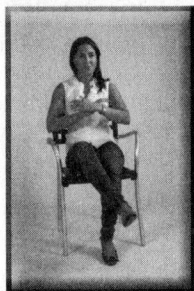

Disincrociare gambe e braccia mostra la volontà di interagire

Tenere i piedi in posizione scomposta è indice di rilassatezza

Mantenere una postura scomposta e asimmetrica delle gambe e dei piedi (come appoggiare un piede sul lato esterno mentre l'altro è disteso in avanti) segnala rilassatezza, apertura e il fatto di sentirsi a proprio agio.

85

Annodare le gambe (posizione tipicamente femminile) è in genere sintomo di insicurezza; l'uomo invia un messaggio analogo intrecciando i piedi alle gambe della sedia.

Unire le gambe, specie accostando le ginocchia e curvando le punte dei piedi verso l'interno, è una posizione femminile e, di nuovo, indica insicurezza, introversione o timidezza. Questa postura ha la funzione di evocare nei presenti l'idea di un bambino incapace di reggersi sulle proprie gambe e talvolta viene usata dalle donne che desiderano essere corteggiate quando vogliono mostrarsi particolarmente innocue. Una posizione di questo tipo, se accompagnata da un aspetto curvo e «arricciato» del tronco, da spalle sollevate e inclinate verso l'interno, mani tenute tra le ginocchia, testa bassa e incassata, è segno di forte inibizione e disistima.

Tenere i talloni sollevati da seduti, soprattutto se l'intero corpo è proteso in avanti, è indice del fatto che ci si trova a disagio e si preferirebbe essere altrove.

La ragazza orienta il piede verso chi le suscita maggiore interesse

Portare i piedi sotto la sedia e tenerli lì indica un impulso a nascondersi (anche se ciò che si tiene al riparo è una parte generalmente non visibile del corpo, come le estremità inferiori).

Infine, puntare i piedi, le gambe o l'intero bacino in una direzione diversa da quella del tronco rivela un istinto di fuga, ma se questi segmenti vengono orientati verso una persona o un gruppo indicano un interesse per quelle persone così come per l'argomento di cui stanno parlando.

Messaggi trasmessi dal tronco

Il modo di tenere il tronco può rivelare il grado di rilassatezza o tensione oppure esprimere apertura, chiusura, rifiuto, dominanza o sottomissione.

La rilassatezza può essere indicata dalla posizione di tronco e spalle, specie da seduti: in questo caso, la schiena è adagiata sullo schienale, il tronco appare leggermente curvato e le spalle sono tenute basse. Questa postura suggerisce disponibilità all'interazione e apertura, spesso è anche indice di sicurezza di sé e dominanza; un'eccessiva rilassatezza, però, può suggerire noia e disinteresse.

La tensione è espressa da un tronco tenuto rigido e un po' inarcato in avanti (un impulso alla fuga congelato sul nascere); in questo caso la testa in genere è allineata con il tronco.

Un tronco curvo e «piegato» (che in qualche modo ricorda il carapace di una tartaruga) è segno di disagio, timidezza e introversione.

Se il busto appare come ingessato, la testa è sollevata e il volto inespressivo siamo di fronte a una persona che manifesta rigidità, freddezza e la volontà di mantenere le distanze.

Tenere il tronco inclinato in avanti da seduti, invece, esprime interesse e curiosità. Questo vale se il corpo mostra una certa tensione; se, al contrario, è molto curvo e i gomiti sono appoggiati sulle gambe, è segno che chi esibisce questa postura si sta annoiando.

Una schiena fortemente inclinata all'indietro esprime rifiuto e irritazione, specie se accompagnata da una lieve rotazione di lato della testa.

Segnali delle braccia

Braccia appoggiate mollemente sulle gambe, sul bracciolo o sullo schienale (con una leggera rotazione del tronco) sono segno di apertura e rilassatezza; quando entrambe le braccia sono appoggiate sugli schienali delle sedie vicine o su un bancone sono invece indice di una personalità sicura di sé e dominante.

Le braccia conserte possono indicare chiusura o cautela (formano una sorta di barriera che infonde un certo senso di conforto): visto che si tratta di una postura molto comune all'inizio di un'interazione oppure quando ci si trova in una situazione o in un ambiente nuovi, così come tra persone sconosciute o con cui si ha poca confidenza, va interpretata come una forma di autoprotezione. In questo caso, la posizione verrà sciolta dopo un po'; se invece viene mantenuta a lungo ed è accompagnata da un sollevamento del mento e da una rotazione del capo è segno di disinteresse, altezzosità o disappunto.

Talvolta ci si può abbracciare il torace da sé o si allunga il braccio fino a portare la mano sul braccio opposto. Altre volte, le braccia vengono tenute distese con le mani unite e le dita intrecciate o semplicemente palmo contro palmo, ma infilate fra le gambe, oppure si abbraccia un cuscino, la borsetta, una cartella. Tutti questi sono segni di autoconforto: chi li attua si sente smarrito, fuori posto e intimidito e trova quindi consolazione in queste forme di autocontatto.

Posizione della testa

Anche il capo, in base alla sua posizione (reclinata, sollevata, scostata eccetera), può esprimere un atteggiamento o un'emozione.

Se la testa è portata in avanti può indicare attenzione e curiosità per l'ambiente circostante (per le persone o uno specifico individuo); tanto più se chi mostra questo segnale annuisce a un discorso in cui non sia coinvolto oppure imita inconsapevolmente l'annuire di una persona davanti a sé mentre questa ascolta.

Un testa inclinata all'indietro o girata di lato e il sollevamento del mento suggeriscono al contrario disinteresse oppure un atteggiamento seccato e maldisposto.

Orientamento

Orientare il corpo o parti di esso (per esempio, le gambe o la testa) verso una persona oppure un gruppo esprime interesse e partecipazione.

Se il corpo (o anche solo un piede) prende la direzione di potenziali vie di fuga (una porta, l'atrio, un cancello) evidenzia ansia e disagio.

Quando, invece, tronco e gambe hanno un allineamento completamente diverso da quello del resto del gruppo l'individuo prova insofferenza, noia oppure si sente escluso.

Delimitazione del territorio, movimento e collocazione nello spazio

Nonostante siamo una specie evoluta, abbiamo ancora bisogno di un territorio: lo dimostra il fatto che in un ambiente pubblico, una volta che abbiamo scelto una sedia o l'angolo di una sala, tendiamo sempre a tornare lì anche dopo esserci allontanati a lungo.

Se ci troviamo in una sala d'attesa possiamo mettere soprabiti, cartelle, borse sulle sedie accanto a noi per delimitare il perimetro del nostro territorio; se siamo seduti a un divanetto e non intendiamo avere scambi con gli altri possiamo allargare le braccia e appoggiare le mani lontane dal corpo, dissuadendo in questo modo gli astanti a fare un approccio.

Il contrario vale per chi vuole farsi notare, ha piacere di fare nuove conoscenze o di interagire: in una sala, il luogo di maggiore visibilità è il centro ed è proprio questo il punto scelto da chi ama conversare.

In un locale di aperitivi o al piano bar, invece, fa notare lo psicologo Albert Mehrabian, gli avventori gravitano soprattutto verso gli angoli; in questo ambiente chi gradisce lo scambio tenderà a stazionare proprio in quei punti.

Anche chi sorseggia un drink in piedi o vicino al bancone invia un chiaro segnale di disponibilità. Inoltre, il fatto di muoversi spesso nell'ambiente è un buon modo per fare quattro chiacchiere o per essere notati; non a caso, Monica Moore, psicologa esperta dei segnali d'approccio femminili, ha rilevato che uno dei comportamenti spaziali che segnalano la disponibilità a farsi avvicinare è la cosiddetta «passerella»: la donna deambula senza meta in una sala, gettando occhiate per lo più neutre attorno a sé.

La stretta di mano

Dare la mano è uno dei modi più consueti e pressoché universali di entrare in contatto con un'altra persona. I momenti e le circostanze in cui compiamo questa azione sono molteplici: la usiamo come rituale per rompere il ghiaccio con un estraneo, come forma di saluto all'inizio o alla fine di un incontro, per congratularci con qualcuno oppure per cercare una riappacificazione.

La impieghiamo più comunemente, però, come atto formale per facilitare l'approccio con un altro individuo. Lo scopo, in questo caso, è precisamente di autorizzare l'interazione e mostrare accettazione e apertura nei confronti dell'altro. Non a caso sembra che il gesto abbia avuto origine in epoca medievale, quando porgere la mano spoglia tra cavalieri significava mostrare che si era disarmati.

Tuttavia, il motivo per cui si dà la mano potrebbe avere anche un altro significato: allungare il braccio darebbe infatti modo di tenere a «ragionevole» distanza il conoscente. Questo impulso è maggiormente sentito dal sesso maschile, che è particolarmente suscettibile a un avvicinamento; così, tendere la mano potrebbe essere inteso anche come un segnale per dire: «Arrestati lì e non invadere oltre il mio spazio».

Dare una salda stretta di mano genera un'impressione molto favorevole sull'altro. Greg Stewart, docente all'Università dell'Iowa, ha osservato che l'effetto prodotto da una stretta di mano all'inizio di un colloquio di lavoro si trascina per tutto il resto dell'intervista. Inoltre, dai risultati del suo studio è emerso che una solida stretta di mano è associata a diversi comportamenti come il mostrarsi a proprio agio nel conversare, un'alta frequenza di contatti oculari e altre abilità sociali.

Il fatto che la stretta di mano sia un comportamento appreso può far ritenere che si tratti di un segnale formale e impersonale.

Questa è però solo una credenza comune: il modo in cui diamo la mano parla di noi. Spesso è un gesto che salta all'occhio soltanto se è eseguito in maniera insolita: la stretta è molle o troppo forte, vengono offerte le sole dita, ci viene ruotato il polso nel momento in cui la porgiamo eccetera. Tuttavia, in questo segno di saluto intervengono parecchie altre variazioni, anche minime, che possono dirci molto sul nostro interlocutore e sul tipo di relazione che predilige.

Parametri per giudicare una stretta di mano

Il tempo della stretta ha il suo valore: generalmente si tiene la mano dell'altro per pochi secondi; prolungare questo contatto o abbreviarlo suscita facilmente imbarazzo.

Una persona può dare la mano per un tempo troppo breve (generalmente associando la riduzione del tempo a una stretta debole) perché prova repulsione verso il contatto fisico; invece una stretta prolungata è una caratteristica di individui insicuri e impacciati che non riescono a giudicare quanto sia opportuno tenere la mano dell'altro.

Inoltre la mano ha una peculiarità: quando suda, questo avviene non a causa di un aumento della temperatura esterna, ma esclusivamente in conseguenza di uno stress emotivo.

Così, il fatto che il palmo sia più o meno «bagnato» è legato alla capacità di gestione dell'ansia e all'essere più o meno a proprio agio e disinvolti nei rapporti umani.

È stato scoperto, per esempio, che una mano asciutta è indice di socievolezza negli uomini, ma non nelle donne.

Uno studio su pazienti psichiatrici, poi, ha messo in luce come una mano fredda e umida sia spesso associata a un temperamento introverso, a depressione e alla tendenza a sviluppare comportamenti nevrotici; questo lo si osserva soprattutto nelle donne. Bisogna però precisare che il gentil sesso ha una circolazione periferica meno efficiente degli uomini, quindi non è infrequente trovare una donna con una «gelida manina». Per contro, se la mano di una donna è calda, ci troviamo facilmente di fronte a una persona equilibrata e sicura. Quando è un uomo ad avere l'estremità superiore fredda, non è improbabile che si tratti di un individuo inibito e apprensivo.

Anche l'intensità della forza impressa alla stretta è legata alla personalità. Una stretta salda e decisa è tipica di una personalità dominante, sicura di sé e razionale; la pressione eccessiva però è segno di un carattere aggressivo ed esibizionista.

Per contro, persone che danno la mano in modo molle e fiacco sono di solito schive, timide e diffidenti. Anche chi è depresso tende a stringerla in modo blando. Peraltro, si è appurato che un progressivo declino nell'intensità della stretta è legato a un peggioramento dello stato malinconico.

Una recente ricerca condotta da un'équipe di psicologi dell'Università dell'Alabama, capitanata dallo psicologo William Chaplin, ha studiato in modo sistematico questa azione, facendo delle scoperte interessanti.

Innanzitutto, è stato appurato che il modo di dare la mano è stabile nel tempo e indipendente dalla persona che incontriamo (perciò è legato alla personalità). Gli studiosi hanno quindi osservato che una stretta energica e calorosa è tipica degli individui estroversi e di chi è molto espressivo; nelle donne, inoltre, è associata ad apertura mentale e curiosità per le novità.

Una stretta di mano impacciata

Al contrario, chi è timido o ha un temperamento ansioso e instabile dà la mano in modo esitante, maldestro, e la sua stretta, come già emerso nelle indagini citate in precedenza, risulta piuttosto moscia.

Infine, si è constatato che questa forma di saluto incide molto sulla prima impressione che ci si fa dell'altro; per cui dare una salda stretta di mano può predisporre favorevolmente l'interlocutore verso di noi, specie se a farlo è una donna cui viene attribuito un carattere aperto, socievole e gioviale.

Al maschile e al femminile

Forse non tutti sanno che la stretta di mano è una forma di contatto tipicamente maschile.

Gli uomini hanno poca confidenza con il contatto fisico e al riguardo sono piuttosto inibiti: proprio per questo danno la mano anche a coloro con cui sono in gran confidenza, specie se si tratta di altri uomini.

Sebbene sia tipicamente maschile, tuttavia, la stretta di mano viene usata anche dalle donne. Dunque esistono strette di mano più maschili e altre più femminili: per esempio, di solito la donna, più che stringere la mano dell'altro, l'avvolge con la propria e inoltre non la scuote con forza. Un uomo che facesse altrettanto sarebbe invece percepito come poco virile.

La stretta di mano è una forma di contatto tipicamente maschile

Nel caso di due donne, la stretta di mano può avvenire al momento della presentazione, ma è difficile osservarla in occasione di incontri successivi, nei quali si preferiscono forme di saluto più informali come cenni della testa, baci, una mano appoggiata sul braccio e così via. Al contrario, un uomo può salutare il suo più caro amico con una stretta di mano ogni volta che lo vede.

Un tempo la stretta di mano fra uomo e donna era sostituita dal baciamano, azione in cui lei allungava il braccio, tenendo il polso inerte, mentre lui le afferrava delicatamente la mano posandovi le labbra: un comportamento che oggi appare decisamente démodé.

La prima versione del baciamano fu sostituita nel corso del tempo da forme sempre più stilizzate. L'evoluzione del gesto non ne ha però modificato il senso: con questo atto si esprime rispetto e sottomissione.

Strette di mano e messaggi relazionali

Analizziamo ora a fondo i messaggi relazionali e personali che vengono prodotti con i diversi modi di dare la mano.

C'è chi, per esempio, nel porgere la mano destra appoggia la sinistra sopra la spalla dell'altro: realizzando questo tipo di contatto vuole imporsi su di lui. Una variante di questo comportamento si osserva quando la mano libera viene posata non sopra, ma contro la spalla, davanti: il messaggio è quindi di repulsione; chi agisce così vuole impedire all'altro di farsi più vicino.

Possiamo mettere la mano sulla spalla dell'altro anche quando, magari in un locale, vediamo un conoscente seduto e ci avviciniamo per stringergli la mano: a parole possiamo dirgli «Stai comodo», ma quello che intendiamo è «Stai giù».

Affine al gesto di porre la mano sulla spalla è quello di afferrare con la sinistra il polso o il gomito dell'interlocutore: ciò ha l'effetto di immobilizzarlo e invadere il suo spazio personale. Il messaggio è: «Intendo esercitare un controllo su di te», oppure «voglio dominarti».

Un comportamento simile, ma di tutt'altro significato, è mettere la mano libera sull'avambraccio o sul braccio dell'altro: chi lo fa intende mitigare la formalità dell'atto, mostrarsi cordiale o esprimere simpatia. Il gesto, però, ha questo valore solo se c'è già stata un'interazione fra le due persone e lo si esegue nel congedarsi, per sottolineare che il rapporto si è fatto più personale. Tale messaggio non vale se proviene da un venditore porta a porta che ci ha appena appioppato l'enciclopedia o la batteria di pentole: in questo caso la cordialità appare fasulla.

Chi nel rapporto vuole dominare ha spesso un modo tipico di dare la mano: lo fa tenendo il palmo verso il basso, così che l'altro è costretto a porgere la sua con il palmo verso l'alto, il che significa: «Sono inerme». Le persone che offrono la mano in questa maniera sentono in genere un bisogno di farsi valere talmente forte che se l'altro cerca di raddrizzare la stretta mettendo le mani in posizione verticale, loro fanno resistenza, trasformando quest'atto di «pacificazione» in un vero e proprio braccio di ferro.

Poggiando la mano libera sopra la spalla dell'interlocutore ci si impone su di lui

Mettere la mano libera contro la spalla esprime un messaggio di repulsione

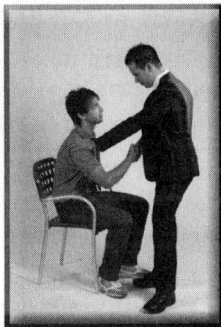

Posando la mano libera sulla spalla dell'altro seduto, gli si impedisce di alzarsi

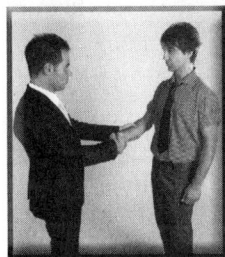

Stringere l'avambraccio dell'altro è un modo per esprimere cordialità

Dare la mano con il palmo verso il basso obbliga l'altro a dichiararsi inerme

Tirare l'altro verso il basso significa obbligarlo a una specie di inchino

Un messaggio simile è inviato da chi afferra la mano dell'interlocutore e lo tira verso di sé e verso il basso, come per imporre una sorta di inchino.

Di significato analogo è anche stringere la mano tenendo il braccio parallelo al tronco: in questo modo si viola la reciprocità del gesto costringendo l'altro a farsi avanti, e ciò lo pone in condizione di inferiorità. Esiste però una variante di questo comportamento che ha un valore del tutto diverso: è l'atto di tirare semplicemente l'altro verso di sé, tipico di chi è insicuro e ha bisogno di approvazione al punto da voler tenere vicina l'altra persona a forza.

C'è anche chi, nel momento in cui si vede porgere la mano, tiene la propria distesa lungo il fianco: in questo modo segnala che non intende avere niente a che fare con l'interlocutore.

Tenere il braccio accostato al tronco obbliga l'altro a farsi avanti

La mano dell'uomo a destra rimane lungo il fianco, segnalando un rifiuto del contatto

Mantenere il braccio rigido è un modo per tenere le distanze

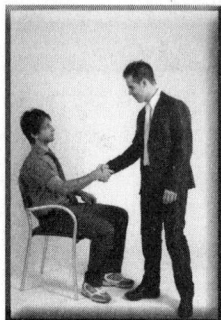

L'interlocutore non dà segno di sollevarsi dalla sedia: vuole snobbarci

Distogliere lo sguardo mentre si dà la mano è indice di indifferenza

La stretta a morsa: sinonimo di sfida

Al contrario, allungare il braccio e mantenerlo rigido mentre si stringe la mano è un modo per impedire all'altro di entrare nella propria sfera prossemica ed è un gesto tipico di chi vuole dominare nel rapporto.

Lo stesso messaggio ci viene inviato quando vediamo qualcuno seduto al bar e ci avviciniamo per stringergli la mano: se lui non fa nemmeno cenno di sollevarsi dalla sedia è chiaro che vuole snobbarci. Questo non vale se la persona in questione è una donna: le norme sociali, infatti, non prevedono che in questo caso una rappresentante del gentil sesso si alzi.

Un altro segnale di squalifica e indifferenza è porgere la mano senza guardare minimamente l'altro negli occhi: è un modo per mostrarsi del tutto disinteressati alla sua persona.

È invece indice di sfida stringere la mano chiudendola in una sorta di morsa. Talvolta chi lo fa, per evitare che l'altro possa contraccambiare, afferra le sole dita e le «stritola» nel proprio palmo. Anche fissare l'interlocutore per un tempo eccessivo mentre gli si afferra la mano è un atto di sfida, mentre imprimere troppo vigore alla stretta senza incrociare il suo sguardo è tipico di chi non sa dosare la propria forza e, più in generale, è piuttosto maldestro nei rapporti sociali.

Un altro indice di sfida: afferrare le sole dita e strizzarle forte

Fissare l'altro negli occhi molto a lungo è segnale di sfida

Un atteggiamento di subordinazione dell'uomo a destra: chinare testa e schiena

Lo stesso vale per chi accompagna il gesto con scossoni troppo forti o insistiti: si tratta di una persona che è incapace di misurare il proprio comportamento interpersonale. Quindi, nel cercare di trasmettere sicurezza, invece di scuotere leggermente la mano una sola volta (avviene di solito tra due maschi per esprimere una sorta di cameratismo), prolunga l'azione con l'effetto di lasciare l'altro con il braccio dolorante.

Parallelamente a chi si propone come dominante nel rapporto, esiste anche chi ha un atteggiamento di subordinazione. Cogliamo questo messaggio in individui che nello stringere la mano abbassano leggermente la schiena, la testa o lo sguardo: il più delle volte, nel caso di dorso e capo, il piegamento è lieve, ma sufficiente a trasmettere il segnale di sottomissione.

«Pesce lesso» e dintorni

Stretta di mano «a pesce lesso»

Un modo di dare la mano che fa storcere il naso a chiunque è il famoso effetto «pesce lesso»: la mano è fredda, viscida per il sudore, e la stretta inesistente.

Così come la sua mano, anche l'individuo che esegue questo tipo di contatto è sfuggente: tutto il suo comportamento è orientato alla fuga e alla fuggevolezza. Spesso infatti le sue parole sono bisbigliate, pronunciate male e frettolosamente, lo sguardo è evasivo eccetera.

C'è poi chi invece di dare la mano offre le sole dita, con una stretta decisamente blanda. Questo atto è una forma stilizzata del baciamano; naturalmente non ci si aspetta davvero che l'altro la baci, ma gli si comunica che ci si attende deferenza e che comunque non si gradisce molto il contatto.

Può pure capitare che si sbagli la traiettoria e si finisca per non afferrare la mano dell'altro o per stringergli solo il pollice: alle volte questo impaccio è dovuto all'emozione (se per esempio si rivede un amico dopo tanto tempo) ma può essere anche segno di imbarazzo o soggezione.

Quando è meglio evitare...

Se dare la mano è un modo per rompere il ghiaccio c'è una categoria che farebbe meglio a esimersi: si tratta dei venditori porta a porta (o anche dei rappresentanti che capitano in un negozio o in uno studio medico nel momento meno opportuno). Stringere la mano è un modo per dare il «la» all'interazione, ma in casi come questi conviene limitarsi a salutare e semmai fare un cenno con la testa, a meno che dall'altra parte non si veda l'intenzione di dare la mano. In caso contrario, si rischierebbe di imporre uno scambio e un rapporto quando l'altro è diffidente, mal disposto oppure non è in condizione di prestare attenzione al nuovo venuto (magari perché ha dei clienti).

I segnali della volontà di interagire

Una volta rotto il ghiaccio, scambiata qualche battuta o gli usuali convenevoli, possiamo stabilire se l'interlocutore intenda approfondire la conversazione oppure no in base alla sua comunicazione non verbale.

Due sguardi successivi spesso danno inizio a uno scambio verbale, specie se a lanciarli è una donna. Anche sedersi o mettersi vicino a qualcuno dimostra facilmente l'intenzione di conversare.

Jessica Lakin, Tanya Chartrand e altri studiosi hanno scoperto che quanto più una persona replica le posture dell'altro o si muove a tempo con quest'ultimo, tanto più è probabile che questa imitazione sfoci in un'interazione.

Poniamo di trovarci nella sala d'aspetto del dentista e che qualcuno nell'entrare chieda chi è l'ultimo, o se il medico è già arrivato; se siamo noi a rispondergli possiamo osservare dal suo successivo comportamento se quella persona intende ancora interagire con noi, anche se dopo cade il silenzio.

Accavallare le gambe in direzione dell'interlocutore è un segnale positivo

Saranno positivi in questo senso atti come mantenere l'orientamento nei nostri confronti (per esempio, la persona tiene un piede – oppure la parte del corpo dal bacino in giù o addirittura tutto il corpo tranne la testa – puntato nella nostra direzione; oppure accavalla una gamba nella nostra direzione: se ci troviamo alla sua destra porterà la gamba sinistra sulla destra) oppure nel rivolgerci la parola eseguire un gesto di automanipolazione (come rigirarsi un braccialetto sul polso o giocare con il cinturino dell'orologio) e continuare a farlo anche se abbiamo smesso di parlare.

Nelle prime fasi di un'interazione mostriamo interesse per l'interlocutore o l'argomento di conversazione anche mantenendo un certo grado di tensione nel tronco e nel collo, che risulteranno sollevati ed eretti oppure leggermente sporti in avanti; se questo atteggiamento del corpo persiste anche quando c'è una pausa indica il desiderio di continuare a chiacchierare.

Se esistono segnali che indicano la disponibilità a interagire, ne esistono altri che suggeriscono l'esatto contrario, cioè indifferenza o rifiuto: è questo il significato del prendere un giornale e sfogliarlo ignorando i presenti; oppure accavallare la gamba in senso opposto all'interlocutore, così come orientare il corpo o una sua parte in direzione contraria rispetto all'altro; o ancora rilassare il busto sullo schienale o tirarlo indietro se prima era inclinato in avanti.

Il sorriso è un vero apripista

Il sorriso è uno dei modi più comuni per rompere il ghiaccio.

Un sorriso spontaneo inizia dopo meno di 1 secondo dallo stimolo positivo, dura non più di 3-4 secondi e si smorza gradualmente. Inoltre, il modo in cui si presenta è caratteristico: l'azione del muscolo zigomatico superiore solleva gli angoli delle labbra, gonfia le guance e spinge in alto gli zigomi. Ma perché il sorriso sia sentito deve intervenire anche il muscolo orbicolare, che produce le «zampe di gallina», le pieghe orizzontali sotto la palpebra inferiore e rende quest'ultima dritta.

Quando un sorriso spontaneo scatta incrociando lo sguardo di qualcuno o semplicemente guardandolo, è un eccezionale apripista. In questo caso l'occhio diventa come patinato e il sorriso viene ripetuto spesso durante l'interazione.

I neurologi Leonhard Schilbach e Simon Eickhoff assieme ad altri hanno scoperto, grazie alla risonanza magnetica funzionale (una tecnica che consente di visualizzare il cervello mentre è in funzione), che solo il sorriso spontaneo coinvolge, oltre alle aree motorie, le cosiddette regioni sociali.

I ricercatori francesi Marc Schröder, Véronique Aubergé e Marie-Agnès Cathiard hanno appurato che quando sorridiamo anche il nostro tono di voce cambia: chi sorride in modo genuino ha una voce più calda, rilassata, armoniosa e piena. Nella loro indagine l'84% dei partecipanti, cui sono state fatte sentire frasi pronunciate da persone che sorridevano e da altre che non lo facevano, si è mostrato in grado di cogliere questa sfumatura della voce.

Un esempio: al tavolino del bar

Quando abbiamo un primo appuntamento con qualcuno succede spesso di incontrarsi al bar. È la situazione tipica per scoprire molto sull'atteggiamento di chi ci sta davanti.

Innanzitutto, possiamo valutare la disponibilità e l'amiche-volezza dell'altro in base al modo in cui si siede, alle posture che assume e ai gesti che fa.

Quando ci si accomoda generalmente ci si toglie il soprabito o la giacca. Il gesto di farlo quasi subito oppure nel momento in cui ci si siede può essere interpretato come un segno di disponibilità; sicuramente è sintomo di cautela e diffidenza quando cappotto, giaccone o altro vengono tenuti addosso anche dopo essersi accomodati, specie se quando si viene invitati a svestirsi si commenta che «si sta bene così».

Togliersi il soprabito o la giacca è un segno di disponibilità

Una postura distesa e con le braccia scostate indica invece un atteggiamento positivo verso l'altra persona, mentre chiudere le braccia, tenere la borsetta davanti a sé o incrociare le dita delle mani suggeriscono un senso di disagio o di ostilità.

Il modo di sedere è un altro indice importante: appoggiarsi allo schienale, soprattutto se il gesto è accompagnato da una lieve ritrazione del mento, oppure portare il busto in avanti, magari appoggiando gomiti o avambracci sul tavolo, sono invece segni di interesse per l'interlocutore.

Sedersi sul bordo della sedia dimostra fretta, impazienza o il desiderio di andarsene; in modo analogo, sedersi su una sola metà della sedia orientando le gambe altrove esprime un impulso a «levare le tende» alla svelta. Afferrare i braccioli e spostare la sedia

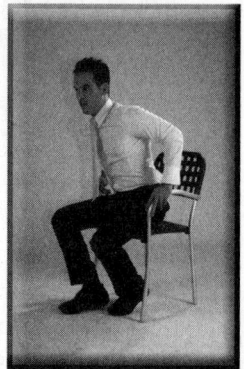

Segnali di disagio: sedere sul bordo della sedia

all'indietro esprime la volontà di mantenere le distanze rispetto all'altra persona, mentre dondolare il busto o battere ripetutamente il tallone per terra indicano nervosismo o ansia.

Segnali di apertura: togliere delle barriere

Al contrario, un comportamento che rivela apertura per l'interlocutore è sgombrare il tavolino dopo aver ricevuto le ordinazioni, levando bottiglie, bicchieri, ciotole e qualsiasi ostacolo fra sé e l'altro.

Invece, lo stesso comportamento manifestato quando si è nel mezzo della conversazione e si affronta un preciso argomento ha il valore di eliminare tutto ciò che possa far perdere delle informazioni importanti sul tema (comprese quelle espresse con la mimica facciale e i gesti).

Anche togliersi gli occhiali è un segnale di disponibilità e apertura; questo gesto viene fatto quando si sente che il livello di confidenza o intimità è diventato tale che montatura e lenti cominciano a essere vissuti come una barriera.

Infine, un altro modo per esprimere apertura è porsi di fronte all'altro tenendo le mani giunte e aperte a formare una sorta di rombo.

>>> TEST <<<

DIMMI COME CAMMINI E TI DIRÒ CHI SEI

Questo test di autovalutazione ti darà modo di farti un quadro della personalità in base al movimento del tuo corpo mentre cammini.

Se leggendo ti rendi conto che non riesci a rispondere alle domande, prova a fare qualche passo e «ascolta» le sensazioni del tuo corpo: non limitarti a prestare attenzione a quello che fai con le estremità, cerca di fare caso anche alla posizione della tua testa, alle oscillazioni del corpo, alla sensazione o meno di stabilità e alla direzione del tuo sguardo. Assicurati di indossare delle scarpe basse.

Se ciò non fosse sufficiente, vai davanti a un negozio con delle ampie vetrate e guardati riflesso.

Leggi attentamente le domande.
Tra le tre risposte alternative scegli quella che meglio ti definisce e barra la lettera a fianco.
Fai la somma delle risposte A, B o C.
Leggi il profilo che corrisponde al numero maggiore di risposte.

1) Quando appoggio il piede a terra sento che:
A. La pianta si estende e tutto il peso è equilibrato.
B. Mi appoggio soprattutto sul lato esterno o interno.
C. Faccio poggiare per prima cosa le dita.

2) La frequenza dei miei passi è:
A. Media: né lenta, né veloce.
B. Irregolare: a volte accelero il passo, altre lo rallento senza un motivo apparente.
C. Piuttosto veloce; faccio passi brevi e rapidi.

3) Quando cammino sento che le parti del corpo che si muovono o oscillano sono:
A. Più o meno tutto il corpo, che sento sciolto e mobile.
B. Il mio corpo barcolla da destra a sinistra e oscillo le spalle.
C. Soprattutto il bacino; i gomiti di solito sono piegati verso l'interno.

4) Mentre passeggio il mio sguardo:

A. È mobile; guardo con curiosità le persone, l'ambiente e le cose che mi circondano.

B. Può capitare che sbatta contro qualcuno o qualcosa o che passi al semaforo con il rosso perché sono perso nei miei pensieri.

C. È quasi sempre diretto verso il basso.

5) L'energia che metto nel mio passo è:

A. Di solito vado di buona lena, ma rallento quando vedo qualcosa che mi interessa.

B. Pesto parecchio con i piedi e cammino con una certa foga.

C. Il mio movimento è piuttosto lento e tendo a trascinare i piedi.

6) Quando cammino assieme a qualcun altro:

A. Mi accorgo che il mio e il suo passo sono quasi sincronizzati.

B. Solitamente mi trovo sempre un passo avanti.

C. Sono sempre un passo indietro.

7) Se mi trovo a muovermi in un posto affollato:

A. Anche se mi dà qualche impedimento, lo trovo stimolante.

B. Tendo a irritarmi e non è infrequente che sgomiti.

C. Mi suscita ansia e ne esco quanto prima.

8) Preferisco camminare:

A. Da solo se devo recarmi da qualche parte; in compagnia se passeggio.

B. Meglio se in compagnia di qualcuno o almeno di un cane.

C. In solitudine e in sentieri isolati.

Maggioranza di risposte A: sei uno con i piedi decisamente «per terra»; non sei né avventato né arrischiato nelle tue decisioni, che anzi sono piuttosto ponderate; ti senti in armonia con te stesso, energico, vivace e sei tendenzialmente curioso ed estroverso. In gruppo tendi a spiccare e non ti dispiace essere al centro dell'attenzione. In generale, nel rapporto con gli altri ti senti a tuo agio, sei popolare e ricercato per la tua empatia nonché per la capacità di metterti in sintonia con i diversi interlocutori. Di indole sei determinato e sai quello che vuoi.

Maggioranza di risposte B: sei tendenzialmente timido e non è infrequente che quando sei con qualcuno ti senta sempre un po' sulle spine. Ti piacciono le persone, ma se devi interagire ti ritrovi a non sapere cosa dire e in alcune occasioni ti trattieni dall'esprimere quello che pensi. Non ami i posti affollati o chiusi e, piuttosto di stare in gruppo, preferisci una conversazione a due. Vivi in generale una certa ansia e alle volte puoi provare una vera e propria voglia di fuga (anche se non sai da cosa); questo ti porta a sentirti un po' dipendente nei confronti delle persone più vicine che per te sono rassicuranti. Hai spesso mille pensieri che ti frullano per la testa e talvolta sei distratto/a rispetto a quello che ti accade attorno. Non sei contento/a di come sei, il che ti provoca una sorta di frustrazione e rabbia indirizzata in genere a te stesso per qualcosa che non hai detto o fatto.

Se sei un uomo e alla domanda 3 hai risposto «C» non vivi bene il confronto con gli altri maschi, specie se sono o li percepisci come superiori.

Se invece sei una donna e alla domanda 3 hai risposto «C» tendi a essere un po' rude e mascolina e, alle volte, questo atteggiamento ti porta a non sentirti capita o non ricevi quelle attenzioni e premure che tanto desidereresti.

Maggioranza di risposte C: non hai una grande stima di te stesso/a e spesso ti capita di sentirti in soggezione o di provare un senso di inferiorità quando sei con gli altri. Temi di deluderli e, prima ancora, hai paura di cosa possano pensare di te; questo ti porta ad adeguarti anche quando qualcosa non ti va oppure a evitare di esprimere il tuo disappunto quando non sei d'accordo. Vivi abbastanza in solitudine e non sai bene come destreggiarti nel rapporto con gli altri. L'ansia ti è piuttosto familiare e non sopporti spazi chiusi o luoghi da cui hai l'impressione di non poter uscire. Puoi sentirti non all'altezza rispetto agli altri rappresentanti del tuo sesso.

4

I segnali non verbali durante il dialogo

Come agisce l'esperto in linguaggio del corpo

Quando parliamo in genere tendiamo a esprimere le nostre idee e i nostri interessi facendo attenzione al discorso dell'altro per educazione; in realtà molto spesso aspettiamo solo il momento giusto per dire la nostra e introdurre l'argomento che ci preme o ci è stato evocato dalle parole dell'interlocutore.

Se vogliamo diventare brillanti conversatori, affascinare, stimolare chi ci sta davanti, convincerlo o carpirgli dei segreti che non intende confessare, dobbiamo cambiare prospettiva. Il nostro obiettivo è metterci nell'ottica soggettiva e parlare seguendo un filo conduttore che l'interlocutore stesso ci suggerisce attraverso le sue reazioni non verbali.

L'uso della parola da parte di un esperto in linguaggio del corpo, infatti, è molto diverso dall'utilizzo che se ne fa in una comune conversazione.

L'operatore della comunicazione compie qualcosa mentre parla: in apparenza le sue sono solo parole; in realtà si tratta di vere e proprie stimolazioni emotive che hanno la capacità di suscitare, in modo prima involontario, poi intenzionale, una risposta automatica da parte dell'amigdala dell'altro, innescando una reazione che leggiamo in una variazione, per lo più minima, nel suo comportamento.

A questo punto, di fronte alla reazione emotiva possiamo:

» innanzitutto, prendere atto che c'è stato uno stimolo che ha generato dell'emotività;
» poi, riconoscere lo stimolo (in genere è immediatamente precedente all'atto non verbale: la latenza tra lo stimolo e la risposta è molto breve, per cui basta andare a ricercare cosa è stato appena detto o fatto);
» quindi, prendere coscienza del tipo di emotività generata (positiva, ansiogena, di fastidio);
» in ultimo, usare lo stimolo che abbiamo identificato come uno spunto per gestire la conversazione.

Gli stimoli verbali che generano le reazioni più forti e immediate possiedono le seguenti caratteristiche:

» lo stimolo è **recente**: per esempio, la parola *incidente* può indurre uno schiarimento di voce se il soggetto ne ha avuto uno da poco, ma difficilmente ciò accadrà se questo è avvenuto anni prima;
» lo stimolo è **inatteso**: se il soggetto è un commesso sospettato di furto e all'improvviso il proprietario del negozio in cui lavora si mette a parlare del fatto che mancano dei soldi dal registratore di cassa, è probabile che reagisca nel caso in cui sia colpevole;
» lo stimolo è **importante**: per esempio, la parola *abbandono* può evocare una risposta anche anni dopo che il soggetto è stato abbandonato dalla madre.

Perdere la mamma in tenera età rende più ansiosi

Il fatto che uno stimolo importante condizioni la risposta emotiva anche a distanza di tempo è stato provato da Seema Cochinwala, psicologo pakistano, il quale ha dimostrato che lo stato d'ansia e la reattività allo stress sono più intensi in chi ha subìto la perdita di un famigliare nella prima infanzia.

Per verificarlo ha coinvolto trenta studenti maschi e trenta femmine, cui ha somministrato un test sull'ansia e chiesto di raccontare in sintesi la loro vita; in particolare veniva annotato se avessero avuto un lutto in tenera età. Poi ha fatto ascoltare ai partecipanti due audiocassette: nella prima veniva narrata una storia triste e angosciante in cui il protagonista perdeva la madre; nella seconda, invece, si raccontava il fallimento di un esame.

La loro reazione veniva misurata in modo non verbale, cioè in base alla risposta elettrica dei polpastrelli delle mani (che conducono meglio o peggio l'elettricità in rapporto alla maggiore o minore sudorazione).

È risultato che, a parità di stato ansioso, la risposta della pelle durante l'ascolto del racconto sul lutto era di gran lunga più forte in chi aveva patito la prematura e precoce perdita della madre rispetto a chi non aveva subìto questo tipo di trauma.

Messaggi non verbali e meccanismi cerebrali

Buona parte degli atti non verbali che illustreremo sono comportamenti riflessi, cioè non volontari e molto «rudimentali» sul piano motorio, come passarsi la lingua sulle labbra, sfregarsi il naso, ripulire delle ipotetiche briciole da un angolo della bocca e via dicendo.

Un riflesso che tutti conosciamo è quello patellare: lo osserviamo quando il medico ci dà un colpetto con il martello sul ginocchio e questo si estende; un altro tipo di riflesso ben noto sono gli scatti muscolari che abbiamo quando dormiamo o stiamo per addormentarci.

I riflessi hanno una struttura neurologica essenziale – alcuni coinvolgono solo tre neuroni – e sono coordinati per lo più dal midollo spinale.

In altri termini, se ci grattiamo (il riflesso di grattarsi è uno dei più comuni) il messaggio può non arrivare al cervello (che comunque, se se ne accorge, ha la facoltà di inibirlo) ma dar luogo a una risposta automatica, per esempio lo sfregarsi quando si avverte un prurito.

Caratteristica dei riflessi da prurito o da sollecitazione delle mucose è il cosiddetto «segno locale», cioè la localizzazione specifica sia della sensazione sia del comportamento riflesso: per esempio, sentiamo un fastidio all'angolo interno degli occhi e ci grattiamo in quel punto, oppure avvertiamo un senso di secchezza sulle labbra e le lecchiamo. In questi casi, la stimolazione è meccanica: un agente esterno (un moscerino, uno spiffero d'aria), attraverso un'azione diretta, provoca il rilascio di mediatori chimici che, attraverso fibre nervose, trasmettono un messaggio al midollo spinale e al cervello.

Nel caso degli atti non verbali il processo è inverso.

Come abbiamo già visto, se l'amigdala registra uno stato di eccitazione emotiva scatena una risposta immediata mobilitando una vera e propria guerra in un ramo del sistema nervoso detto «simpatico», che comporta accelerazione del battito cardiaco, incremento della frequenza del respiro, dilatazione delle pupille, aumento del flusso di sangue ai muscoli. Dall'altro lato, l'ipotalamo stimola la ghiandola madre, l'ipofisi, la quale a sua volta induce le surrenali (due ghiandole poste sopra i reni) a rilasciare adrenalina, che accelera la risposta emotiva. Infine, l'amigdala invia messaggi nervosi al nucleo reticolare talamico che, guarda caso, aumenta le reazioni riflesse. Tra queste vi è il cosiddetto «riflesso d'allarme», che comporta una ritrazione nei confronti dello stimolo, una contrazione dei muscoli di gambe e braccia e spesso la chiusura rapida e volontaria delle palpebre.

Di tutta questa tempesta muscolare e ormonale quello che avvertiamo è, grazie alla funzione inibitoria della corteccia prefrontale, una sensazione fisica (prurito, acquolina in bocca, senso di scomodità o di tensione ai muscoli o alle vie aeree superiori) a cui reagiamo con un atto riflesso, come può essere uno sfregamento, un colpo di tosse o una modificazione della postura.

Se lo stato d'allarme persiste e genera stress (ansia), l'ipotalamo stimola, sempre attraverso l'ipofisi, le ghiandole surrenali a rilasciare il cortisolo, un ormone che innesca l'attivazione dell'altra parte del sistema nervoso autonomo, quello parasimpatico, provocando vasodilatazione, aumento della secrezione di saliva e lacrime, rilassamento degli sfinteri eccetera.

Da questo quadro risulta evidente come i comportamenti non verbali che osserviamo siano solo l'aspetto più vistoso di una complessa risposta del corpo. Uno sfregamento del naso o uno schiarimento di voce sono i segni più manifesti di una reazione che si riverbera in diverse regioni del corpo: nella tonicità muscolare, nel colorito della pelle, nella dimensione delle labbra, nella contrazione delle mascelle, nella tensione della fronte, nella tensione della palpebra inferiore. Quando noteremo un atto non verbale, perciò, sarà importante fare attenzione anche agli altri segnali che si producono contemporaneamente.

In questo modo possiamo identificare le emozioni e i pensieri dell'interlocutore anche in assenza di comportamenti motori. Mentre l'atto motorio (per esempio sfregarsi il naso) con uno sforzo di controllo possiamo inibirlo, non possiamo controllare invece una variazione viscerale: in altre parole, se siamo in collera, possiamo evitare di stringere i pugni o un oggetto oppure di sfregarci il naso, ma non siamo in grado di bloccare le vampate di rossore, segno caratteristico di questa emozione.

L'importanza del contesto

L'intensità di un atto non verbale è legata allo stimolo, ma dipende anche dal contesto in cui quest'ultimo si presenta.

Poniamo che Luisa abbia un amante e, mentre è a teatro con suo marito, uno degli attori dica «... *amante*...» La donna in quella circostanza può dare un colpetto di tosse. Ma se si trova con il marito a un party e qualcuno guarda verso di lei, magari perché vuole vedere cosa c'è sul buffet alle sue spalle, e parlando con un altro pronuncia la stessa parola, Luisa può essere presa da tosse convulsa.

C'è una regola nella condotta sociale che ci spinge a evitare di mettere in imbarazzo l'interlocutore; questa regola fa sì che fingiamo di non aver notato una vistosa cicatrice sul volto di qualcuno, non commentiamo se la persona di fronte a noi ha un forte brontolio di stomaco, evitiamo di affrontare argomenti che creino un'evidente emotività o imbarazzo a coloro con cui parliamo.

Quando il nostro scopo è leggere nel corpo dell'altro è invece sempre importante controllare l'effettivo impatto del nostro comportamento sull'interlocutore: sia che si tratti di parlare di determinati argomenti sia che si tratti di compiere azioni, non dobbiamo mai dare nulla per scontato.

Inoltre, se notiamo che il nostro interlocutore manifesta una certa reazione a uno stimolo non dobbiamo ritenere che non possa cambiare.

Così, se Paolo reagisce passandosi la lingua sulle labbra quando menzioniamo Francesca significa che ne è attratto; se poi reagisce con uno sfregamento di naso quando pronunciamo nuovamente il suo nome non dobbiamo ignorare la seconda risposta: può essere che il contesto abbia evocato in lui un episodio in cui ha provato fastidio o rabbia verso la ragazza, oppure che sia seccato perché ritiene che se ne parliamo tanto vuol dire che ci piace.

Ci sono diverse condizioni che incidono sull'espressività non verbale:

- » la personalità del soggetto;
- » l'ambiente in cui si svolge l'interazione;
- » la circostanza dell'interazione;
- » la relazione con l'interlocutore;
- » il clima emotivo dell'interazione.

Esistono persone che comunicano di più e persone che presentano una certa rigidità: in genere gli estroversi hanno un minor controllo sul loro comportamento non verbale, così come le persone emotive. Quanto più il soggetto è espressivo, tanto più facile sarà per noi leggere nel suo comportamento.

L'ambiente può facilitare o inibire il comportamento non verbale: se parliamo in una biblioteca, per esempio, il soggetto potrebbe evitare di schiarirsi la voce o di produrre altri rumori.

La circostanza dell'interazione può favorire o bloccare l'espressività: nel caso di un colloquio di lavoro, il soggetto potrà fare attenzione a muoversi il meno possibile.

Anche la relazione ha la sua importanza. Saremo molto più controllati di fronte a un esaminatore durante un esame che nel parlare con un amico.

Il livello dell'emotività, infine, incide generando un minor controllo sul comportamento a mano a mano che la tensione aumenta; per contro, anche una condizione di rilassatezza (il soggetto è a suo agio) favorisce l'emissione delle risposte non verbali.

Come classificare i segnali non verbali

Come abbiamo già detto, comprendere il significato dei comportamenti non verbali dell'altro ci procura un grosso vantaggio nelle interazioni.

Dal momento che chi produce un atto non verbale non solo non si accorge di averlo fatto, ma nemmeno ha coscienza che questo riveli qualcosa, possiamo conoscere pensieri, emozioni e sensazioni dell'interlocutore prima ancora di lui. Questo ci consente di pilotare la conversazione e il nostro intero comportamento, in modo da identificare, scegliere e ampliare gli argomenti o le azioni che procurano piacere e cambiare soggetto, ritrattare, tornare sui nostri passi se abbiamo detto o fatto qualcosa verso cui l'altro, letteralmente, «storce il naso».

In un certo senso, i segnali del corpo sono come i segnali stradali: così come un disco rosso attraversato da una sbarra indica il senso vietato, allo stesso modo un atto di rifiuto, come lo sfregarsi il naso, suggerisce che è meglio glissare. Ancora, come la freccia bianca in un quadrato azzurro ci dice di procedere per quella via, allo stesso modo un comportamento come il portare avanti il busto da seduti significa che l'argomento interessa all'interlocutore e che quindi conviene continuare a parlarne.

Quando osserviamo il comportamento non verbale del nostro interlocutore dobbiamo prestare altrettanta attenzione a quello che facciamo noi.

Può capitare, per esempio, che l'altro non reagisca a quanto abbiamo detto, ma al tono di voce che abbiamo usato o al fatto che nel dirlo gli abbiamo messo una mano sulla spalla.

Abbiamo visto che l'impulso soffocato che dà luogo agli atti non verbali parte dall'amigdala: le reazioni più primitive di quest'area del cervello provocano una reazione di fuga o di attacco. Ma, come vedremo, questa struttura regola anche l'attivazione del cosiddetto «circuito della ricompensa» e, in particolare, del nucleo accumbens, responsabile delle sensazioni di piacere e dell'orientamento verso ciò che è in grado di procurare una ricompensa o piacere.

Partendo da queste premesse possiamo suddividere gli atti non verbali in:

» segnali d'ansia o paura;
» segnali di fastidio, stizza, perplessità e rifiuto;
» segnali di piacere, attenzione e interesse.

Cominciamo con l'elencare le reazioni imputabili all'ansia.

Va precisato che chi produce l'atto non verbale non avverte la sensazione di agitazione, ma la proverebbe se insistessimo a parlare dell'argomento che suscita questa reazione oppure se si trovasse di fronte alla situazione o alla cosa che descriviamo. Così, se diciamo di aver visto un grosso ragno in camera da letto a qualcuno che soffre di una fobia per gli aracnidi, questi potrebbe reagire deglutendo, dando un colpo di tosse o ritraendo di scatto la testa, ma se il discorso cade potrebbe non farci caso.

I segnali d'ansia o paura

L'ansia è una condizione di allerta dell'organismo. Si sviluppa quando proviamo una sensazione di paura, ma non possiamo o non siamo in grado di reagire (per esempio, con la fuga); in un certo senso, è come se la reazione fosse bloccata.

Tra gli altri sintomi, l'ansia provoca un'accelerazione del battito cardiaco e della frequenza del respiro, palpitazione (battiti irregolari), dolore al petto, mal di testa, secchezza delle fauci o ipersalivazione, vampate di calore.

Dato che, come abbiamo visto, gli atti non verbali sono solo un frammento della reazione originale, quello che osserveremo sarà per lo più una reazione riflessa che ha la funzione di alleviare le sensazioni che proviamo.

Volto, testa e collo

Tra i più comuni segni d'ansia troviamo i comportamenti di **raschiarsi la gola** o dare un **colpo di tosse**. Reagiamo in questo modo perché l'ansia provoca un restringimento della faringe e della laringe, oppure perché

Segnali d'ansia: dare un colpo di tosse o raschiarsi la gola

si innesca il riflesso della tosse, indotto dalla stimolazione del nervo vago – governato a propria volta dall'amidgala – che agisce sui recettori della regione faringo-laringea provocando un senso di prurito. Questi riflessi di espulsione sono legati a un intenso e, in genere breve, innalzamento della tensione emotiva.

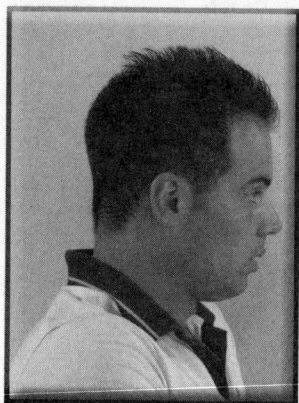

Segnali d'ansia: deglutire

Un altro frequente indice d'ansia è la **deglutizione**: anche in questo caso, all'origine del riflesso c'è una sensazione di ostruzione della gola che cerchiamo di risolvere proprio deglutendo. Se avvertiamo una difficoltà a inghiottire la saliva, possiamo forzare l'azione generando involontariamente una stimolazione meccanica delle corde vocali che dà luogo a un suono gutturale. Nell'uomo questo segnale è più visibile che nella donna perché il pomo d'Adamo si solleva, si stira e poi si rilassa.

Pure **sbadigliare**, specie se ripetutamente e in assenza di indizi di sonnolenza (occhi rossi, lacrimazione, distrazione eccetera) o di noia (stiracchiarsi, muovere con impazienza i piedi, appoggiare la guancia sul pugno), può essere un segnale d'ansia. È stato osservato che i paracadutisti spesso sbadigliano prima di lanciarsi; la stessa reazione è stata riscontrata in alcuni pazienti che dovevano subire un intervento chirurgico prima di entrare in sala operatoria, così come in atleti prima di prendere parte a una gara.

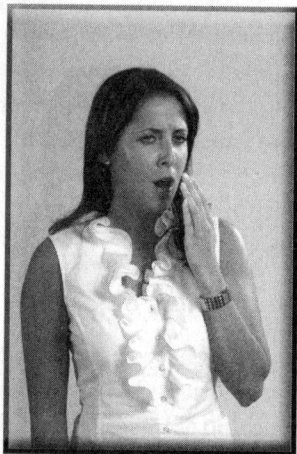

Segnali d'ansia: lo sbadiglio ansioso

Inoltre l'ansia può provocare una contrazione della muscolatura toracica e questa condizione porta ad avere l'impressione di non respirare: di conseguenza, si può **prendere un rapido respiro a bocca aperta** o **inspirare** in modo rumoroso. Altre volte, invece, possiamo **sospirare** (cioè buttare fuori l'aria) quando vediamo o sentiamo qualcosa che ci turba o che troviamo scioccante: in questo caso, è l'espirazione che è rimasta bloccata.

Segnali d'ansia: il sorriso nervoso

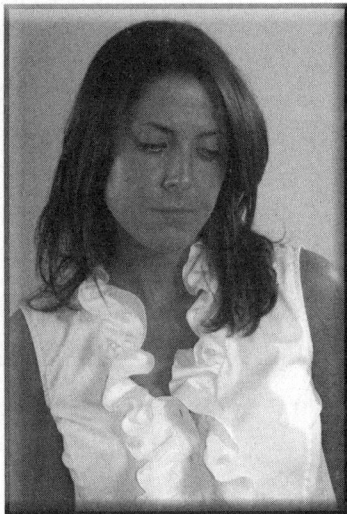

Segnali d'ansia: distogliere lo sguardo

La bocca è coinvolta anche nel **riso** o nel **sorriso nervoso**. Compare generalmente assieme all'arrossimento e al distogliere lo sguardo e si tratta di un gesto automatico e involontario che ha la funzione di esprimere sottomissione. Non solo è molto comune in tutte le culture, ma una sua versione viene prodotta anche dai primati: quando uno scimpanzé, per esempio, si sente minacciato dal capobranco, spalanca gli occhi o lo guarda obliquamente e scopre i denti in un ghigno vacuo, mesto e sciocco, che serve ad ammansire l'altro animale.

Affine al riso nervoso è lo **sguardo timido** in cui, nel dire qualcosa o nel rispondere, recliniamo la testa e guardiamo di traverso l'interlocutore: è un segnale di sottomissione e riflette il timore di ritorsioni o disapprovazione.

Sempre con lo scopo di liberare le vie aeree irrigidite e strozzate dall'ansia, mettiamo in atto comportamenti un po' più complessi (per lo meno sul piano motorio), come **infilare un dito nel colletto** della camicia o della maglia scostandolo, appoggiare semplicemente il dito dentro il colletto, **afferrare un lembo della cravatta** tirandola verso l'esterno.

Segnali d'ansia: tirare un lembo della cravatta

I turbamenti di Lady Diana

Lo sguardo triste di Diana Spencer durante l'intervista

Un anno prima del divorzio dal principe Carlo d'Inghilterra, Diana Spencer ha rilasciato un'intervista alla BBC. Per tutto il corso della trasmissione la principessa ha espresso atteggiamenti timidi e imbarazzati e un tono mesto, smarrito e sommesso.

Riportiamo l'analisi di alcuni segmenti del filmato che dimostrano quanto per Diana fosse penoso parlare della situazione.

L'intervistatore, per esempio, le chiede: «Quali erano le sue aspettative riguardo la sua vita da sposata?» *Diana prende un respiro, segno d'ansia.*

«Penso che come in ogni matrimonio, specie se si hanno dei genitori divorziati, si debba faticare duramente perché funzioni [...] Io volevo disperatamente che funzionasse, amavo disperatamente mio marito e volevo condividere tutto con lui /mentre pronuncia queste parole guarda in basso a destra, segno che prova un senso di amarezza nel ripensare alle proprie aspettative/ e ritenevo /porta gli occhi in alto, indice che si rappresenta una qualche immagine o scena nella mente, poi ha un breve sfarfallio delle palpebre, un ulteriore indice di ansia/ che fossimo una buona coppia.»

Dopo aver detto questo *porta lo sguardo sul giornalista*; poi *piega la testa di lato e in basso e lo guarda timidamente* – cosa che fa, peraltro, più volte nel corso dell'intervista – *battendo due volte velocemente le palpebre*. Sia il piegare la testa di lato sia lo sguardo timido sono in questo caso segni di soggezione.

Quando il giornalista le chiede come abbia gestito la transizione dall'essere Lady Diana Spencer alla più fotografata, chiacchierata donna del mondo, Diana *prende un grande e udibile respiro* e risponde: «Ci è voluto un bel po' di tempo per capire perché la gente fosse interessata a me, ma ho dato per scontato che fosse perché mio marito /*guarda nuovamente in basso a destra*/ aveva fatto un grande e meraviglioso lavoro nell'amministrare il nostro matrimonio /*batte le ciglia*/ e la nostra relazione /*solleva la testa, contrae le mascelle, porta lo sguardo verso il basso e inspira in un atteggiamento che esprime verosimilmente risentimento*».

«I media erano dovunque», commenta poi l'ex Altezza Reale, «si trattava di una favola su cui chiunque voleva lavorare e così... /*prende un respiro corto ed emette un suono aspro e acuto simile al rantolo dell'asma*/ ... ma anche una situazione di isolamento dove non puoi compiangerti: o affondi o non ti fermi davanti a niente [...].»

Segnali d'ansia: scostare la collana

Tra gli altri segnali di tensione emotiva c'è il gesto di **scostare dal collo una collana** o una catenina; questa azione viene compiuta infilando una o due dita nel monile e allontanandolo dal collo, creando una forma a triangolo.

Un'ulteriore conseguenza dello strozzamento delle prime vie aeree è un'improvvisa alterazione del tono di voce. Così, nel pronunciare una parola o una frase la **voce suona stridula, acuta e fioca**; alle volte, se la tensione persiste, si arriva all'**afonia**.

Possiamo anche **stringere la pelle** della parte anteriore del collo oppure **tra le dita e tirarla verso l'esterno** oppure **afferrare il collo** con la mano e **massaggiarlo** per ridurre il senso di tensione; questa azione riduce lo stato di eccitazione del nervo vago, procurando per esempio una diminuzione della frequenza cardiaca.

Oltre che nella regione del collo, possiamo avvertire una **tensione allo sterno**, a livello del diaframma (un muscolo che si trova tra cassa toracica e addome) e della **fossetta del giugulo** (l'incavo

Segnali d'ansia: pizzicarsi la pelle della parte anteriore del collo

Segnali d'ansia: toccarsi lo sterno

Segnali d'ansia: portare la mano sulla fossetta del giugulo

120

alla base del collo, nel punto di giunzione delle clavicole). Anche toccare, coprire o premere queste regioni, tutte innervate dal nervo vago, suggerisce che si è provato un principio d'ansia.

Segnali d'ansia: tirarsi un labbro

Segnali d'ansia: pizzicarsi la pelle

Se lo stato di inquietudine o agitazione si prolunga (perché magari è il tema del discorso a suscitare ansia) ci si può **pizzicare** o torcere **la pelle del volto**: le dita stringono la pelle e la tirano verso l'esterno o la torcono. Le zone «bersaglio» sono quelle in cui la pelle è più abbondante, come la regione sotto il mento o le guance; in alternativa, possiamo torcere il labbro inferiore o barba e baffi.

Il nervosismo può essere espresso anche «avvitando» oppure stirando il lobo dell'orecchio, ma la sua manipolazione è un segno di autoconforto e, dal momento che ritroveremo questo comportamento tra i segnali del piacere, va osservata l'espressione con cui viene prodotto, che deve apparire sconsolata, smarrita e affranta.

Alle volte, la tensione emotiva si scarica attraverso **tic** che si manifestano all'angolo degli occhi, delle labbra, alle palpebre, alle sopracciglia oppure nel tirare ripetutamente su con il naso, esibire un improvviso strabismo, balbettare eccetera.

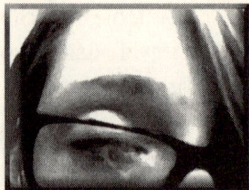

Segnali d'ansia: sfarfallio delle palpebre

Joe Navarro, ex agente dell'FBI ed esperto di comunicazione non verbale, ha notato una particolare forma di tic, che segnala che una persona è in conflitto riguardo a un argomento o in confusione su come affrontare un data situazione. Si tratta dello **sfarfallio delle palpebre**, in cui le ciglia vibrano e l'occhio tende a rovesciarsi verso l'alto.

Anche i VIP vanno nel pallone

Il 21 marzo 2000 la popstar Madonna era ospite del programma *Today Show* sul canale americano NBC.

Il cronista Matt Lauer la stava intervistando, quando Madonna ha annunciato di aspettare un bambino. Il conduttore allora ha commentato: «Lei è incinta?!» Al che la cantante ha tradito la sua menzogna mostrando un evidente *sfarfallio delle palpebre*.

Era capitato anche alla principessa Diana, come abbiamo detto in precedenza. Alla domanda «[…] nei primi tempi dopo il suo matrimonio, quale ruolo immaginava per se stessa come principessa del Galles? Aveva qualche idea del ruolo che avrebbe voluto ricoprire?» Diana risponde: «No, ero molto confusa su quale fosse l'ambiente /ha un veloce sfarfallio delle palpebre, dimostrando così quanto fosse genuina la sua confusione/ in cui mi sarei dovuta inserire […]».

In un discorso alla nazione sulla questione dell'energia l'ex presidente americano Jimmy Carter disse: «[…] ma il nostro problema energetico è peggiore questa sera di quanto fosse nel 1973 o qualche settimana fa nel cuore dell'inverno. È peggiore perché lo spreco è stato ancora maggiore e altro tempo è passato senza che facessimo nessun programma per il futuro. E peggiorerà ogni giorno /ha un leggero sfarfallio delle palpebre e poi si ritrae con testa e busto – un riflesso di evitamento – sottolineando in questo modo quanto si sente a disagio a fare queste considerazioni/ finché non agiremo».

Jimmy Carter fa sporgere la lingua a rivelare la tensione

Se ci leviamo gli occhiali in un'assolata giornata d'estate possiamo sentirci abbagliati e **chiudere le palpebre**: possiamo fare la stessa cosa se qualcosa «offende» la nostra vista come per esempio una scena raccapricciante, il racconto di un episodio che troviamo disgustoso o agghiacciante, o semplicemente il pensiero di quell'episodio.

Quando un argomento ci mette in tensione, questa condizione si riflette anche nell'**aumento della frequenza di ammiccamento delle palpebre**.

Una tra le tante ricerche che potremmo citare al riguardo è quella degli psicologi giapponesi Yasuko Omori e Yo Miyata, i quali hanno dimostrato che quando viene ridotta la distanza interpersonale (fonte di stress) uno dei segni più attendibili di irrequietezza è proprio un aumento della frequenza con cui battiamo le palpebre.

In condizioni di rilassatezza l'ammiccamento è di 12 battiti al minuto; farne di più rivela che la pressione psicologica cresce. Per esempio, l'ex presidente americano Bill Clinton, interrogato dall'avvocato Solomon Wisemberg sul caso Lewinsky, ha battuto 9 volte le palpebre in 11 secondi; Jimmy Carter, un presidente non molto a suo agio sotto i riflettori, nella conferenza stampa

Bill Clinton mostra tensione comprimendo le labbra

di cui abbiamo parlato batteva le palpebre ogni 2 secondi; O.J. Simpson, mentre ascoltava la sentenza che il 4 ottobre 2008 lo giudicava colpevole di rapina e sequestro di persona, ha ammiccato 9 volte in 12 secondi, oltre a mostrare altri segni evidenti di stress come chiudere gli occhi, deglutire contraendo i muscoli delle mascelle, fare schiocchi con le labbra (verosimilmente per riattivare la salivazione), prendere il respiro, tirare il nodo della cravatta, passarsi la lingua sul labbro inferiore, risucchiare le labbra all'interno e protruderle verso l'esterno.

O.J. Simpson si tira il nodo della cravatta

Anche **comprimere le labbra** o **tenderle agli angoli esterni** sono segnali d'ansia, così come **mordersi il labbro inferiore**, **le unghie**, **una penna** o **le stanghette degli occhiali**. Tuttavia, questi ultimi comportamenti possono anche esprimere piacere: per distinguere le due sensazioni dobbiamo osservare l'espressione facciale che fa da sfondo alla loro esecuzione.

L'espressione dell'ansia o dell'apprensione ha i seguenti tratti: le **sopracciglia** sono **sollevate** e **avvicinate** verso il centro; sulla fronte si forma un **solco verticale**. Le **palpebre inferiori** sono spesso **diritte**, tranne quando si è anche sorpresi oltre che in ansia: in quel caso entrambe le palpebre sono spalancate.

Quando siamo agitati le **labbra** spesso vengono **pressate** fino a scomparire, oppure **si assottigliano** perché sono tese negli angoli esterni; questa posizione provoca la visibilità o l'approfondimento dei solchi naso-labiali (le pieghe che vanno dalle narici fino alla bocca).

L'espressione dell'ansia: sopracciglia sollevate e avvicinate

Segnali d'ansia: tirare le labbra all'interno

Segnali d'ansia: mordere il labbro inferiore

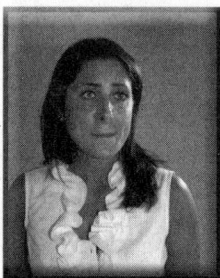

Segnali d'ansia: stirare le labbra

Segnali d'ansia: comprimere le labbra

Nella mimica facciale dell'ansia possiamo notare tutti e due i segni (occhi e bocca) o solo uno, che è comunque sufficiente per stabilire che siamo di fronte a uno stato di agitazione.

L'ansia nei corsi di lingue per stranieri

Un buon osservatorio per analizzare il comportamento non verbale degli ansiosi è un ambiente in cui le persone si sentono spaesate, intimidite e a disagio: come nelle aule in cui agli emigrati viene insegnata la lingua del Paese ospite.

È proprio questo lo scenario scelto dalla linguista Tammy Gregersen che in quest'ambito ha fatto delle interessanti osservazioni. I più ansiosi fra i partecipanti mostravano un atteggiamento tipico: tenevano, per esempio, i loro appunti sparpagliati sul banco, stropicciavano nervosamente i fogli, guardavano quasi sempre in basso in direzione dei libri di testo e degli appunti, evitavano di spostare gli occhi sulle altre persone nell'aula; per contro, cercavano con lo sguardo l'approvazione dell'insegnante, per poi prontamente portarlo alle sue mani.

Inoltre dondolavano avanti e indietro o da sinistra a destra oppure mantenevano una postura rigida e immobile. Facevano poi un gran movimento con i piedi; spesso, per esempio, spostavano il peso da un piede all'altro.

Mettevano le mani in tasca per tirarle fuori poco dopo, ripetendo questo comportamento più volte, e tiravano o giocavano con l'orlo degli abiti.

Per lo più erano quasi inespressivi; talvolta, però, facevano dei sorrisi forzati oppure sorridevano in modo esagerato. Infine, quando toccava a loro parlare, prendevano ampi respiri.

Un altro segno di agitazione è **grattarsi la nuca**: in questo caso abbiamo però un segnale equivoco, che può anche esprimere confusione o collera. Possiamo interpretarlo correttamente se osserviamo anche gli altri segnali non verbali che si presentano prima o dopo.

Segnali d'ansia: grattarsi la nuca

Segnali d'ansia: comprimere la pelle della fronte tra le dita indica un conflitto interno

Comprimere la pelle della fronte tra le dita (spesso con la testa abbassata) è un modo per alleviare una tensione muscolare alla fronte e rivela un conflitto interno.

Cambiamenti di colore, aumento della temperatura e sudorazione

Volto e collo mostrano lo stato emotivo anche attraverso delle variazioni del colorito: possiamo **arrossire** per vergogna o senso di colpa; in questo caso, il rossore partirà da un punto al centro della guancia e si estenderà in modo concentrico, talvolta fino a rendere paonazze anche le orecchie.

Uno shock o brutte notizie improvvise possono invece farci **impallidire**.

Alle volte, possiamo avere collo e décolleté coperti di **macchie rosse**: esprimono un'emozione inibita.

Se siamo a disagio possiamo avvertire un aumento della temperatura che può dare luogo alla **sudorazione** visibile sul volto nella regione della fronte e in quella tra naso e labbra; lo stesso può accadere alle ascelle (che però in genere sono coperte) e ai palmi delle mani, di cui parleremo più avanti.

Se ci troviamo sufficientemente vicini al nostro interlocutore siamo in grado di percepire un **aumento del calore corporeo** anche in modo diretto.

Segnali d'ansia: volto sudato

Chi avverte un improvviso incremento della temperatura potrebbe tradirsi **togliendosi un soprabito** o un maglione o tenendo i lembi interni della giacca con le mani per allontanare da sé l'indumento; se ha indosso una camicia può anche **tirarsi su le maniche** (ma in questo caso, vedremo, l'atto di solito significa altro). Se poi ritiene che la sua reazione sia visibile o che la causa sia esterna, può fare un commento del tipo: «C'è davvero caldo», o domandare se è stato spento il condizionatore o se il riscaldamento è acceso, anche senza motivo.

Abbiamo già accennato che pure le **mani possono sudare**: questo è un indice molto significativo d'ansia, tanto che il parametro principale preso in esame dalla macchina della verità è proprio la conducibilità elettrica della pelle dei palmi, dovuta a un'accresciuta sudorazione. È stato provato che parlare di eventi traumatici provoca un immediato cambiamento nella risposta elettrica della pelle (mediata appunto dalla sudorazione) e lo stesso avviene nelle reazioni di paura.

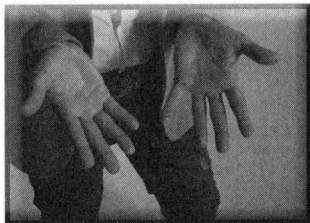

Segnali d'ansia: mani sudate

Possiamo accertarci dello stato emotivo del nostro interlocutore prendendogli la mano con un pretesto oppure, se non siamo in grado di farlo o non abbiamo la sufficiente confidenza, affidarci alle impronte delle ditate che vengono lasciate sulle superfici lisce nel caso i polpastrelli siano sudati (è la regione di maggior concentrazione delle ghiandole sudoripare).

Le mani possono sudare anche a causa della temperatura, ma la produzione di sudore è dovuta soprattutto alla stimolazione delle fibre del sistema simpatico, il che rende questo elemento molto attendibile nella valutazione dell'espressione emotiva. Per avere un'ulteriore prova si noti che le estremità di solito sono particolarmente fredde (non a caso, si parla di «sudori freddi»).

In chi soffre di attacchi di panico o è ansioso la sudorazione delle mani sarà più accentuata e profusa.

Variazioni nella respirazione

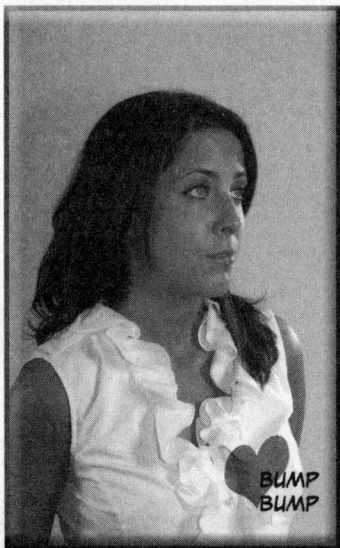

Segnali d'ansia: l'aumento delle pulsazioni accresce la frequenza del respiro

Possiamo capire che l'interlocutore ha avuto un'accelerazione della frequenza cardiaca se ci accorgiamo all'improvviso dell'**aumento delle pulsazioni** della vena giugulare (che corre lungo il lato sinistro del collo). Cogliamo questa variazione con la visione periferica, che è particolarmente sensibile alle variazioni di movimento.

Se la persona che abbiamo davanti non è troppo vestita, è una donna con un seno prominente o tiene le braccia conserte, saremo in grado di cogliere abbastanza facilmente le variazioni del respiro proprio perché abbiamo dei punti di riferimento.

La stessa facilità di osservazione può dipendere dalla nostra prospettiva: se osserviamo una persona di profilo o di tre quarti l'**accelerazione del respiro** può essere rilevata dai concomitanti movimenti ritmici e oscillatori del busto.

Peraltro, se l'ansia è particolarmente intensa tendiamo a prendere **veloci boccate a labbra aperte**, teniamo il **mento sollevato** e possiamo produrre un rumore simile a quello di un mantice con la bocca o tirando su con il naso; talvolta, invece, proprio in conseguenza della sensazione di mancanza d'aria, facciamo dei **respiri profondi**.

Gesti delle mani e posizione delle braccia

Le dita di una mano vengono afferrate con l'altra e «strizzate» oppure **si prendono uno o più dita e si stringono con forza** o **si tirano**: questo è un segno di conflitto oppure un modo per scaricare la tensione.

Non si tratta di un comportamento esclusivamente umano: gli etologi hanno osservato, per esempio, che quando uno scimpanzé è agitato o spaventato si gratta o si friziona la pelle; quanto maggiore è l'ansia tanto più vigoroso sarà lo sfregamento o la torsione.

Segnali d'ansia: stropicciarsi le dita   *Segnali d'ansia: tremolio delle mani*

Se parlare di qualcosa o trovarci in una certa situazione ci agita possiamo avere un **tremolio alle mani** o **perdere all'improvviso il controllo della motilità fine** facendo cadere un oggetto che avevamo in mano.

Alcune notizie possono letteralmente farci perdere le forze. Se una persona ci dice qualcosa di sconvolgente possiamo sentire un senso di mancamento e la necessità di **appoggiarci a un sostegno** (una parete, un tavolo, lo schienale di una sedia eccetera).

Segnali d'ansia: sentire il bisogno di appoggiarsi a qualcosa

Ho bisogno di qualcosa di «forte» (come un muro)

Simone, un allievo dei miei corsi particolarmente dotato, mi ha raccontato il seguente aneddoto.

Mentre si trovava al supermercato a fare la spesa ha incontrato un'amica, Eleonora. Dopo aver parlato del più e del meno, lui le chiede: «Te l'ha detto, Franco» – il marito di lei – «che ieri sera ci siamo incontrati al bar *Da Nino*?»

La donna è *sbiancata in volto* e *si è appoggiata alla colonna* che aveva a fianco; al che Simone ha intuito che c'era qualche implicazione sconcertante in quello che aveva detto, ma non frequentando granché la coppia gli sfuggiva. Forse per qualche motivo non avrebbe dovuto incontrare Franco? La sera prima il marito le aveva raccontato di essere andato altrove? C'entrava il luogo dell'incontro?

Incuriosito, ma anche preoccupato per la reazione di Eleonora, la invita a prendere un caffè e con molto tatto torna sull'argomento. Dopo un'iniziale reticenza, lei decide di confidarsi e gli racconta che quando aveva conosciuto Franco lui faceva uso di cocaina. Quando si erano sposati il marito le aveva detto di avere smesso.

A quel punto Simone capisce la situazione; girava voce che *Da Nino* si spacciasse cocaina ed Eleonora doveva aver associato a quel nome l'idea che il marito fosse andato nel locale perché era ricaduto nel vizio: un pensiero che aveva vissuto come uno shock.

Gesti di autoconforto

Avete presente l'immagine di Linus dei Peanuts con la sua copertina costantemente addosso?

Accarezzarsi, abbracciare se stessi o **tenere stretto a sé un oggetto** morbido è un modo per consolare se stessi in momenti in cui ci si sente vulnerabili.

Si tratta di un comportamento innato; tanto è vero che la prima forma di autoconforto, la suzione del dito, viene usata anche dal feto durante la vita intrauterina e perfino dai primati come gli scimpanzé o i lemuri.

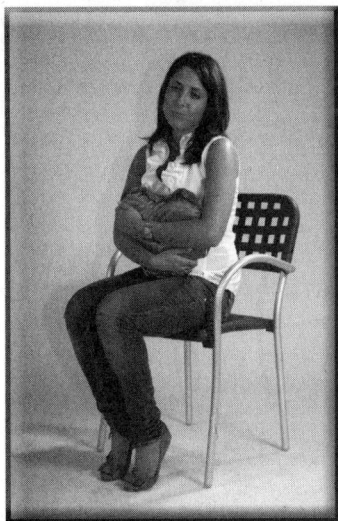

Gesti di autoconforto: abbracciare un cuscino

Gesti di autoconforto: autoabbraccio

Se qualcuno nel parlare tocca un nostro «nervo scoperto», possiamo cercare conforto o anche nascondere l'imbarazzo **mettendo le mani nelle tasche** o, se siamo seduti, **sotto le cosce**.

Un comportamento affine è **infilare il pollice nel resto della mano chiusa a pugno**: di per sé non si tratta di un segno di disagio, ma di una forma di autoconforto; se abbiamo bisogno di consolarci, però, vuol dire che poco prima abbiamo visto o ci è stato detto qualcosa che ci ha messo in ansia, in difficoltà o ci ha reso tristi.

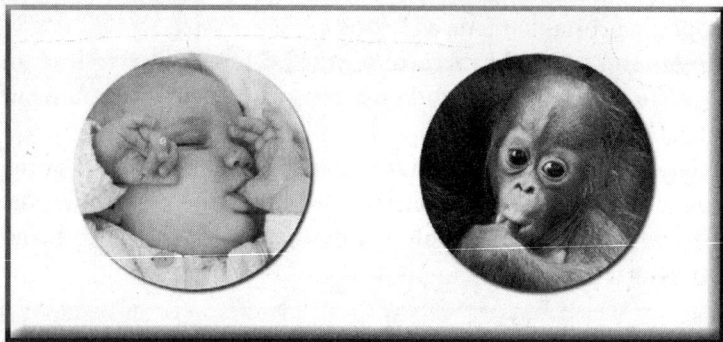

Gesti di autoconforto: succhiarsi il dito

Anche **afferrare una mano con l'altra** come se fosse un'altra persona a stringerla o **intrecciare le dita** con le mani unite sono segni di autoconforto.

Se qualcuno ci dice qualcosa di imbarazzante o ci fa sentire emotivamente esposti, tendiamo ad **abbracciare un cuscino** o **la borsetta**, oppure a **stringere l'orlo di una maglia** o a **tirare i lembi di un indumento avvolgendoli attorno al busto** come se avessimo freddo.

È un indice di analogo significato anche **giocherellare con un ninnolo**, una pallina di gomma o un oggetto morbido attaccato al portachiavi.

Infine, una donna (o anche un uomo che abbia i capelli lunghi) può **annodare i capelli su un dito**, distogliendo lo sguardo, per rievocare il contatto con i capelli della mamma in un gesto che molti bambini fanno prima di addormentarsi.

Atti distraenti e gesti di fuga

Se all'improvviso ci troviamo in situazioni di forte imbarazzo possiamo **aggiustare i nostri accessori** (per esempio, controllare la chiusura della borsetta, che il cinturino dell'orologio sia agganciato o che la sicura del braccialetto sia scattata) anche se in realtà non c'è niente fuori posto.

Gesti di autoconforto: annodare i capelli su un dito

Se stiamo sostenendo un esame, un colloquio di lavoro o comunque ci sentiamo sulle spine potremo **afferrare con le dita la cassa dell'orologio e muoverla ripetutamente:** questo comportamento rivela l'intenzione trattenuta di controllare le lancette quando letteralmente non si vede l'ora di andarsene.

Esprimiamo un impulso alla fuga anche quando **appoggiamo le mani sui braccioli** o **sul sedile** di una sedia, ma ancora di più se contemporaneamente rizziamo il busto o lo portiamo in avanti e solleviamo i piedi.

Anche i movimenti che facciamo da seduti possono rivelare un senso di disagio.

Per esempio, a un certo punto della conversazione possiamo **portare il sedere sul bordo della sedia** mostrando così l'intenzione di «alzare i tacchi»; lo stesso significato ha il gesto di **orientare le gambe** e talvolta anche il bacino **in una direzione diversa da quella del tronco.**

Avvolgere le gambe attorno a quelle della sedia è un altro modo per esprimere un senso di disagio e un bisogno di scaricare la tensione.

Anche **cambiare spesso posizione da seduti** è indice di un forte desiderio di scappare.

Quando un argomento ci provoca un immediato bisogno di fuggire abbiamo un modo tipico di segnalarlo: **dalla posizione**

iniziale ci solleviamo di scatto, esitiamo e poi assumiamo una qualsiasi altra posizione, generalmente tesa.

Molti dei segnali di gambe e piedi esprimono ansia e disagio: già i **piedi in posizione divergente** (uno in una direzione e l'altro con un orientamento diverso) segnalano uno stato di disagio; se poi **puntano verso una possibile via di fuga** significa che l'impulso è proprio forte.

Possiamo esprimere questo messaggio anche **pestando un piede con l'altro, muovendo la punta delle scarpe** o **curvando le dita del piede** verso il pavimento (in questo caso lo si nota perché la punta, che in genere è leggermente sollevata, diventa parallela al pavimento).

Infine, un impulso a fuggire è segnalato anche **dal sollevamento di uno** o **entrambi i talloni.**

Segnali d'ansia: manipolare il quadrante dell'orologio significa non vedere l'ora di andarsene

Segnali d'ansia: il piede della donna è orientato verso una via di fuga

Gesti di fuga: sollevare il sedere e mettere una mano sul ginocchio come per alzarsi in piedi

Gesti di fuga: sollevare un piede, appoggiare una mano sul bracciolo e sollevare il sedere come per tagliare la corda

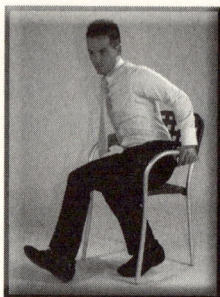

Gesti di fuga: cambiare spesso posizione da seduti

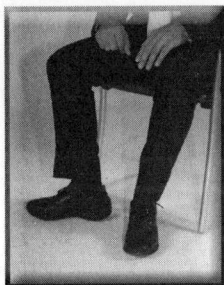

Segnali d'ansia: tenere i piedi in posizione divergente

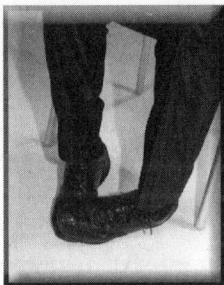

Segnali d'ansia: calpestarsi i piedi

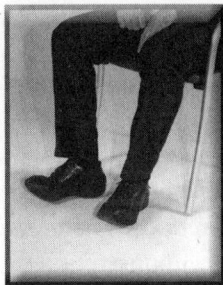

Segnali d'ansia: sollevare le punte delle scarpe

Segnali di paralisi

Quando siamo in preda a un forte shock o a un grande spavento possiamo reagire con una risposta primitiva: paralisi.

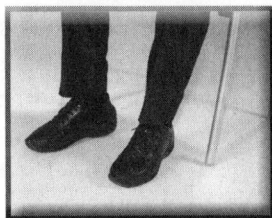

Segnali d'ansia: tenere le punte delle scarpe parallele

Questa reazione è peraltro estremamente comune nelle donne vittime di stupro, le quali, pur senza perdere conoscenza, restano completamente pietrificate mentre vengono violentate.

Si tratta di una risposta alla paura che in natura alcuni animali mettono in atto quando non sono in condizione di fuggire dal predatore: allora immobilizzano il corpo e riducono la frequenza cardiaca e il ritmo di respirazione. Di conseguenza il loro organismo si raffredda: scopo di questa strategia è apparire come morti, ed essere quindi ignorati dai predatori.

Pensate che uno dei più feroci, la tigre, è in grado di provocare la paralisi nelle proprie prede anche soltanto attraverso il ruggito: grazie alla lunghezza d'onda dei suoi infrasuoni può paralizzare perfino un domatore esperto.

Anche un essere umano può avere reazioni di questo tipo, per esempio immobilizzarsi quando sente i sonagli di un serpente o sentirsi bloccato quando riceve un rimprovero.

La reazione di paralisi è stata osservata dagli psicologi Richard Rozelle e James Baxter quando ci si trova in mezzo a una folla, situazione in cui i piedi appaiono come incollati al suolo. Inoltre, secondo il neurologo Joseph LeDoux, la tensione muscolare in stato di disagio è una traccia della reazione primitiva di immobilità.

Gli psicologi Norman Schmidt, Anthony Richey e altri colleghi americani hanno scoperto che gli individui fortemente ansiosi tendono a reagire a situazioni di pericolo con l'immobilità; inoltre, questa reazione è legata, e in parte indotta, da un particolare stato mentale, contraddistinto da confusione, senso di irrealtà, distacco emotivo, incapacità di pensare e insicurezza.

Alcuni indizi tipici della reazione di paralisi sono: **pallore** o **irrigidimento improvviso**, **arresto delle gesticolazioni**, **bisogno di appoggiarsi**, un «**brivido freddo**», **afonia**, **perdita della motilità fine**, **espressione di stupore**, ma anche, a livello verbale, **non ricordare una cosa ovvia** (il proprio nome, la via dove si abita eccetera).

Pubblicità shock

Stavo passeggiando con un'amica lungo un viale; la conversazione era leggera, leziosa e divertente.

All'improvviso lei *si zittisce* e *sbianca in volto*, *si blocca* come se fosse rimasta incastrata nell'asfalto, *irrigidisce i muscoli della faccia* e *spalanca gli occhi*, anch'essi immobili.

Mi sono subito guardato attorno perché credevo avesse assistito a un incidente o visto qualche scena sconvolgente, ma tutto era tranquillo.

Osservando con più attenzione, mi sono accorto che 5 metri più in là c'era una bacheca con il manifesto pubblicitario di una mostra di rettili e la foto di un cobra.

Fino a quel momento non lo sapevo ma, come mi ha confessato più tardi, la mia amica aveva una fobia per i serpenti, tanto da essere terrorizzata dalla sola immagine del rettile.

I segnali di fastidio, stizza, perplessità e rifiuto

L'amigdala può reagire agli stimoli mobilitando una risposta di fuga o di attacco; i segnali che esamineremo adesso corrispondono a reazioni di attacco o disgusto.

Volto, testa, collo

Uno dei più comuni segnali di fastidio è l'atto di **sfregarsi il naso**.

Questa azione ha molteplici varianti, ma tutte con lo stesso significato: il naso può essere sfregato all'altezza delle narici, si può grattarne la punta, si può comprimerne un'ala o stringerlo per intero tra le dita, lo si può storcere con un dito, ci si può grattare il filtro (il solco tra naso e bocca) o la piega naso-labiale.

Segnali di fastidio: sfregarsi il naso

Segnali di fastidio: sollevare la punta del naso

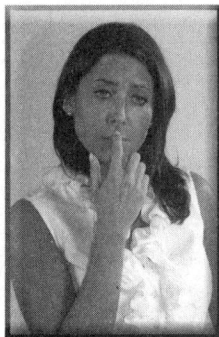

Segnali di fastidio: grattarsi la zona tra naso e bocca

Segnali di fastidio: sfregarsi la piega naso-labiale

Quanto più lo sfregamento avviene in prossimità delle mucose nasali tanto più intenso è il senso di «seccatura»; anche una pressione che porti a deformare il naso o la ripetizione del gesto indicano un fastidio particolarmente sgradevole.

Il motivo per cui questo riflesso va annoverato tra i segnali di fastidio è da attribuire al processo che nel primo capitolo abbiamo definito «di assimilazione»: va infatti considerato che quando qualcuno si gratta il naso prova davvero un senso di prurito e che questa irritazione è verosimilmente dovuta a un'attivazione dei recettori della capsaicina, la sostanza urticante contenuta nel peperoncino.

Probabilmente non è un caso che i recettori di questa sostanza si proiettino, attraverso i circuiti nervosi, direttamente nell'amigdala. In pratica, quest'ultima «interpreterebbe» un fastidio psicologico come una sensazione pruriginosa e, data la vicinanza con il naso (l'amigdala si trova proprio all'altezza di questo organo), invierebbe un messaggio in senso inverso, cioè dal suo interno ai recettori della capsaicina, dando l'illusione che ci sia qualcosa che provochi l'irritazione.

Che delusione!

Gli esempi che seguono provengono da conversazioni che ho raccolto in seduta, ma anche da incontri casuali.

Il primo riguarda una donna che avevo conosciuto nella sala d'aspetto del medico; visto che l'attesa era lunga avevamo scambiato un'altrettanto lunga chiacchierata. La donna aveva una figlia verso cui nutriva grandi aspettative. L'aveva sempre spronata a studiare e a dare il meglio di sé in qualsiasi disciplina, l'aveva iscritta a circoli sociali importanti perché frequentasse persone di un certo ceto. Negli ultimi tempi, però, aveva commentato, era cambiata: era diventata più ribelle e trasgressiva.

Ora aveva un ragazzo e la sera prima era uscita con lui facendo piuttosto tardi. Quando al mattino le aveva chiesto cosa avesse fatto, la figlia le aveva risposto che erano rimasti nel bar all'angolo a giocare a freccette. Nel dire ciò la donna *si era vigorosamente sfregata il naso*: evidentemente giudicava questo svago (e per estensione le persone che vi si dedicavano e gli ambienti in cui si giocava) squalificante per una ragazza che era stata cresciuta con ben altre prospettive.

Un'altra reazione del medesimo tipo l'ho notata nel corso di una seduta. Avevo invitato la mia paziente a parlarmi della sua famiglia e, dopo avere discorso dei genitori, era passata al fratello: «[...] poi quando si è sposato *si è pizzicata più volte la punta del naso/*...»

«Sua cognata», l'ho interrotta, «proprio non le piace, eh?!»

«No, in effetti», ha commentato lei, «ma come lo sa?»

Semplicemente, avevo colto la coincidenza tra l'espressione «cognata» e il segnale di fastidio. Era poi venuto fuori che considerava la cognata una zoticona, inadatta a una persona fine ed educata come suo fratello.

In un'altra occasione stavo tenendo un corso sulla gestione del personale in un'azienda siderurgica e stavamo facendo un momento di pausa.

Il collaboratore principale del titolare mi aveva detto che quest'ultimo aveva costruito un impero a partire dalla piccola fonderia del padre: ultimamente aveva deciso di dare una svolta all'attività, investendo sulla formazione e su innovativi processi per la lavorazione dei profilati di metallo. Nel dire questo, *si era tolto qualcosa dall'angolo interno dell'occhio*.

«Lei non è per niente convinto della validità delle nuove tecniche, vero?» ho sottolineato. Sorpreso da come potessi essermene accorto, il dirigente mi aveva confessato che riteneva che il titolare avesse perso il tocco magico di un tempo e adesso si affidasse a tecnologie nuove (peraltro più dispendiose) per dimostrare di possedere ancora la lungimiranza e spregiudicatezza di una volta, ma a detta sua ormai aveva «perso lo smalto».

Un altro segnale affine, ma che invia un messaggio più minaccioso, è il **tic del muscolo canino**, che tira in alto e in dentro l'angolo della bocca, scoprendo il canino negli animali e producendo nell'uomo semplicemente una smorfia simile a un sogghigno.

Segnali di fastidio: togliersi qualcosa dalla zona lacrimale

Segnali di fastidio: spingere gli occhiali verso l'alto

Un gesto frequente nell'espressione del fastidio è pure l'atto di **sfregare l'angolo interno della zona lacrimale**: il dito viene portato nell'angolo interno dell'occhio come per togliersi un ciglio; alle volte si stira la pelle a lato dell'angolo esterno.

Di significato simile è il gesto di **spingere** con un dito **la parte della montatura degli occhiali che poggia sul naso**. Tranne il caso in cui la persona si chini o sudi e quindi gli occhiali scendano, l'azione di rimetterli a posto è puramente pretestuosa e serve in realtà a realizzare un riflesso di evitamento.

«Non mi convince»

Un mio amico e collega mi ha raccontato questo aneddoto riguardo a una seduta di coppia, durante la quale lo psicologo poteva osservare il comportamento di entrambi i partner.

L'uomo era piuttosto intraprendente e fantasioso sul piano sessuale, mentre lei preferiva un approccio più tradizionale; visto che lui le aveva fatto una richiesta particolare e lei ne era rimasta perplessa avevano deciso di parlarne con lo psicoterapeuta.

Lui racconta quello che le aveva proposto, lei si stizzisce subito e ribatte: «Allora io non ti basto?»

Il compagno afferma che sì, lui vuole solo lei *lei con il dito spinge gli occhiali verso l'alto* solo che preferirebbe un rapporto sessuale più vivace.

Il terapeuta a quel punto, interpretando il gesto di lei, spiega al cliente che comunque lui la metta lei non gli crede e che, se desidera davvero la partner e al tempo stesso certe concessioni sessuali, deve convincerla che queste non sono un segno di insoddisfazione nel rapporto.

Sempre nella zona dell'occhio viene eseguito un altro gesto che esprime perplessità: **spingere** o **grattare il sopracciglio**. Questo atto ha un'origine più complessa dei precedenti. Infatti, attraverso la spinta del sopracciglio si mima parzialmente l'espressione di scetticismo che è data appunto dal sollevamento delle sopracciglia e dal contemporaneo abbassamento delle palpebre inferiori.

Segnali di perplessità: sollevare il sopracciglio con un dito

Se l'atto di spingere verso l'alto un sopracciglio ha una connotazione negativa, il comportamento prodotto sollevando entrambe le sopracciglia ha un valore positivo: esprime sorpresa.

Solitamente, comunque, accompagna il dialogo e viene usato per portare l'attenzione dell'ascoltatore su determinati punti. Il movimento dura in media meno di 1 secondo e viene prodotto in genere in relazione agli aggettivi più che ad altri elementi del discorso. Inoltre, in corrispondenza di questo segnale il tono di voce suona più alto e squillante, e si tratta di un modo di fare più femminile che maschile.

Lo stesso segnale, ma eseguito in circa un sesto di secondo, viene usato quasi universalmente per salutare qualcuno che si

Segnali di fastidio: grattarsi la fronte

trova a distanza: se si è troppo lontani il sollevamento delle sopracciglia viene usato per comunicare alla persona che la si è notata e riconosciuta.

Di significato e origine analoghi allo sfregamento del sopracciglio è il comportamento di **grattarsi la fronte** lateralmente con una o più dita (perplessità) e quello di **sollevare gli occhiali** afferrandoli per la montatura di una delle lenti portandoli in alto (si tratta di un segno di incredulità, come se chi lo esegue dicesse: «Non riesco a credere a quello che vedo»).

Guardare l'altro è un modo attraverso cui, per prima cosa, riconosciamo la sua esistenza come individuo, tanto che una delle strategie che adottiamo in metropolitana o su autobus affollati per sopportare l'assembramento è evitare di guardare gli astanti; in questo modo, secondo l'antropologo Desmond Morris, li viviamo come «non persone».

Ecco perché **evitare lo sguardo dell'interlocutore, volgendolo lateralmente** è un modo per esprimere disappunto o disaccordo, squalificando l'altro, appunto, come persona.

Questo atto trova le proprie radici nel comportamento del neonato che, quando si è nutrito a sufficienza, respinge il seno ruotando la testa in direzione opposta; dallo stesso atto primitivo ha origine il gesto di scuotere la testa da un lato all'altro per dire no.

Di significato analogo è il segnale di **girare la testa di lato**. Di solito viene fatto ruotando e sollevando il mento e a volte contraendo le mascelle e socchiudendo gli occhi, come per evitare la vista di qualcosa di disgustoso.

Il cognato invisibile

Una coppia si era rivolta a me per risolvere dei problemi coniugali. La terapia era proceduta bene e, arrivati all'ultima seduta, avevo chiesto che fosse presente anche Michele, il fratello di lei. Quest'ultimo aveva sostenuto la sorella nelle discussioni con il marito, il quale aveva mal digerito queste intrusioni. Per appianare il tutto era quindi necessario che anche l'attrito tra i due uomini fosse mitigato.

La seduta era andata nel migliore dei modi e sembrava che tutti andassero finalmente d'amore d'accordo. Fino a che, in conclusione dell'incontro, e visto che era ormai sera, il fratello di lei aveva proposto ai due di andare a mangiare una pizza assieme per festeggiare la fine delle ostilità.

Il cognato aveva risposto: «Sì, va bene... è una buona idea», ma nel dirlo *non aveva degnato Michele di uno sguardo*: da questo avevo capito che covava ancora del risentimento verso di lui e avevo dovuto riprendere le fila del discorso per portare alla luce i motivi di questo rancore irrisolto.

Segnali di stizza: grattarsi la zona davanti all'orecchio

Massaggiarsi il retro del collo è un'esibizione di dominanza o sfida

Un gesto di stizza è **grattarsi la nuca** (che tuttavia può esprimere anche confusione o tensione); di significato analogo sono comportamenti come **grattarsi lo zigomo** o **la zona davanti all'orecchio**.

Il gesto non va confuso con la **frizione**, tipicamente maschile, del **retro del collo**: in questo caso, siamo infatti di fronte a un'esibizione di dominanza o sfida.

Un comportamento simile al primo, **grattarsi la cima della testa**, invece, indica solo confusione e non ha nessun significato sul piano emotivo: chiunque ricorderà i frequenti grattamenti di testa esibiti da Stanlio nei siparietti comici con Ollio.

Grattarsi la cima della testa denota ta solo confusione

La mancata comprensione porta a spazientirsi

L'esempio che segue l'ho raccolto durante un seminario a cui avevo partecipato.

Il trainer aveva spiegato un concetto in modo piuttosto contorto e farraginoso e uno dei presenti, dopo che il relatore aveva finito, *si è grattato la cima della testa* e gli ha chiesto di ripetere ciò che aveva illustrato perché non gli era chiaro.

Con quel comportamento il partecipante ha espresso solo il fatto che non aveva capito.

In seguito alla richiesta, il docente ha riformulato quanto detto, facendo un discorso, se possibile, ancora più ingarbugliato e incomprensibile. Al termine del supposto «chiarimento» ha domandato: «Ci siamo allora?»

L'altro *ha incrociato le braccia e ha scosso leggermente la testa da un lato all'altro, un segno di biasimo*, borbottando: «Sì, sì, va bene».

Il suo segno di chiusura e lo scuotere la testa esprimevano esattamente il contrario di quello che aveva detto a parole, ma evidentemente a quel punto si era stizzito e aveva dedotto che il relatore non era in grado di spiegarsi meglio.

Che cosa rivela la bocca

Sono diversi i microcomportamenti che manifestano disappunto eseguiti nella zona della bocca.

Tra questi, **spingere con un dito il labbro inferiore verso l'alto** è una riproduzione stilizzata dell'espressione di disgusto/disprezzo che, oltre all'arricciamento del naso, lo stringere gli occhi eccetera comporta anche il sollevamento delle labbra al centro.

Sempre in questa regione troviamo l'atto di **sfregare gli angoli delle labbra** come per togliere delle ipotetiche briciole. Il gesto trova le sue origini nell'atto di ripulire la bocca e i denti dai residui di cibo; attraverso il processo di generalizzazione della risposta, che varrà anche per il comportamento di leccarsi le labbra, lo stesso atto viene utilizzato per «ripulirsi» da qualcosa che non ha niente a che fare con il cibo, come una proposta o un commento sgraditi.

Di significato affine è **premere la lingua contro l'interno delle guance** o **passarla sui denti**: la lingua viene piegata e spinta contro il lato interno della guancia; altrimenti, può essere sollevata e fatta scivolare sull'arcata dentaria. Nel primo caso, il gesto emula l'atto di sputare; nel secondo, la pulizia dei denti.

Segnali di fastidio: spingere con il dito sotto il labbro inferiore

Segnali di fastidio: togliersi ipotetiche briciole dall'angolo della bocca

Segnali di fastidio: spingere la lingua contro le guance

Uno sputo simbolico

Nella mia esperienza clinica mi capita di trattare coppie in crisi. L'aneddoto che segue esemplifica bene i messaggi di rigetto.

Una coppia sposata stava attraversando un periodo di forte conflitto; lei accusava lui di non aiutare in casa; lui ribatteva che era una vita che non facevano sesso.

Dopo una partenza tesa e caratterizzata da recriminazioni, toni accesi e collerici, finalmente il clima era diventato più sereno. A quel punto, lui ha ammesso di essere stato poco presente, di averle dedicato poche attenzioni e che intendeva rimediare. *La moglie ha sollevato la testa e ha fatto un accenno di sorriso*. «Dovremmo trovare del tempo per stare da soli, senza i figli… che so, per esempio in trattoria davanti a un buon bicchiere di vino», ha proposto lui, mentre lei *ha spinto la lingua contro la guancia*.

Colto il gesto di lei, ho prontamente interrotto l'uomo dicendogli: «Forse sua moglie immaginava qualcosa di più romantico, non crede?»

Il sollevare la testa e il sorriso di prima indicavano che le parole del marito avevano suscitato delle aspettative nella donna; tuttavia queste attese erano state deluse dalla proposta di lui, che l'aveva indotta all'atto di sputare.

Briciole invisibili

Un'altra coppia si era rivolta a me per una consulenza.

Il problema in questo caso era l'insofferenza di lui per il fatto che non avevano rapporti sessuali da parecchi mesi, mentre all'inizio del matrimonio facevano l'amore più volte a settimana. La moglie in effetti non ne sentiva la mancanza, ma riconosceva che una coppia avrebbe dovuto avere una maggiore intesa sul piano erotico.

Per escludere che la mancanza di libido fosse dovuta a stress, preoccupazioni o depressione le ho domandato se vivesse una di queste condizioni, ma la donna ha risposto che era serena e che tutto sommato era abbastanza soddisfatta della propria situazione.

Ho supposto allora che il suo disinteresse sessuale dipendesse dall'abitudine e dal fatto che i due avessero smesso di «farsi belli» l'uno agli occhi dell'altra.

«Magari», ho proposto, «dovreste riprendere a corteggiarvi curando di più il vostro abbigliamento e l'aspetto, facendo qualche cena a lume di candela e poi prendere una stanza in un hotel. In quell'occasione anche bere dello champagne potrebbe aiutare a suscitare qualche prurito sessuale.»

«Potremmo anche prenderci un film porno!» ha commentato lui, interrompendomi. A quella proposta lei *si è tolta delle inesistenti briciole dall'angolo della bocca* e io ho subito ripreso il discorso: «Intendevo dire che dovreste sedurvi, trovare il modo di piacervi di nuovo, non di eccitarvi guardando un video!»

A quel punto la donna è intervenuta, ammettendo che il fatto che non cercasse più il marito su quel piano era dovuto a un calo dell'attrazione *nel dirlo aveva portato lo sguardo verso il basso* nei suoi confronti perché lui aveva smesso di mostrarle le attenzioni cui l'aveva abituata; si era quindi sentita seccata quando lui aveva pensato di rimediare con una soluzione così grossolana e volgare.

Segnali di stizza: mordere il lato interno delle guance

Segnali di stizza: mordere un angolo del labbro inferiore

Coinvolge la bocca anche l'atto di **mordere l'interno delle guance**, che vengono risucchiate e trattenute tra i denti; esternamente possiamo osservare che al centro delle guance appare un'infossatura. Si tratta di un gesto che esprime collera inibita o forte disappunto. Lo stesso significato hanno **mordere un angolo del labbro inferiore; mordere il**

labbro superiore esponendo gli incisivi inferiori e **contrarre le mascelle.** L'origine di questi gesti deriva dall'istinto primordiale di azzannare.

Segnali di stizza: contrarre le mascelle

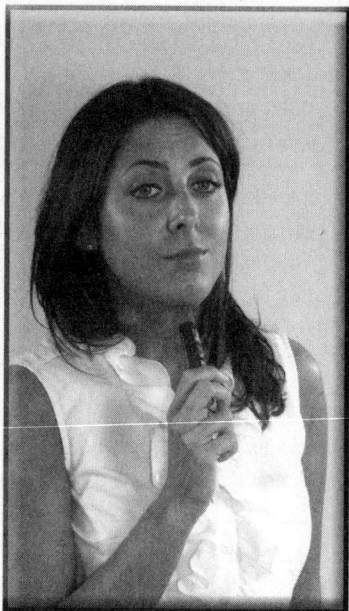

Segnali di fastidio: grattarsi con una penna sotto il mento

Un segnale più elaborato eseguito in questa zona è **grattarsi con una penna** o **un dito sotto il mento.** Questo gesto ha più varianti: di norma presenta uno sfregamento del mento, che viene sollevato; se ci si gratta con una penna, solitamente, ci si muove dalla base del mento verso la punta; se, al contrario, si usa un dito ci si gratta sotto il mento o verso il collo.

Si tratta di uno di quei comportamenti che, nel primo capitolo, abbiamo definito «lapsus gestuali»: cioè gesti appresi, riprodotti in modo inconsapevole, parziale o stilizzato. Un esempio tutto italiano è muovere l'indice, tenuto piegato, sotto il mento, che è leggermente sollevato: il suo significato è «Me ne frego».

Un altro atto «orale» è **espellere il fumo della sigaretta**; di norma l'espulsione del fumo viene prodotta di getto e con forza, a simulare lo sbuffare.

Segnali di rifiuto: buttare fuori il fumo in corrispondenza di argomenti sgradevoli

L'espressione del fastidio e del rifiuto a tavola

Quando siamo seduti al tavolino di un bar o al ristorante abbiamo a portata di mano briciole, bicchieri, piatti e altri oggetti attraverso cui possiamo esibire il nostro istinto di evitamento. Tra questi segnali, è comune lo **spazzolare briciole** fino a un momento prima irrilevanti e diventate oggetto di irritazione quando l'altro dice qualcosa che suscita la nostra stizza. Un'altra azione simile, ma che in questo caso non ha nessun valore emotivo, è quella di **ammassare** e **allineare le briciole** per fare dei disegni o modellare delle forme: eseguire queste figure aiuta la concentrazione, come se raccogliendo le briciole facessimo altrettanto con i pensieri.

Segnali di rifiuto: spazzare via le briciole

Segnali di rifiuto: respingere un oggetto di lato

Sempre a tavola possiamo **allontanare un oggetto, respingendolo di lato** con il palmo; anche qui siamo di fronte a un riflesso di evitamento in cui allontanare da sé la tazza, la ciotola o altro è un pretesto per esprimere la propria repulsione.

Il relatore timido

Stavo partecipando a una conferenza sull'ipnosi e, come di consueto, alla fine era previsto uno spazio per eventuali domande.

I relatori erano due e avevano un modo di fare e uno stile completamente opposti: il primo era sciolto, sorridente, visibilmente a suo agio nel parlare in pubblico; il secondo tendeva, invece, a non guardare il proprio uditorio, era piuttosto rigido nei movimenti e non era infrequente che facesse lunghe pause tra un'affermazione e l'altra o che la sua voce in certi momenti fosse talmente fioca da rendere incomprensibile quello che diceva.

Nel corso della conferenza gli oratori si erano avvicendati e quando quello più estroverso aveva concluso la sua parte, aveva detto: «[...] e qui mi fermo perché dire altre cose toglierebbe tempo al mio collega» *e nel mentre fa un gesto a mano aperta in direzione dell'altro per indicarlo e passargli la parola*. L'altro, in risposta, *si schiarisce la voce* – un segnale di ansia, come abbiamo già visto – e comincia a parlare *in tono flebile* e *con diverse esitazioni*.

Al termine della conferenza mi erano rimasti alcuni dubbi, così ho detto: «Scusate… vorrei porre una domanda a entrambi», e ho fatto una breve pausa.

L'atteggiamento dei due ha ricalcato quanto avevo osservato nel corso di tutta la serata. Il più intraprendente, dal momento in cui ho detto «Scusate» e anche quando ho fatto la pausa, ha annuito più volte, come a sollecitarmi a chiedere; il relatore meno vivace, per contro, subito dopo che ho premesso che avrei voluto interpellare entrambi, come prima reazione ha allontanato il bicchiere davanti a sé e ha ritratto il busto all'indietro.

In definitiva, quest'ultimo non ha spiccicato parola e la scena se l'è presa tutta il collega (con grande e visibile sollievo dell'altro, che è riuscito a evitare d'essere chiamato in causa, così come aveva suggerito con il suo gesto di spostare il bicchiere).

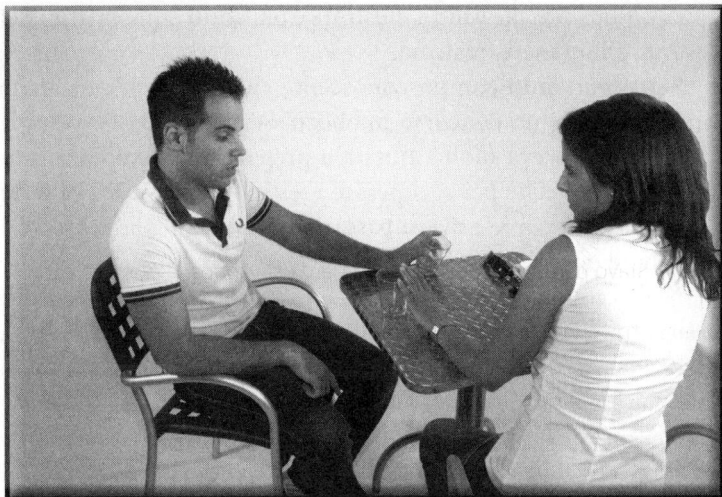

Segnali di rifiuto: respingere un oggetto verso l'interlocutore

Segnali di rifiuto: respingere una bozza di contratto significa respingere il vincolo rappresentato dall'oggetto

Segnali di rifiuto: ritrarsi di fronte alla presentazione di un contratto

Di valore analogo è il gesto di **spingere un bicchiere** o **un altro oggetto verso l'interlocutore** per respingere in modo figurato una sua proposta, commento o avance.

Se si respinge qualcosa di preciso come una bozza di contratto, il disegno di un progetto d'arredo, il dépliant di un viaggio, una scatolina con l'anello di fidanzamento eccetera non si sta allontanando qualcosa per cui si prova repulsione, ma il vincolo rappresentato da quel qualcosa.

La situazione che vado a illustrare è piuttosto emblematica del gesto di allontanare qualcosa.

Stavo parlando con un conoscente che aveva un'amica che si era iscritta a un concorso pubblico. Senza che lei l'avesse richiesto, lui l'aveva molto aiutata a prepararsi: aveva bazzicato diverse biblioteche per recuperare i testi d'esame, le aveva fatto numerose fotocopie e aveva passato diverse serate assieme a lei a studiare o a ripetere.

Nell'occasione in cui io e lui ci siamo incontrati, gli ho chiesto se la sua amica fosse stata assunta. Lui *ha stretto e arricciato le labbra, un segno di insoddisfazione*, e mi ha risposto che sì, era entrata in graduatoria e quindi presto avrebbe avuto il lavoro. «Mi ha detto», ha commentato, «che le sono stato di grande aiuto»/*nel dirlo sposta di lato il mazzo di chiavi che aveva appoggiato sul tavolino a cui eravamo seduti/*.

«Ti sei sentito sfruttato, vero?!» ho ribattuto.

«Sì», ha commentato lui, «credevo che il fatto di passare tanto tempo assieme significasse qualcosa per lei; invece da quando ha superato la selezione sembra abbia sempre qualche impegno ogni volta che le propongo di vederci.»

Allungare il braccio ci induce a trovare qualcosa sgradevole

I gesti di ritirare o allungare il braccio derivano da un riflesso elementare di evitamento del dolore o del contatto con qualcosa di repellente. Questa reazione primordiale viene generalizzata anche a ciò che provoca un rifiuto psicologico; a quel punto qualsiasi oggetto che ci si trovi davanti va bene per avere qualcosa da respingere fisicamente.

Il fatto che allontanare qualcosa è segno di repulsione ha trovato conferma in una serie di esperimenti eseguiti dagli psicologi John Cacioppo, Joseph Priester e Gary Berntson.

In quello più significativo, i ricercatori hanno chiesto a un gruppo di partecipanti seduti a un tavolo di commentare se trovassero piacevoli o spiacevoli degli ideogrammi cinesi. Mentre facevano questa valutazione, i volontari sono stati invitati a flettere il braccio appoggiando il palmo sotto il tavolo ed esercitando una leggera pressione oppure ad allungare il braccio e a poggiare il palmo sulla superficie del tavolo, sempre premendo un po'.

Ne è emerso che quando allungavano il braccio (repulsione) giudicavano gli ideogrammi tendenzialmente in modo negativo, mentre quando lo flettevano (attrazione) il giudizio era più positivo.

Camiel Beukeboom ed Elisabeth de Jong hanno dimostrato, in un esperimento che ricalca quello di Cacioppo e colleghi, che quando abbiamo il braccio piegato tendiamo a usare un linguaggio più concreto e figurato, mentre con il braccio allungato il nostro modo di parlare è più analitico e dettagliato.

Se ci troviamo all'esterno o in una sala fumatori, chi fuma può **buttare via la cenere della sigaretta** senza curarsi che ce ne sia la necessità o meno: il gesto infatti è eseguito in modo automatico e, pure in questo caso, l'impulso nasce dall'esigenza di liberarsi di qualcosa.

Ha un significato più aggressivo, invece, **sminuzzare il pane** oppure **schiacciare una lattina** o **fare a pezzi l'involucro dei grissini** (così come spez-zettare un foglietto di carta o rompere una matita); questi comportamenti appartengono alla classe che Desmond Morris definisce «azioni deviate», cioè atti in cui un dato tipo di impulso viene dirottato verso degli oggetti invece che verso una persona di cui si parla o il proprio interlocutore.

Segnali di fastidio: gettare la cenere della sigaretta senza guardarla è un gesto che si compie per liberarsi di qualcosa di sgradevole

Decapitazione simbolica

Mi trovavo in un bar e stavo bevendo un caffè. Un uomo e una donna seduti a un tavolino avevano attirato la mia attenzione perché avevano un'intesa splendida: si fissavano negli occhi, si tenevano reciprocamente le mani e se le accarezzavano, inoltre si muovevano in perfetta coordinazione.

Non sentivo tutto quello che si dicevano, ma a un certo punto ho notato che lei si era tirata indietro con il tronco e aveva lasciato le mani di lui, cominciando a rigirare nervosamente l'ombrellino della propria coppa di gelato fra le dita. Non ho potuto esimermi dall'aguzzare l'orecchio e ho fatto maggiore attenzione ai loro discorsi.

Lui (che evidentemente non aveva colto il significato della «ritirata» della partner) le stava parlando del fatto che era venuto il momento di fare conoscenza degli amici di lei. «Magari è anche tempo che tu mi presenti ai tuoi…» Lei *ha spezzato la cima dell'ombrellino*, si è rabbuiata in viso e ha iniziato a parlare d'altro.

Il ragazzo ha assunto un'espressione confusa e stupita di fronte a questo brusco cambio d'argomento e di atteggiamento. Se avesse conosciuto il linguaggio del corpo avrebbe capito che lei non voleva renderlo partecipe della sua cerchia di conoscenze (forse aveva qualcosa da nascondere, ma questa è solo un'ipotesi), e men che meno voleva che il fidanzato facesse conoscenza con i propri genitori (con cui evidentemente il rapporto non doveva essere dei migliori, o forse riteneva fosse troppo presto per quel passo).

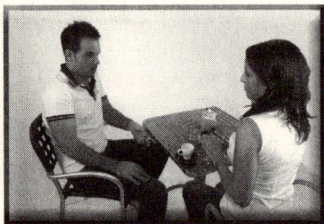

Segnali di rifiuto: porre delle barriere tra se stessi e l'interlocutore

Seduti al tavolo, possiamo mostrare ostilità, diffidenza o fastidio **creando una barriera** a centro tavola, allineando bicchieri, ciotole, portagrissini eccetera.

Una donna può farlo anche **portando davanti a sé o sulle ginocchia la borsa** che prima teneva accanto.

La borsa, proprio perché in genere è morbida e capiente, può essere una sorta di coperta di Linus, quindi il suo contatto può dare conforto. Se una donna la porta davanti a sé quando le si parla di un certo argomento, è quindi importante osservare dove la mette.

Se la appoggia sulle ginocchia sta lanciando un segnale di «divieto d'accesso»; l'argomento, in altre parole, è tabù. Se invece la porta vicino al tronco e magari l'abbraccia serve da autoconforto, il che significa che il tema ha toccato un «nervo scoperto», ma se ne può parlare.

Segnali di fastidio: tenere la borsetta sulle ginocchia come a formare una barriera

Un gesto analogo è **afferrare un bicchiere e portarlo vicino all'altro braccio**, esponendo così il gomito ed esibendo una chiusura verso l'altro.

A tavola, ma pure in qualunque altro luogo o posizione, si può manifestare disappunto anche con l'atto di **togliersi di dosso un pelucco, della polvere, un capello o altro**; anche in questo caso il comportamento non ha uno scopo «igienico», ma è funzionale all'obiettivo di liberarsi di qualcosa: argomenti, proposte, consigli, suggerimenti.

Gesti di autoconforto: tenere la borsetta accanto al proprio corpo

Da seduti, quando siamo in disaccordo **possiamo ritrarre il busto** (spesso tirando indietro anche il mento e la testa). Il movimento in genere è brusco e veloce ed esprime un forte disappunto attuato con un riflesso di allontanamento. Di significato analogo è **scostare il busto di lato** come se stessimo schivando qualcosa.

Se ci troviamo su una sedia, inoltre, possiamo **accavallare le gambe in senso opposto all'interlocutore** o **sollevare una gamba e allacciare le mani sopra il ginocchio** per sostenerla; quest'ultima postura può essere tenuta a lungo e indica un profondo disaccordo.

Segnali di fastidio: spol-
verarsi da pelucchi o altro

Segnali di fastidio: accavallare le gambe in senso
contrario all'interlocutore

Segnali di fastidio: sollevare una gamba e cingere
il ginocchio con le mani

Gesti e posture minacciose

A tavola (ma anche in altre circostanze) possiamo mostrare competitività o sfida attraverso un'**esibizione fallica**, cioè mimando la forma di un pene in erezione. Per farlo potremo usare coltelli, penne, pennarelli, fogli arrotolati o bicchieri dalla forma allungata stretti in mano.

Di valore analogo è il gesto di **rimboccarsi le maniche della giacca o della camicia**; vuol dire infatti mostrare i muscoli, cioè prepararsi al combattimento. Se il comportamento viene esibito mentre si parla di una situazione in famiglia o sul lavoro, significa che l'interlocutore in quei rapporti vive degli scontri accesi.

Un altro segno di sfida è **mettere le mani sui fianchi**: le braccia sono allargate e le mani appoggiate sui fianchi con il pollice dietro e le altre dita davanti. Varianti di questo gesto sono **tenere i pugni** chiusi poggiati **sui fianchi** (l'atto è ancora più minaccioso), tenere una mano sul fianco e appoggiare l'altra su un piano o, da seduti, appoggiare le mani sulle cosce.

Queste posture hanno lo scopo di intimorire l'interlocutore dando l'impressione di aumentare la propria dimensione.

Dello stesso tipo è l'atto di **stringere una penna (o altro) con forza**, tanto da far sì che i tendini e le vene appaiono tesi e in rilievo; oppure si può **chiudere la mano a pugno**, un altro gesto che esprime un evidente istinto aggressivo.

Segnali negativi sono anche lo **strappare un foglietto** (specie se in relazione a una proposta) o **rompere una matita o un gessetto**.

Gesti di competizione: esibire simboli fallici

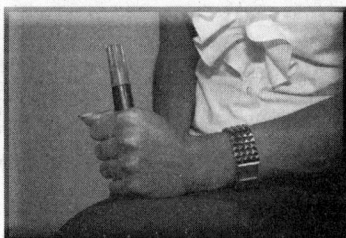

Tenere un pennarello in posizione verticale è un'esibizione fallica

Gesti di sfida: mettere le mani sui fianchi

Gesti di sfida: mettere i pugni sui fianchi

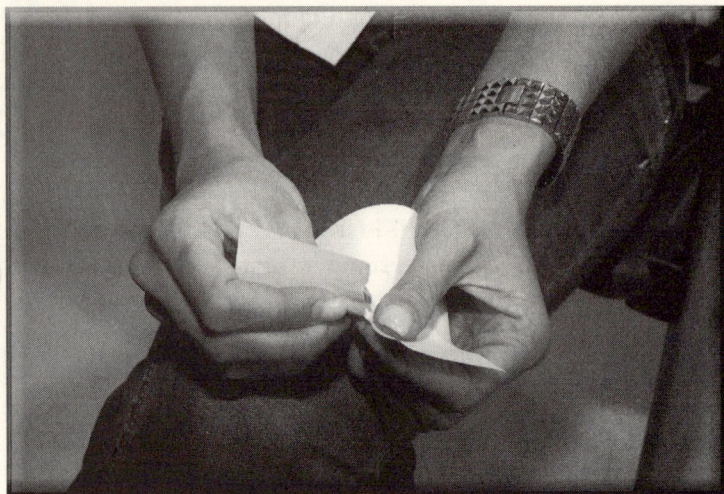
Segnali di collera: strappare un foglietto

Gesti di sfida: rimboccarsi le maniche

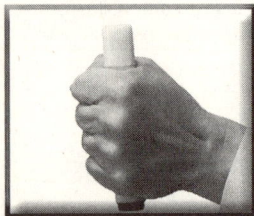
Segnali di collera: stringere con forza un oggetto fino a far risaltare vene e tendini

Segnali di collera: stringere il pugno

158

Esistono anche indizi sonori che possono lasciar trapelare un senso di rabbia o frustrazione, come **sbattere un bicchiere o una tazza** nel riporlo, **facendo rumore**: è proprio il colpo forte a esprimere risentimento.

Il pugno rivelatore

Un paziente si era rivolto a me perché soffriva di violenti mal di testa e dolori alla cervicale senza che fosse stata rilevata alcuna causa organica.

Abbiamo cominciato ad analizzare la sua vita presente e passata per individuare la causa del problema.

La sua infanzia e la popolarità a scuola sembravano nella media e non aveva serbato risentimenti né subìto delusioni così importanti da spiegare perché adesso soffrisse di questa cefalea di origine verosimilmente tensiva.

A un certo punto ha cominciato a parlarmi della sua attuale relazione con una donna perfetta, che definiva dedita, amorevole e ottima donna di casa, e verso cui affermava di provare sentimenti profondi e teneri. *Nel momento in cui aveva cominciato a parlarne, però, muoveva con una certa ritmicità le mascelle, gli si dilatavano le narici – segno di stizza – e, soprattutto, stringeva il pugno destro.*

Colpito da questa contraddizione tra piano verbale e non verbale, ho voluto investigare a fondo sulla relazione. Ho così scoperto che la compagna era realmente la donna ideale – perfetta, premurosa, piena di attenzioni –, tanto da far sentire lui sempre inadeguato e mai utile. Inoltre, nel rapporto sessuale la donna non provava mai piacere, ma non se ne doleva. Da questa situazione di frustrazione e squalifica l'uomo aveva sviluppato un senso di rancore verso di lei, ma naturalmente non poteva esprimerlo né ammetterlo con se stesso – lei era ineccepibile – e quindi lo ritorceva contro se stesso.

Stringere il pugno destro o sinistro cambia il nostro stato d'animo

Lo psicologo Eddie Harmon-Jones, assieme ad alcuni colleghi, ha evidenziato come chiudere a pugno la mano destra piuttosto che la sinistra mentre si viene contrastati generi una maggiore sensazione di rabbia e un'attività cerebrale localizzata nel lobo frontale sinistro.

In un successivo esperimento, lo stesso Harmon-Jones ha dato prova che contrarre la mano destra oppure quella sinistra influenza il nostro stato d'animo e i nostri atteggiamenti in maniera opposta.

Per questa nuova indagine ha reclutato un gruppo di ventotto volontari, tutti studenti universitari, destrimani ed equamente divisi tra i due sessi. Ad alcuni partecipanti scelti a caso è stata consegnata una palla di gomma che doveva essere tenuta nella destra oppure nella sinistra; poi, mentre assistevano a un documentario sul campus, è stato chiesto loro di stringere la palla e di fare attenzione alle proprie sensazioni.

L'esito ha messo in luce che la contrazione della mano sinistra provocava un senso di tristezza e induceva a giudicare più negativamente il documentario; al contrario, stringere la destra generava sentimenti più positivi, un maggiore senso di sicurezza di sé e giudizi migliori sul filmato.

Chiusura e repulsione nella prossemica

Se siamo in piedi un chiaro segnale di fastidio è **fare un passo indietro**, come se l'altro avesse violato il nostro spazio personale. Anche qui interviene il processo di assimilazione: il risentimento viene trasformato in un riflesso di ritrazione.

Gli psicologi Edgar O'Neal, Mark Brunault e altri hanno provato sperimentalmente che se qualcuno riceve un'offesa e poi viene avvicinato dalla stessa persona da cui è stato insultato, tende a mantenere

Segnali di fastidio: fare un passo all'indietro

maggiore distanza da quest'ultimo rispetto a quella che adotterebbe abitualmente.

Sei troppo vicino!

Michele, un amico, mi ha raccontato il seguente aneddoto. Si trovava in un bar con la sua fidanzata, Monica; erano al bancone e stavano conversando entrambi con un bicchiere in mano. Lui aveva notato che lei era nervosa e alla fine Monica gli aveva raccontato di aver avuto un'accesa discussione con i suoi riguardo alla scelta della facoltà universitaria: lei aveva intenzione di iscriversi a Lettere e Filosofia, ma i genitori si erano opposti dicendole che avrebbe dovuto indirizzarsi verso una facoltà come Economia o Giurisprudenza, che le avrebbe offerto più opportunità di lavoro.

Michele, che aveva una mentalità molto pragmatica, aveva commentato che i genitori di lei forse avevano esagerato nei toni, ma il loro consiglio era dettato dal buonsenso: con Lettere al massimo Monica avrebbe potuto fare l'insegnante, peraltro mal pagata, mentre le facoltà che le avevano suggerito offrivano un lavoro più sicuro e meglio remunerato. Nel parlare, Michele aveva notato che la sua ragazza *barcollava con il busto all'indietro per tutta la durata della conversazione e alla fine aveva fatto un passo indietro;* poi, per il resto della sera era stata piuttosto telegrafica *e aveva sempre tenuto il bicchiere fra sé e lui.*

Quando il mio amico è venuto a raccontarmi l'accaduto perché non sapeva darsi ragione della freddezza che aveva visto in lei, gli ho spiegato che il fatto di aver appoggiato l'atteggiamento dei genitori di Monica l'aveva letteralmente allontanata da lui – era questo il senso del dondolio e del passo indietro – mentre il bicchiere tenuto in mezzo a loro era un modo per continuare a tenerlo a distanza.

Non si trattava di buonsenso o di opportunità, ma del fatto che lei cercava solidarietà in lui perché aveva trovato frustrante l'ostruzionismo dei genitori; vedendo che anche lui non la capiva, si era risentita ed era verosimilmente rimasta delusa.

Movimenti di testa, braccia e piedi

Anche **scuotere di lato la testa in modo inconsapevole e con un movimento appena accennato** può essere un segnale di rifiuto.

Visto che si tratta di un gesto che ha il significato di esprimere una negazione, se mentiamo e non vogliamo lasciar trapelare il nostro pensiero inconsciamente possiamo scuotere lentamente la testa, anche se verbalmente diciamo di sì.

Sembra che questo gesto abbia radici ancestrali. Christel Schneider e altri zoologi dell'istituto tedesco Max Planck hanno filmato dei bonobo e hanno osservato che scuotere la testa è un segnale usato anche da questa specie per esprimere diniego. Per esempio, la Schneider ha notato che una mamma bonobo ruotava la testa lateralmente per disapprovare il suo piccolo che giocava con il cibo invece di mangiarlo.

In una conversazione in media le donne tendono a muovere la testa molto più degli uomini (scuotendola, annuendo eccetera). Al contrario, è più facile che l'uomo esprima il proprio pensiero a parole.

Nonostante le profonde radici di questo gesto, è stato rilevato che in India muovere la testa da sinistra a destra significa «Ho capito» o «Va bene», mentre lo stesso gesto in Pakistan (come da noi) vuol dire «Non ho capito» e muovere la testa verticalmente invece esprime il messaggio «Ho inteso».

Segnali di rifiuto: tenere le braccia conserte

Il più noto segnale di chiusura è **incrociare le braccia** in seguito a commenti, osservazioni o critiche. L'atto ha la funzione di creare una barriera tra sé e l'altro; non a caso, gli psicologi James Baxter e Richard Rozelle hanno osservato che questa postura aumenta di gran lunga in situazioni di forte stress come quando un ambiente diventa troppo affollato.

Si tratta inoltre di un gesto per lo più maschile; anzi, le ricercatrici Anneke Vrugt e Mara Luyerink affermano che le donne di solito si sentono piuttosto a disagio a tenere le braccia conserte; non di meno, usano questo gesto quando ricevono delle avance non gradite, mentre assumono posture aperte con uomini che trovano attraenti.

Con le braccia conserte siamo più tenaci

Abbiamo già detto che assumere intenzionalmente determinate posture ci induce di riflesso a provare determinate emozioni, ma agisce anche sul nostro modo di pensare.

Ron Friedman e Andrew Elliot dell'Università americana di Rochester hanno dimostrato empiricamente che incrociare le braccia agisce anche sulla perseveranza.

Per provarlo hanno messo a punto due esperimenti: nel primo hanno coinvolto quarantuno partecipanti, nel secondo trentanove. Tutti i volontari erano stati invitati a risolvere una serie di anagrammi al computer. Ad alcuni era stato suggerito di incrociare le braccia mentre lo facevano e di scioglierle solo quando dovevano scrivere; agli altri, invece, era stato detto di tenere le braccia distese.

Alla fine del compito, i ricercatori hanno appurato che non solo chi teneva le braccia conserte si era mostrato più determinato nello svolgere l'incarico assegnato, ma aveva addirittura dato risultati migliori.

Possiamo esprimere il nostro disappunto anche con la posizione o i movimenti dei piedi e delle gambe.

Scalciare con la gamba accavallata è un modo simbolico per allontanare qualcosa. Alle volte, **sollevare il piede** (in modo analogo a quanto avviene nell'espressione del piacere) può essere un segnale di «stop»; per distinguere i due gesti bisogna osservare se il volto di chi lo compie è atteggiato a rabbia o disgusto oppure è rilassato.

Dare dei colpi con il piede mentre si parla di certi argomenti è un modo per esprimere il fatto che suscitano rabbia, mentre **portare un piede sotto la sedia** esprime rifiuto.

Segnali di rifiuto: scalciare con la gamba accavallata è un modo per allontanare qualcosa

Segnali di rifiuto: sollevare il piede in segno di «stop»

Segnali di rifiuto: portare un piede sotto la sedia

I segnali di piacere, attenzione e interesse

Si tratta di comportamenti che evidenziano attrazione, interesse e attenzione rispetto a qualcosa che viene fatto, visto o detto.

Neurobiologia dei segnali di piacere

I segnali di piacere sono molto importanti perché gli stimoli che li producono sollecitano una regione primitiva del cervello detta nucleo accumbens, una struttura strettamente connessa all'amigdala conosciuta anche come «regione della ricompensa» (assieme alla corteccia prefrontale mediale; la stessa che frena le reazioni dell'amigdala).

I neuroni per trasmettere i messaggi usano due sistemi: la propagazione elettrica e il rilascio di sostanze chimiche. Nel caso del nucleo accumbens la molecola emessa è la dopamina, la miccia del piacere. La dopamina, infatti, accompagna la sensazione del piacere, ma sembra che la sua funzione principale sia di segnalare ciò che ci procurerà la sensazione positiva.

La necessità di fare uso di stupefacenti nella tossicodipendenza deriva proprio dal fatto che questi procurano una sensazione di piacere estremamente intensa; lo spacciatore, di conseguenza, agli occhi del tossicodipendente diventa colui che è in grado di fornire questo piacere e risulta quindi particolarmente attraente.

Studi recenti effettuati con la risonanza magnetica funzionale hanno dimostrato che il nucleo accumbens si «accende» (cioè si verifica un rilascio di dopamina al suo interno) quando vediamo volti piacevoli, o quando un uomo guarda immagini di donne molto sinuose, quando osserviamo foto della persona amata, opere d'arte di rara bellezza, immagini erotiche e, nei fumatori, dettagli e scene legati alla sigaretta.

Per deduzione, e dal momento che la rappresentazione cerebrale di qualcosa attiva le stesse aree sollecitate dell'oggetto o dalla persona reali, possiamo supporre che anche argomenti di conversazione particolarmente allettanti procurino un rilascio di dopamina, dando luogo ai segnali di piacere che analizzeremo di seguito. Quindi, se in una conversazione notiamo tali comportamenti e ci soffermiamo ad ampliare gli argomenti che li hanno scatenati, eserciteremo sul nostro interlocutore lo stesso fascino che ha lo spacciatore per il tossicodipendente.

Leggere le labbra

Uno dei segnali di piacere più importanti è **passarsi la lingua sulle labbra**: la lingua viene fatta sporgere dalle labbra e arrotata sul labbro superiore.

Si tratta di un comportamento riflesso molto elementare che ha luogo in conseguenza della sensazione di acquolina in bocca, cioè dell'aumento della secrezione di saliva che prepara il processo digestivo; il suo scopo è lambire le labbra alla ricerca delle più minute particelle lasciate da un cibo particolarmente appetitoso.

Segnali di piacere: fare sporgere appena la lingua dalle labbra

Segnali di piacere: passarsi la lingua sulle labbra

Segnali di piacere: mordere il labbro inferiore (la fronte è distesa)

Alcuni scienziati del Dipartimento dell'energia statunitense, presso il Laboratorio nazionale di Brookhaven, hanno scoperto che anche la semplice esposizione a un cibo (o il sentirne l'odore) determina un significativo aumento della dopamina nel cervello. Per il processo di generalizzazione della risposta questa reazione viene estesa all'eccitazione sessuale e successivamente a qualsiasi cosa procuri o porti a una sensazione di piacere (anche qualcosa di astratto).

Un segnale affine è **mordicchiarsi il labbro inferiore** o **coprire con il labbro superiore quello inferiore**; più comunemente osserviamo che il labbro superiore è ritratto scoprendo i denti che affondano nel labbro inferiore. La sua origine, con ogni probabilità, risale al piacere che il neonato prova nel mordicchiare il seno materno al momento della dentizione; il labbro è qualcosa di abbastanza morbido da poterlo assimilare al capezzolo.

Un'indagine da Cupido

Nicola ha fatto conoscere Fabio, un suo amico, a un'altra cara amica, Martina, invitandoli entrambi a cena. A fine serata Fabio saluta, mentre Martina resta ancora a casa del loro ospite aiutandolo a sparecchiare.

Nicola, curioso di sapere se alla ragazza sia piaciuto l'amico, le fa delle domande e la osserva (è un appassionato di comunicazione non verbale): «Allora che mi dici di Fabio? Cosa trovi più interessante di lui? La sensibilità/ *Martina si passa la lingua sulle labbra* /o la forza di volontà?» Lei risponde: «Mmh… direi la forza di volontà». Naturalmente, Nicola capisce subito che lei ha detto quello che le sembrava più ammirevole dell'altro, ma non quello che realmente le piaceva: la sensibilità, appunto.

Colpito da questa contraddizione e con l'intenzione di proseguire nell'indagine, fa altre domande e osservazioni stando bene attento a come Martina reagisce. «Sicuro», commenta Nicola, «Fabio è un tipo di classe; uno che sa come trattare le donne; non come certi ragazzi d'oggi che vanno subito al sodo.» Anche qui l'amica dà un segnale di piacere: *sporge lievemente le labbra*, al che Nicola capisce che l'atteggiamento da gentiluomo di lui non esercita un grande fascino su di lei la quale, evidentemente, preferisce l'uomo più diretto.

Prova allora a dirle che sotto quella patina da uomo di buone maniere, Fabio è un tipo estremamente passionale. Lei, che stava mettendo i piatti nella lavastoviglie, *resta con un braccio sospeso* con in mano un piatto – un segno, vedremo, di attenzione. Lui allora insiste: «A detta delle sue ex, al di là dell'apparenza, è molto focoso e macho». Lei a quel punto *porta le labbra verso l'interno con fare morbido*, un altro segnale di piacere, e *comincia a porre a Nicola delle domande sulla vita personale dell'amico*, un indice, questa volta verbale, di intereresse. L'amico, dopo aver risposto a qualche curiosità, getta allora l'esca: «Perché non gli mandi un sms?» «Buona idea, adesso glielo scrivo», replica Martina.

… missione compiuta!

Lo stesso valore ha l'atto di **portare le labbra all'interno**: le labbra sono risucchiate come fa una donna quando vuole aggiustare il rossetto; si tratta però di un movimento rapido, quasi impercettibile.

Significato simile ha il **bacio analogico**, in cui le labbra vengono arricciate e protese verso l'esterno, in modo del tutto involontario e per un tempo molto breve. Il gesto somiglia a quando si manda un bacio da lontano, ma è notevolmente più veloce. Anche in questo caso, l'origine è verosimilmente la ricerca di un capezzolo o, meglio, di un suo surrogato.

Segnali di piacere: portare le labbra all'interno

Segnali di piacere: il bacio analogico

Le labbra possono naturalmente essere toccate anche con le dita: **appoggiare l'indice o altre dita vicino** o **sulle labbra** è infatti un altro segnale di piacere, specie se il **labbro viene lisciato**; varianti di questo comportamento sono l'atto di **toccare le labbra con la punta di una penna o l'estremità della stan-**

Segnali di piacere: tenere un dito appoggiato sulle labbra

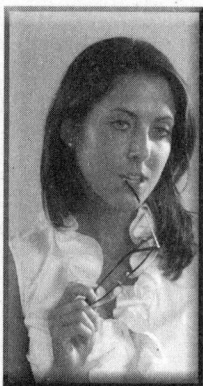

Segnali di piacere: mordere un angolo delle stanghette degli occhiali

ghetta degli occhiali: l'oggetto viene passato sulle labbra, che in genere sono dischiuse, e il polpastrello è tenuto sulle labbra o in una zona prossima.

Il motivo di questa sensibilità al piacere delle labbra è che, soprattutto nelle donne, sono zone erogene, cioè regioni del piacere secondario, perché sono dense di vasi sanguigni e coperte da una fitta rete di recettori nervosi.

Orecchie e capelli

Per motivi analoghi, anche **manipolare il lobo dell'orecchio** segnala solitamente un senso di piacere: il lobo viene accarezzato, tirato e leggermente torto (anche questa zona è densa di vasi sanguigni, tanto che nell'eccitazione sessuale si gonfia e appare più rossa).

Segnali di piacere: manipolare il lobo dell'orecchio

In un modo più indiretto la manipolazione può essere dirottata sull'orecchino o sul pendente.

Se a farlo è un uomo, può trattarsi di un lapsus gestuale: in Italia, per indicare che qualcuno è omosessuale portiamo la punta dell'indice dietro il lobo e gli diamo dei colpetti. Naturalmente anche un uomo può manipolare il lobo come forma di consolazione, ma se lo fa mentre si sta parlando di sesso o di rapporti di coppia potrebbe anche esprimere involontariamente un orientamento omosessuale (a volte anche latente).

Sempre nella regione del volto troviamo un altro segno di piacere: **ravviarsi i capelli con la mano**. Una ciocca viene afferrata dalla mano posta a «pettine» e portata dietro le

Segnali di piacere: passarsi la mano fra i capelli

orecchie o la nuca con una lenta e delicata carezza. Nell'uomo i capelli possono essere ravviati sulla cima della testa per il fatto che in genere è questa la zona in cui li tiene più lunghi; il gesto è talmente comune e automatico che anche chi è stempiato o addirittura calvo lo esegue comunque.

Il piacere che ne deriva è dovuto al fatto che il cuoio capelluto è ricco di vasi sanguigni: sollecitarli provoca un rilascio di endorfina (l'omologo endogeno, cioè autoprodotto dall'organismo, della morfina), la nostra sostanza antidolorifica ed euforizzante naturale. La sensazione positiva che ne scaturisce rispecchia il piacere che si prova nel sentire parlare di un dato argomento.

Questo gesto è molto comune nel corteggiamento, contesto nel quale il suo significato è risultare «curati» agli occhi dell'altro. In parecchi casi, ravviarsi i capelli mantiene questo significato anche in situazioni che in apparenza non hanno niente a che fare con il corteggiamento.

Mostrarsi curati per sedurre

Una partecipante ai miei corsi sul linguaggio del corpo mi ha raccontato il seguente aneddoto, domandandomi il senso del gesto di ravviarsi i capelli nella situazione descritta.

Stava parlando con un'amica delle relazioni con i condomini della sua palazzina, commentando che aveva un rapporto cordiale con tutti. «I nostri vicini passano molto tempo con noi», dice la donna. *Si infila le dita fra i capelli.*

Le ho spiegato che l'amica interpretava il fatto che i vicini si soffermassero a lungo con lei e il marito come una sorta di «corteggiamento»; rappresentandosi la scena si faceva bella per continuare a intrattenerli.

Una circostanza analoga l'ho invece notata nella sala d'attesa di uno studio televisivo: mi trovavo fra gli ospiti e un uomo e una donna stavano parlando vicino a me. A un certo punto, lui dice: «[…] Non le ho detto che sono un attore?» *Lei si passa la mano fra i capelli.* «No, non lo sapevo», replica.

Anche in questo caso, avendo saputo che l'uomo faceva quel lavoro, lei ha verosimilmente voluto mostrarsi attraente ai suoi occhi.

Una terza situazione è capitata a me.

Mi trovavo in una libreria e avevo con me una rivista su cui avevo pubblicato un articolo. Conversando con la commessa le ho detto: «[...] C'è un mio articolo su questa rivista». *Lei si è accarezzata i capelli.*

Tutti e tre i casi sono accomunati dal fatto di mostrarsi attraenti e curati di fronte a qualcuno (i vicini nel primo caso, l'attore nel secondo e me nel ruolo di giornalista nel terzo) che per un certo motivo suscita fascino, ammirazione oppure fa sentire importanti.

Oggetti e ornamenti

La manipolazione di ornamenti come anelli, collane, braccialetti eccetera è un ulteriore modo per esprimere un senso di piacere e attenzione.

Un discorso a parte merita l'atto di **giocare con l'anello**: quest'ultimo può essere fatto scivolare sul dito in senso verticale o girato orizzontalmente, può essere tolto e rimesso. Dal momento che nella nostra società c'è un anello che ha un valore simbolico, cioè la fede nuziale o l'anello di fidanzamento – segno tangibile del legame con un'altra persona –, sfilarlo e infilarlo durante una conversazione spesso indica un rapporto contrastato con il partner o l'impulso di interrompere la relazione.

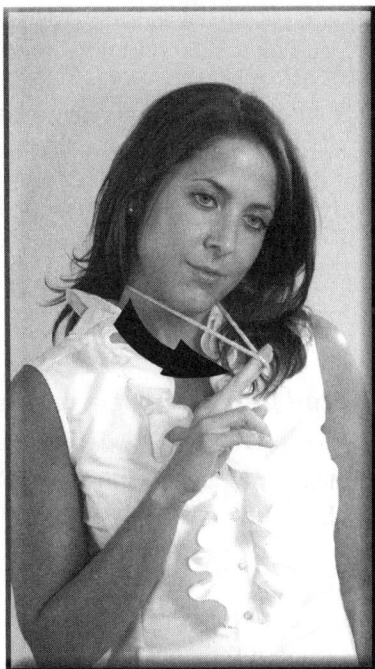

Segnali di piacere: giocherellare con la collana

Una vedova sconsolata

Una donna di circa 35 anni si è presentata nel mio studio lamentando di sentirsi demotivata, depressa e soggetta a disturbi del sonno. Indagando meglio ho appurato che conduceva una vita piuttosto ritirata e non vedeva quasi nessuno a eccezione della sorella; svolgeva un lavoro d'ufficio in una banca dove la sua mansione era di tipo amministrativo, quindi non aveva contatti con il pubblico e pochi anche con i colleghi.

Questa condizione era già di per sé sufficiente a giustificare il suo senso di frustrazione e desolazione, ma le ho chiesto se il fatto di avere poche frequentazioni fosse una sua scelta o fosse dettata da altri motivi.

Non appena ho detto questo la donna *si è messa a ruotare una fede nuziale* che portava sull'anulare della mano sinistra, fino a quel momento coperta dall'altra mano. Sapendo che viveva sola le ho quindi domandato se fosse divorziata o vedova. A quel punto, la paziente si è messa a piangere e, tra le lacrime, mi ha raccontato che suo marito era morto proprio poco prima che lei manifestasse quei sintomi. Per onorare la parola data al marito, aveva deciso di non frequentare i ritrovi sociali così da evitare tentazioni. Naturalmente, l'effetto di questa sua rinuncia era alla base dei sintomi per cui si era presentata al mio studio.

Piaceri proibiti e speranze negate

Gli esempi che seguono descrivono situazioni in cui i segnali di gradimento contraddicevano quanto l'interlocutore esprimeva a parole.

I primi due li ho osservati durante un incontro con genitori separati cui partecipavo come corelatore.

Il gruppo era misto e i partecipanti erano stati sollecitati a intervenire.

Dopo un discorso sulle aspettative nei riguardi del partner, il relatore principale commenta: «[...] È incredibile, ma molte donne aspettano ancora il principe azzurro!» Una partecipante /*dà un bacio analogico*/ sottolinea: «Ah, certo, proprio delle illuse».

Sempre nel corso della stessa serata, il medesimo relatore continua: «[...] in questi casi di conflitto andrebbero usate l'astuzia e la diplomazia e non le maniere forti». Una donna delle prime file /porta le labbra all'interno/ commenta: «Come ha ragione!»

Ma la situazione più eclatante di contraddizione è capitata a me.

Stavo parlando con una ragazza molto credente: andava a messa tutti i giorni, non mancava di dire una preghiera per chicchessia e aveva un rosario in borsetta, uno in macchina, uno nella propria stanza da letto, inoltre non avrebbe fatto sesso se non dopo il matrimonio.

A un certo punto le dico: «Sai dove sono passato ieri sera?»

«No», risponde lei.

«Insomma, sono passato in viale [...] e ho scoperto che ora è tappezzato da uno stuolo di prostitute.» *Lei dischiude le labbra e si passa morbidamente la lingua sul labbro superiore.* «Che schifo!» replica indignata. «È una vergogna, dove finiremo con tutte quelle donnacce *si infila una mano fra i capelli, altro segnale di piacere/* per le strade! Già me l'immagino cosa sono capaci di fare lì, davanti a tutti.» *Comincia a giocherellare con un anello, sempre un segno di gradimento, cosa che farà a lungo.*

Tutte e tre le situazioni sono accomunate da qualcosa verso cui l'altro esprime un atteggiamento cosciente di critica o disgusto, ma che sul piano emotivo trova invece attraente.

Questi contesti sono tutt'altro che infrequenti perché per evitare la delusione, la disapprovazione o il senso di colpa preferiamo far finta di non provare certi desideri, di avere certe attese.

Nel primo caso, la donna concorda che l'idea del «principe azzurro» è assurda, ma con il suo segnale di piacere evidenzia che non ha smesso di sperare che esista.

Nel secondo caso, quello della donna che porta le labbra all'interno quando il relatore parla di maniere forti, disapprova questo comportamento sul piano logico, ma sul versante emotivo probabilmente lo trova eccitante.

Nella terza situazione, siamo di fronte a una forte discordanza tra i propri valori e le proprie pulsioni: in questo caso, la donna dà tre segnali di piacere e attrazione verso qualcosa che all'apparenza aborrisce. Probabilmente la sua repressione sessuale ha alimentato le sue fantasie, creando un forte conflitto interiore.

Gesti di attenzione e interesse

I segnali di piacere evidenziano un'attrazione di cui siamo inconsapevoli.

Alle volte però possiamo provare un sincero interesse per qualcosa ed esserne pienamente coscienti; in questo caso, eseguiremo comunque degli atti non verbali che tradiranno tale condizione di eccitazione: in generale il discorso diventa più spedito, si riducono le pause e i gesti sono più frequenti e vivaci.

Il valore di un gesto dipende dalla mano dominante

In un'indagine degli psicologi Daniel Casasanto e Kyle Jasmin sui gesti prodotti dai concorrenti alla presidenza degli Stati Uniti (Bush, Obama e altri), durante i dibattiti elettorali è emerso che i candidati per prima cosa facevano più gesti con la loro mano dominante. Ma il risultato più significativo è stato rilevare che *i destrimani tendevano a usare la destra per parlare di argomenti positivi e la sinistra per accompagnare discorsi su temi negativi*, mentre il contrario valeva per i mancini.

Poste queste premesse, possiamo supporre che, una volta individuata la mano dominante del nostro interlocutore, anche se questi non esprime apertamente la propria opinione su un dato tema, lo riveli in base al fatto di usare la destra o la sinistra. Poniamo per esempio che uno parli genericamente di «assicurazioni»: se è destrimano e nel parlarne usa la sinistra probabilmente ne ha un'idea negativa; se invece usa la destra il suo giudizio è positivo.

Uno dei segni più comuni di interesse da seduti è **portare il busto in avanti**: a mano a mano che l'interesse cresce, si osserva un raddrizzamento della schiena. Già il fatto di scostarla dallo schienale è segno che l'interesse è aumentato; se il tronco viene raddrizzato il coinvolgimento è ancora più forte; se, infine, viene inarcato e portato in avanti l'interesse è davvero intenso.

In questo caso, si noterà anche un maggiore tono muscolare e un orientamento di testa e sguardo verso l'altro.

Segnali di interesse: portare il busto in avanti

Se, dopo che l'interlocutore ha assunto questa posizione, chi parla continua a conversare sull'argomento (magari proprio perché incoraggiato dal segnale di interesse) e nota che il primo rilassa la schiena e riduce il tono muscolare, significa che il discorso non ha preso la piega che il primo si aspettava.

A tavola la stessa postura è assunta **inarcando maggiormente la schiena** e **puntellandosi con i gomiti**, a volte unendo le mani. Questo atteggiamento potrebbe far pensare a una chiusura, ma in realtà serve a distribuire meglio il peso.

Sempre a tavola, possiamo esprimere interesse **appoggiando il mento sul palmo di una mano** (a volte il gesto è prodotto lievemente di lato), con le dita curve.

Segnali di interesse: portare il busto in avanti a tavola e appoggiarsi sui gomiti

Segnali di interesse: tenere il mento appoggiato sul palmo della mano

Anche **portare un oggetto** (tazzina, bicchiere o altro, specie se non personale) **verso di sé** è segno di interesse; non è altro che una versione un po' più articolata del riflesso di flessione del braccio di cui abbiamo parlato in precedenza, nel paragrafo «L'espressione del fastidio e del rifiuto a tavola».

Di significato analogo è il segnale di **sollevare e tenere rizzato un piede**: il piede viene alzato e tenuto teso in quella posizione per alcuni secondi. Un comportamento affine è **sospendere un'azione in corso**, tenendo un arto in sospeso come fosse il braccio di un burattino sostenuto dai fili. La posizione può essere mantenuta, senza che l'individuo avverta alcuna sensazione di sforzo o scomodità.

Segnali di interesse: sollevare un piede e tenerlo rizzato (il volto è disteso)

Segnali di interesse: sospendere un'azione in corso, per esempio mantenere una mano sollevata mentre si fuma

Orientare un segmento (testa o gambe, bacino o tronco eccetera) **in una direzione diversa da quella del resto del corpo** è un altro segno di attenzione: la testa, ma più spesso i segmenti inferiori (bacino, gambe o piedi) vengono orientati in una direzione differente rispetto al busto, ma non c'è torsione o tensione come nell'impulso alla fuga.

Poniamo per esempio di parlare a due individui: uno è il nostro interlocutore e l'altro il partner o un amico. L'altro potrebbe essere (o sentirsi) escluso dalla conversazione perché non ha interesse a partecipare o perché il tema non lo riguarda; in questo caso, il disinteresse verrebbe segnalato dal fatto di guardarsi attorno, dall'orientare il piede altrove a indicare l'intenzione di andarsene, da un'espressione annoiata e così via.

Se, mentre affrontiamo un argomento diverso o il discorso

prende un nuovo sviluppo, il «terzo incomodo» si volta verso di noi, solleva la testa e ci fissa significa che abbiamo attirato la sua attenzione: questo è il momento di coinvolgerlo.

Un altro indice di interesse, come abbiamo già accennato, è **accavallare le gambe in direzione dell'interlocutore**: le gambe, prima tenute in direzione opposta o anche semplicemente accostate, vengono accavallate in modo da formare una sorta di triangolo che crea una «nicchia» per sé e l'altro.

Anche **fare dei passi verso l'altro** rivela attenzione: l'interlocutore si avvicina quando l'argomento di conversazione lo coinvolge.

Quando siamo a tavola, al bar o seduti a una scrivania possiamo manifestare un atteggiamento di interesse **portando un oggetto** (bicchiere, portapenne e altro) **verso di noi**.

A livello del volto, è segno di **interesse poggiare** e **tenere appoggiato un dito sotto il labbro** inferiore con le labbra dischiuse.

Se siamo abbastanza vicini all'interlocutore da coglierlo, **dilatare le pupille** è un importante segno di attenzione. Il riflesso di dilatazione delle pupille nasce come risposta alla riduzione della quantità di luce: sul piano emotivo questa reazione è dovuta a uno stato di eccitazione che provoca l'attivazione del sistema simpatico, il quale a sua volta stimola il muscolo dilatatore radiale delle pupille.

In un classico esperimento al riguardo, condotto da Eckhard Hess e James Polt, è stato osservato che le pupille delle donne si allargavano maggiormente se esposte a foto di bambini, di mamme e pargoli e di uomini nudi, mentre le pupille degli uomini si facevano più larghe con immagini di donne nude e di paesaggi.

Sollevare la testa, puntarla in direzione di quella dell'interlocutore e **fissarlo più a lungo** del solito (senza dischiudere la bocca o tendere il busto, segnali che indicherebbero l'intenzione di intervenire nel discorso) sono altri indici di attenzione.

I regolatori della conversazione

Segnali gestuali nella conversazione

Oltre che indizi di interesse e attenzione, portare il busto in avanti o sollevare una mano possono essere comportamenti che regolano il dialogo (i «regolatori» di cui abbiamo parlato nel primo capitolo) e coordinano l'avvicendamento dei turni di conversazione. Come accade nelle due situazioni che seguono.

Nel primo caso, stavo tenendo un corso di tecniche di vendita in un'azienda e durante una pausa ho sentito lo stralcio di una chiacchierata tra due partecipanti.

Stavano parlando del loro ruolo di promotori finanziari e, dopo aver fatto una serie di commenti, uno dei due dice: «Be', sono tanti i vantaggi di questa professione». *Smette di parlare come non avesse altro da dire e si porta in avanti con il busto.*

Il secondo aneddoto riguarda due signore che chiacchieravano in una sala d'attesa del medico. Una era particolarmente loquace e parlava senza sosta, l'altra invece era più taciturna. A un certo punto però *ha spostato il peso da un lato all'altro della sedia e ha sollevato il braccio destro tenendolo sospeso per circa 1 minuto!* L'altra tuttavia non dava segno di smettere e così poco dopo la donna *ha adagiato nuovamente il braccio sulla coscia.*

In entrambe le situazioni il fatto che non fossero segnali di interesse era indicato dal momento e dal modo in cui il gesto veniva eseguito.

Il venditore che aveva portato il busto in avanti smettendo di parlare mostrava il desiderio di passare «la palla» all'altro (il fatto che avesse spostato il busto in avanti era probabilmente un rafforzativo per sollecitare l'altro a dire la sua).

Nel caso delle due donne, quella che aveva sollevato il braccio non aveva interrotto un'azione che stava compiendo, ma aveva agito da una posizione rilassata: qui l'atto segnala che si vuole fare un commento su quanto l'altra persona sta dicendo.

A questo punto facciamo una panoramica sui principali segnali che disciplinano gli scambi in una conversazione, anche perché se ben coordinati rendono il dialogo fluido e piacevole.

Distinguiamo tre tipi di comportamento:

» i segni che esprimono la volontà di dire la propria;
» i comportamenti che indicano il desiderio di ascoltare l'altro;
» gli atti che segnalano l'intenzione di continuare a parlare.

«Voglio parlare»

Se chi ascolta prova l'impulso a fare un'osservazione oppure preferisce cambiare discorso dà i seguenti segnali non verbali:

» solleva il braccio o il solo avambraccio di una decina di centimetri rispetto a un piano o alla coscia e lo tiene in questa posizione finché non ottiene la parola;
» prende un respiro e quindi fissa a lungo l'altro;
» dischiude le labbra e guarda l'interlocutore negli occhi;
» rizza tronco e testa e li tiene eretti portando lo sguardo sull'altro;
» se vuole cambiare discorso aggiusta la propria posizione sulla sedia o cambia postura (mettendosi in posizione eretta);
» può richiamare l'attenzione dell'altro con una «presequenza», cioè una premessa che implica la sua intenzione di parlare. Per esempio: «Marco» (nome dell'interlocutore), «C'è una cosa che devo dirti», «Ascolta» eccetera.

«Tocca a te»

Il parlante può segnalare all'altro che vuole cedergli la parola nei seguenti modi:

» dice qualcosa e, prima di completare la frase, abbassa il volume e il tono della voce e contemporaneamente china la testa;
» aumenta il tono della voce e solleva la testa, a volte la schiena, nel concludere la frase;
» porta in avanti il tronco e smette di parlare;
» pronuncia una frase e la fa seguire da un silenzio (anche se la frase è un commento o un'osservazione va intesa come un invito a esprimere il proprio parere).

«Intendo proseguire»

Quando chi parla intende continuare a farlo lo indica nei modi che seguono:

» anche se fa delle pause, mantiene testa e occhi puntati sull'interlocutore;
» fa delle pause come se stesse per passare il turno, ma il tono e la posizione del corpo rimangono invariati;
» scandisce le parole in modo più lento e chiaro e, al tempo stesso, aumenta il volume della voce;
» tiene le mani sospese a mezz'aria o il tronco in tensione anche quando fa dei brevi silenzi;
» se si sta rivolgendo a più ascoltatori ma intende tenere banco, mantiene la testa in posizione verticale, anche quando passa lo sguardo da un ascoltatore all'altro, oppure ruota la testa soffermandosi su ognuno dei presenti per qualche attimo in successione.

I movimenti d'intenzione

Prima ancora che l'azione avvenga, si possono osservare dei sottili e inconsapevoli movimenti che rivelano ciò che la persona intende fare: per esempio, se uno vuole alzarsi da seduto, inclina il busto in avanti e appoggia le mani sui braccioli della sedia.

L'intenzione di concludere un'interazione può essere segnalata da messaggi ancora più sottili: se due individui sono in piedi, uno o entrambi possono allontanarsi di pochissimo e spostare il peso da una gamba all'altra.

Portare qualcosa verso di sé può esprimere il desiderio di continuare ad ascoltare, ma se quel qualcosa ha un valore preciso (un contratto, una petizione eccetera) segnala l'intenzione di aderire, accettare o parlare di quella cosa.

Ne è un esempio una situazione che mi è capitata nel corso di una seduta.

Avevo suggerito a una paziente di trascrivermi i suoi sogni per analizzarli assieme. A un incontro è venuta portando con sé un pacco di fogli, segno che aveva eseguito bene il compito. In quell'occasione, però, avevo cominciato a parlare di cosa era successo dall'ultima volta che ci eravamo visti e lei mi aveva raccontato che era stata una settimana piena di eventi. Così, buona parte della seduta l'avevamo dedicata a parlare di quei fatti. Finché lei *ha preso il fascicolo con la trascrizione dei suoi sogni, che aveva appoggiato davanti a sé, e l'ha tirato verso il busto.* Avevo capito: le premeva che parlassimo dei sogni, dunque le ho chiesto di illustrarmi cosa aveva scritto.

Di stampo analogo è quanto ho osservato in occasione di una trattativa di vendita.

Mentre il venditore stava argomentando, *la cliente si è portata in avanti*: il venditore, scaltro, ha recepito il messaggio e ha subito tirato fuori dalla borsa il bollettario. La cliente voleva concludere!

Annuire

È un gesto con cui comunemente regoliamo la conversazione: è sinonimo di interesse, approvazione e, sottilmente, incoraggia l'interlocutore a continuare a parlare.

Gli psicologi americani Joseph Matarazzo e Arthur Wiens l'hanno dimostrato sperimentalmente: nella loro indagine, l'annuire da parte di un intervistatore aveva l'effetto di indurre l'altro a parlare di più e a comporre frasi più lunghe. Gli stessi autori hanno peraltro dimostrato che se anche chi intervista è più loquace nel commentare ciò che dice l'intervistato, quest'ultimo parla di più.

Annuire prima che l'interlocutore abbia completato la frase è un importante segnale di interesse e, se osservato in una trattativa di vendita, indica la volontà di passare all'acquisto o alla sottoscrizione del contratto; se è indipendente dal discorso, invece, suggerisce che chi lo esegue prova una sorta di fascino nei confronti del locutore.

Per contro, **annuire troppo insistentemente** è in genere **un segnale di noia** e una sorta di invito all'altro di sbrigarsi.

Come accade per altri segnali non verbali, anche in questo caso le donne tendono ad annuire più degli uomini; inoltre, è stato osservato che questo comportamento decresce quando si è frequentemente interrotti da persone o chiamate, in situazioni di conflitto e nelle persone ansiose. Per contro, aumenta quando ci si siede particolarmente vicino all'altro.

Un'indagine della psicologa Marie Helweg-Larsen e di altri studiosi ha dimostrato che tendiamo ad annuire di più con le persone che consideriamo superiori al nostro status. Per provarlo la psicologa ha preso in esame due categorie di soggetti tra cui la differenza di posizione gerarchica era evidente: docenti e studenti. Filmando le loro interazioni ha osservato che, quando conversavano con un professore, gli studenti annuivano di più di quanto facessero con un proprio pari; inoltre le donne muovevano maggiormente la testa rispetto a quanto non facessero i maschi.

Annuire può influenzare le nostre opinioni

Annuire e scuotere la testa sono importanti segnali sociali, ma possono influenzare anche le nostre convinzioni. Ad affermarlo sono gli psicologi americani Richard Petty e Pablo Brinol.

In una delle loro ricerche hanno chiesto a un gruppo di studenti di ascoltare della musica con le cuffie mentre ballavano o facevano jogging. A metà dei partecipanti hanno suggerito di scuotere la testa mentre lo facevano, agli altri di muoverla dall'alto in basso.

In seguito, a tutti è stato fatto sentire (sempre in cuffia) un discorso sul profilo scolastico di uno studente. Al termine degli ascolti i soggetti dovevano esprimere un giudizio sia sulla musica sia sul curriculum dello studente.

Sorprendentemente, lo studio non solo ha dimostrato che la valutazione era influenzata dal movimento della testa ma che, indipendentemente dal giudizio positivo o negativo, annuire rafforzava le proprie convinzioni, mentre scuotere la testa creava una maggiore incertezza.

Sulla falsariga di questo studio, Stanley Brodsky e Michael Griffin hanno chiesto ad alcuni giurati di un processo di annuire almeno una volta ascoltando o guardando la deposizione di un testimone; altri invece sono stati istruiti a non muovere la testa e sono stati filmati. Il risultato ha dato prova che chi era stato invitato ad annuire tendeva a dare molta più credibilità al testimone rispetto a chi teneva la testa immobile.

Anche nella vendita è possibile condizionare le scelte del cliente con una sottile suggestione, nota come «l'annuire di Sullivan».

Sullivan, che faceva il sommelier in un ristorante, annuiva leggermente, con un'inclinazione di circa 10-15 gradi, quando, mentre il cliente scorreva la lista, arrivava al vino che lui intendeva proporre. L'annuire era così sottile che il cliente non se ne accorgeva, ma alcuni studi hanno rilevato che, anche in altri ambiti di vendita o persuasione, il 60-70% delle volte questo stratagemma si rivela efficace.

Ora Sullivan è consulente per Walt Disney Company, Coca-Cola, American Express, Hershey's, McDonald's, Starbucks e altre grosse compagnie.

Leggere i segnali del corpo per capire cosa aspettarsi

Nel capitolo 1 abbiamo detto che se qualcuno solleva in verticale la penna o il pennarello durante una riunione, a un tavolo di discussione o in una trattativa dovremo aspettarci un atteggiamento ostile, polemico e ostruzionista.

Possiamo fare delle previsioni analoghe quando ci sediamo a tavolino per discutere di qualcosa o quando dobbiamo presentare una proposta oppure una richiesta a una persona.

Poniamo di avere un collega cui intendiamo fare una proposta. Premettiamo: «Ti volevo proporre una cosa». Se l'altro si passa una mano fra i capelli o si sporge in avanti sappiamo già che è ben disposto/a verso quello che andiamo a dire.

Se, al contrario, dobbiamo affrontare una negoziazione (per esempio quale forma di finanziamento scegliere per comprare la macchina nuova) e l'altro si mette con le mani sui fianchi, dobbiamo attenderci un atteggiamento piuttosto intransigente.

Quando, invece, qualcuno (per esempio il capufficio) ci chiama per riprenderci e prima di affrontare il discorso si schiarisce la voce, intuiamo che si sente in imbarazzo o a disagio: per cui, anche se abbiamo torto marcio sappiamo di avere buone probabilità di convincerlo che siamo dalla parte della ragione.

Occasioni perdute

Questo è un aneddoto che mi ha raccontato un amico, Carlo, che è piuttosto timido e insicuro.

Carlo si era invaghito di una fioraia che aveva il negozio vicino al suo ufficio. Con mille pretesti era andato da lei (a comperare un mazzo di fiori per la nonna in ospedale, un'orchidea per la sorella che aveva passato un importante esame universitario eccetera) pur di vederla; purtroppo non aveva mai trovato il coraggio di invitarla a bere nemmeno un caffè.

Un bel giorno, mentre lui va a prendere l'ennesimo bouquet, lei gli dice che è uscito un film che vorrebbe vedere, ma che non trova nessuno che l'accompagni. Quale migliore occasione? Naturalmente Carlo se la fa scappare.

Dopo un paio di giorni, la incrocia e mentre scambiano quattro chiacchiere lui le chiede se è andata al cinema e lei gli risponde che alla fine era riuscita a trovare un'amica.

A quel punto, Carlo non ha più nulla da perdere e le domanda: «Cosa mi avresti risposto se ti avessi invitato a venire a vederlo con me?» *La fioraia fa un passo in avanti*. «Tu che dici?!» risponde.

Il mio amico viene da me qualche giorno dopo e mi racconta l'accaduto chiedendomi spiegazioni sul comportamento di lei: gli spiego che *il passo in avanti è un segnale d'intenzione che esprimeva l'accettazione della proposta*.

Carlo ancora oggi si mangia le mani!

I segnali relazionali

I segnali relazionali ci indicano il modo in cui il nostro interlocutore vive il rapporto con noi. Sostanzialmente, esso può prendere tre direzioni: procedere verso una relazione più personale e soddisfacente; restare neutro; diventare noioso o irritante.

Distingueremo quindi quali comportamenti contrassegnano il rapporto positivo e quello negativo.

Intesa

Per prima cosa, notiamo che la postura dell'altro è aperta e rilassata, sono più frequenti i contatti fisici e i sorrisi reciproci.

Uno degli indici che il rapporto sta procedendo bene è il cosiddetto *grooming*: togliere un pelucco di dosso all'altro, spostargli una ciocca dalla fronte, aggiustargli il colletto eccetera. Questi gesti trovano la loro origine nel comportamento dei primati di spulciarsi l'un l'altro o ripulirsi: è un modo che mostra l'impulso ad avere cura dell'altro.

Un rapporto che diventa più intimo porta i due interlocutori a una maggiore vicinanza fisica e, se possibile, a un'**interazione ad angolo** piuttosto che a faccia a faccia. Un segnale che indica il piacere di interagire con noi è mantenere il busto in avanti indipendentemente dall'argomento di conversazione.

Un altro comportamento tipico è iniziare a **giocherellare con gli oggetti dell'altro**: si può passare la mano sul suo telefonino, afferrare il suo accendino eccetera. Dato che sul piano psicologico gli oggetti personali sono vissuti come estensioni della persona, toccare una sua «proprietà» è un modo indiretto per stabilire un contatto con l'interlocutore.

Anche **perdere il senso del tempo** può essere un segnale di piacere a interagire: se, per esempio, sappiamo che l'altro deve andare in banca, a fare la spesa o altro e se ne dimentica perché sta parlando con noi, significa che vive lo scambio in modo stimolante e coinvolgente.

Un segno che il rapporto procede bene è quando l'altro **coglie i nostri bisogni e li anticipa**: se al tavolo buttiamo l'occhio sulla bottiglia dell'acqua, l'altro può versarci da bere senza che glielo abbiamo chiesto.

Il comportamento degli interlocutori è speculare, un forte segno di intesa

Poi, se il legame prende questa piega, si potrà osservare un certo grado di armonia tra gli interagenti attraverso un **rispecchiamento di posture**, come movimenti di mani e braccia tra le due persone (o anche da parte del solo interlocutore): in altri termini, l'altro potrà sedere nella nostra stessa posizione, portare in avanti il corpo quando lo facciamo noi eccetera.

Il rispecchiamento è segno di intensa quanto più la riproduzione del comportamento dell'altro è fedele, simultanea (o quasi), frequente e su più piani (cioè l'altro potrà avere la nostra stessa posizione del corpo, muoversi in contemporanea a noi, battere le ciglia con la stessa frequenza eccetera).

L'imitazione inconscia del comportamento altrui potrà essere speculare (replicare esattamente posizioni e movenze) oppure si potrà osservare che in corrispondenza di un nostro comportamento l'interlocutore fa un altro gesto o assume un'altra posizione, ma in

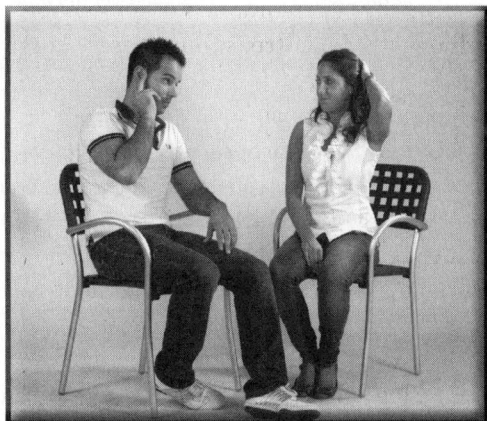

Esempio di sincronia interattiva: lei si ravvia i capelli, lui si sfiora l'orecchio

coordinazione: per esempio, noi potremo ravviarci i capelli e l'altro sfiorarsi l'orecchio. In questo caso si parla di «sincronia interattiva», quando l'interazione sul piano non verbale diventa una specie di tango.

Un'indagine di Gill Woodall e Judee Burgoon ha dimostrato che il discorso viene capito più a fondo ed è più persuasivo quanto maggiore è la sincronia.

Ridere assieme

Ridere, sorridere, condividere allegria nell'interazione con il prossimo ci mette spesso di buon umore e rende l'altro simpatico.

A dare una dimostrazione scientifica di questo effetto hanno provveduto gli studiosi austriaci Petra Weixler e Karl Grammer, dell'Istituto di Etologia Urbana di Vienna.

I due si sono posti l'obiettivo di verificare se il modo in cui si ride in un'interazione tra sconosciuti di sesso opposto possa essere un indice di attrazione per l'altro. Hanno così filmato, all'insaputa dei soggetti, delle coppie che venivano fatte incontrare in modo apparentemente casuale in una sala d'attesa.

Lo studio delle riprese ha messo in luce come un certo modo di fare nel ridere possa effettivamente essere segno di gradimento; ma, aspetto ancora più importante, ha provato che condividere l'ilarità mette in particolare «buona luce» il nostro interlocutore.

Più precisamente, l'analisi degli scambi ha evidenziato che quanto più aumenta l'interesse verso il partner, tanto più i movimenti del corpo, l'ampiezza e la frequenza della risata diventano stereotipati (cioè sempre uguali).

Si è inoltre osservato che più questi comportamenti si fanno stereotipati, più si tende a imitare inconsciamente il tono di voce dell'altro, a dare più enfasi alla risata e a cadenzare le manifestazioni di allegria con movenze animate.

Questa forma di imitazione come indice di affiatamento ha però un limite: è a senso unico. Contribuisce a far crescere l'attrazione per l'altro solo se è l'uomo a imitare la donna e non l'inverso.

Noia o disaccordo

Come esistono segnali positivi, così potremo avere comportamenti che indicano che il rapporto langue.

Se si è seccati o insofferenti si tende a esprimerlo con due atteggiamenti del volto: si possono **tenere le labbra pressate** e **con gli angoli piegati in giù** e, al tempo stesso, **aggrottare le sopracciglia**; oppure si può **storcere** e **arricciare il naso**.

Guardarsi le mani o le unghie è un indice di noia

Appoggiare la testa sul pugno è un segnale relazionale di rifiuto

Anche **sbadigliare** in direzione dell'altra persona è segno di noia e indifferenza.

L'interlocutore poi **guarda altrove** e l'incrocio degli sguardi è praticamente assente.

Altri segnali di questo genere sono espressi frequentemente anche con mani e tronco.

Se si percepisce ostilità o profonda disarmonia con qualcuno **ci si mette le mani in tasca** o **si tengono le braccia conserte** per tutto il corso dell'interazione.

Chi prova noia o impazienza può **tamburellare con le dita** o **dare dei colpetti ritmici con il piede**.

Altri gesti eloquenti, osservati nel corso di uno scambio verbale, sono i modi di concentrare l'attenzione al proprio corpo o al vestiario: così una donna può iniziare a **ripulirsi le unghie, sistemare una piega della gonna, levare un capello dalla camicetta**; si mima il gesto di togliersi qualcosa dai denti.

La postura scomposta è sintomo di totale disinteresse

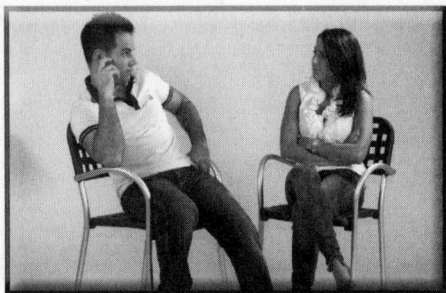

Il disallineamento rivela disarmonia

La noia è espressa anche da un'**eccessiva rilassatezza del corpo** o dal fatto di **sostenere la testa con il pugno appoggiato sulla guancia**.

L'indice più importante di indifferenza è dato dal **totale disallineamento rispetto al corpo dell'altro** e da una **marcata assenza di coordinazione** con il suo comportamento non verbale.

5

Perché e per chi
è utile conoscere
il linguaggio del corpo

Il linguaggio del corpo nelle interazioni
professionali e personali

Capire quello che gli altri trasmettono attraverso i propri segnali del corpo può essere utile in qualsiasi interazione professionale e personale.

È evidente il vantaggio per chiunque lavori a diretto contatto con il pubblico: dalla vendita alla promozione turistica, dal lavoro di sportello in una banca al bancone di un ufficio reclami.

Non sempre contrarietà, lamentele, interessi o paure sono espressi verbalmente: è piuttosto comune trovarsi di fronte a qualcuno che a parole dice di sì e con il corpo esprime il messaggio contrario. Poniamo, per esempio, che un assistente di volo addetto al check-in, nel momento in cui chiede al passeggero se preferisce finestrino o corridoio, si senta rispondere che è indifferente, ma noti che, dopo aver pronunciato «corridoio» la persona deglutisce: probabilmente con quella reazione esprime una sensazione d'ansia legata a un senso di claustrofobia. A quel punto, l'assistente di terra potrebbe dire: «Allora la metto nel primo posto disponibile davanti e vicino al finestrino», incontrando così la soddisfazione del cliente.

Vediamo ora come la conoscenza della comunicazione non verbale possa risultare utile in questi contesti.

Customer care in azione

Susanna era una commessa da poco assunta in un negozio di cosmetica e profumeria; non aveva nessuna esperienza nel settore, ma era un'ottima osservatrice e aveva letto tutto il possibile sul linguaggio del corpo, la sua vera passione.

Un giorno entra una cliente di circa 30 anni con un volto acneico chiedendo una crema per il trattamento dei brufoli. Susanna le chiede: «Ha già usato qualche prodotto specifico o fatto qualche trattamento?»

La donna risponde: «Sì, ho usato delle maschere ai fanghi termali... giusto per riequilibrare la pelle... magari un giorno farò anche dei trattamenti in qualche centro benessere, di quelli che ti rendono la pelle liscia e tirata». *Nel dire questo porta velocemente le labbra verso l'interno e poi si passa la lingua sul labbro superiore, entrambi segnali di gradimento.*

Alla neocommessa non sfuggono questi microcomportamenti che le fanno capire che la cliente è preoccupata dell'invecchiamento della pelle ed è attratta dalla prospettiva di trovare un rimedio. Preso atto di questo, le offre di acquistare, oltre a un detergente per pelli impure e un liquido astringente, anche una crema per prevenire le rughe; proposta che viene accolta di buon grado dall'acquirente.

Se Susanna le avesse suggerito direttamente una crema antiaging probabilmente non l'avrebbe convinta a comprare un prodotto che non aveva chiesto. Scegliendo invece di venderle una crema per la prevenzione delle rughe ha aggirato l'ostacolo, appagando l'esigenza emotiva della cliente senza turbarne la coscienza, che verosimilmente non accettava l'idea di avere già bisogno di cancellare i segni del tempo.

I dipendenti pubblici e l'utenza

Edward Kazlauskas, docente alla University of Southern California, ha esaminato il comportamento dei bibliotecari per stabilire quali atteggiamenti incontrassero l'apprezzamento dell'utenza e quali invece generassero un senso di insoddisfazione, allo scopo di dimostrare quanto fosse importante, anche per la categoria dei dipendenti pubblici, prendere coscienza della comunicazione non verbale.

La sua indagine ha dato modo di distinguere due stili: uno accattivante e uno indisponente.

Il primo contemplava segnali come il sollevare le sopracciglia quando interpellati da un utente, un caloroso contatto visivo, mostrare chiari segni di attenzione (come annuire mentre l'altro faceva le proprie richieste) e un atteggiamento generalmente disponibile e cordiale (per esempio, sorridere).

Il comportamento che invece indispettiva era quello in cui il bibliotecario non cambiava minimamente la propria postura quando l'utente si avvicinava al bancone; in seguito a una domanda il dipendente pubblico reagiva mostrando inespressività nel volto e prendendosela comoda prima di rispondere; copriva gli occhi con le mani, tamburellava con le dita in segno di impazienza, faceva smorfie con la bocca, si toccava il volto e altre parti del corpo in modo nervoso.

Sul lettino dello psicologo

C'è una categoria professionale che ha come scopo proprio quello di aiutare le persone a capire perché sono fatte in un certo modo o per quale motivo abbiano sviluppato determinati problemi emotivi: si tratta di psicologi e psichiatri.

Spesso questi «strizzacervelli» spremono davvero poco dai loro pazienti: un po' perché si affidano a test, questionari e colloqui che danno solo un quadro parziale e sommario di chi si sta esaminando, e un po' perché il paziente ha delle inibizioni, prova vergogna oppure alle volte non è in grado di esprimere ciò che prova.

La ricerca dimostra inoltre che la psicoterapia funziona soprattutto grazie al rapporto che si stabilisce tra paziente e psicoterapeuta più che in base alla tecnica usata.

In questi contesti, quindi, capire le esigenze inespresse dal paziente attraverso la lettura del linguaggio del corpo può essere davvero efficace.

Un caso di fame nervosa

Stefania si era rivolta allo psicologo perché veniva presa, nei momenti più disparati, da una voracità incredibile; quando le venivano queste «crisi» di appetito era capace di mangiarsi una vaschetta di gelato intera, un pacchetto di biscotti o qualunque cosa dolce le capitasse a tiro.

Non sapeva spiegarsi il motivo di questa smania, riconoscendo che non le mancava niente: era relativamente giovane (33 anni) e di bell'aspetto; aveva una famiglia serena, con due bei bambini, e godeva di una certa agiatezza economica nonché di una certa popolarità perché era la moglie di un uomo importante.

Quando lo specialista le domandò da quanto tempo soffriva di questi impulsi, Stefania rispose che erano circa un paio d'anni: suppergiù da quando il marito si era ritirato dall'attività. Lo psicologo si accorse che, pronunciando queste parole, *si era afferrata la fede nuziale e l'aveva quasi sfilata*.

Decise allora di approfondire la questione. Ne venne fuori che, quando si era sposata, pur consapevole della notevole differenza d'età con il marito (19 anni), lo aveva fatto in modo convinto: lui era un bell'uomo, stimolante, carismatico e pieno di passione. Ora, però, gli anni si facevano sentire: il marito non aveva più l'energia di una volta, era diventato pantofolaio e brontolone.

In sostanza, le crisi alimentari di lei non erano altro che un modo per compensare la frustrazione e l'insoddisfazione di essere legata (l'anello nuziale, come abbiamo già detto, simboleggia il vincolo matrimoniale) a un uomo che non amava più.

Togliendosi l'anello Stefania esprimeva il desiderio di rompere quel rapporto insoddisfacente.

Il linguaggio del corpo aiuta a trovare lo psicologo giusto

Come in ogni relazione, anche in quella psicoterapeutica è importante che ci sia feeling con l'altro: la fiducia, la confidenza e la stima che il paziente ripone in chi l'aiuta sono fondamentali ai fini del risultato. Questo vuol dire che chi cerca aiuto psicologico non deve affidarsi al primo che capita, ma deve scegliere.

Comunemente, il primo approccio però è diverso. Se non si è consigliati da qualcuno che è già un suo paziente o non si conosce lo psicologo per fama, spesso lo si sceglie sfogliando le pagine gialle o, se va bene, scorrendo un breve profilo su Internet. Diventa così determinante fare attenzione a cosa si prova nelle prime sedute: se queste non lasciano per lo meno una sensazione positiva è meglio chiudere piuttosto che impelagarsi in una terapia senza fine e insoddisfacente.

Un buon metodo può essere anche quello di studiare a propria volta l'analista o lo psicologo. Può sembrare paradossale, ma in gioco c'è il proprio benessere emotivo e quindi è meglio valutare innanzitutto se c'è compatibilità con il terapeuta. Risulterà meno dispendioso e più proficuo che partire dal presupposto che «bisogna dirgli tutto senza nascondere nulla».

Quando è lo psicologo a essere turbato

Fiorella si era rivolta a uno psicoanalista di cui aveva sentito parlare da un suo amico; stava attraversando un periodo difficile e confuso e le sembrava che quel tipo di terapia facesse al caso suo.

Al primo impatto lo specialista non l'aveva colpita favorevolmente perché non l'aveva quasi guardata negli occhi quando si erano presentati e, neppure, le aveva porto la mano. Comunque, non voleva essere condizionata da quell'impressione. Magari, pensava, mantenere le distanze dal paziente faceva parte del suo metodo. Mettendo così da parte quelli che considerava dei pregiudizi, si era accomodata sul lettino e aveva cominciato a parlare di sé.

Nel corso della seduta aveva raccontato di un abuso subìto da bambina e l'analista *aveva tossicchiato e mosso avanti e indietro la sedia*, tutti segni di tensione, ma Fiorella l'aveva preso per un caso.

Alla fine dell'incontro non era uscita soddisfatta, ma non voleva demordere. Tuttavia, in tutte le sedute successive si era accorta che usciva sempre turbata e aveva notato che ogni volta che portava il discorso sul tema delle sevizie, l'analista *si schiariva la voce, aveva un abbassamento del volume della voce e faceva scricchiolare la sedia*, indizi di agitazione.

Arrivata alla quinta seduta aveva deciso che quello psicologo non faceva proprio per lei e glielo aveva comunicato, notando un sorprendente sollievo da parte di lui.

Incuriosita, era andata a fare delle indagini: aveva così scoperto su un vecchio giornale che lo specialista, circa vent'anni prima, era stato coinvolto in uno scandalo mentre lavorava in un centro di prima accoglienza per minori; in sostanza, era stato accusato di abuso su un ragazzino.

Al processo era stato prosciolto, ma l'episodio lo aveva lasciato tutt'altro che indifferente e non obiettivo verso quelle tematiche.

L'«avvocato del diavolo» conosce il linguaggio del corpo

Tutti i liberi professionisti (manager, avvocati, commercialisti, venditori, agenti di commercio eccetera) hanno continuamente a che fare con la gente: sapere come «prendere» un determinato cliente o capire se sta dicendo il vero o se è disponibile a una proposta finanziaria è essenziale per pianificare le proprie strategie.

In Italia, l'uso di una giuria nei processi è piuttosto limitato e ben lontano da quanto accade in America. Tuttavia, per un avvocato o un pubblico ministero può rivelarsi molto utile stabilire, sulla base del linguaggio del corpo, quale impatto hanno la sua persona e le sue argomentazioni sui giurati, quali sono più sensibili alle sue argomentazioni, quali i più ostili, chi è il capogruppo, qual è il rapporto fra di loro e quindi chi può influenzare. Lo stesso vale per capire se l'indiziato e i testimoni dicono la verità o mentono e qual è il giudizio e l'atteggiamento del giudice.

V. Hale Starr e Mark McCormick, nel loro libro *Jury Selection*, suggeriscono che nello scegliere una giuria andrebbero analizzati l'abbigliamento e gli ornamenti dei giurati per stabilire la loro ideologia e personalità; inoltre, invitano a osservare le loro posture, la frequenza e il tono degli interventi e il modo che hanno di occupare lo spazio dell'aula di tribunale per stabilire quanto possano essere influenti durante la delibera.

Se per un avvocato o un magistrato il vantaggio di leggere i segnali non verbali dei propri interlocutori è evidente, molte situazioni di vita ordinaria assomigliano a un processo o a un esame. Non a caso Freud ha puntualizzato come il sogno di sostenere un esame oppure una prova già superati sia uno dei temi onirici più comuni e ricorrenti: siamo sotto esame quando affrontiamo un colloquio di lavoro, quando il nostro capo valuta se siamo idonei a un certo tipo di mansione o quando deve stabilire chi verrà promosso di livello. Siamo sotto esame persino quando una persona di cui siamo innamorati ci giudica come potenziali partner.

L'atteggiamento non verbale del giudice influenza la giuria

Per verificare se il giudice possa influenzare la giuria, le psicologhe Ann Burnett e Diane Badzinski hanno simulato un processo.

Per farlo hanno reclutato ottanta partecipanti chiedendo loro di guardare degli spezzoni di dibattimenti in cui i giudici mostravano un diverso grado di coinvolgimento sul piano non verbale. Hanno quindi chiesto a questa giuria fittizia di formulare un proprio parere sui giudici prima che pronunciassero la sentenza; in seguito, le psicologhe hanno raccolto i commenti che i partecipanti esprimevano liberamente.

L'indagine ha dimostrato che i «giurati» erano consapevoli dei comportamenti non verbali dei giudici soprattutto se esprimevano atteggiamenti di stizza o disapprovazione; la giuria, inoltre, era in grado di distinguere i giudici maggiormente partecipi da quelli poco coinvolti: questi ultimi tendevano a mostrare atteggiamenti più negativi.

Quando veniva loro chiesto di esprimere un giudizio sugli imputati, i «giurati» tendevano a fare proprio l'atteggiamento del giudice, specie se era negativo.

Il colloquio di selezione

Sono molteplici le indagini che dimostrano come il linguaggio del corpo del candidato influenzi notevolmente il giudizio conclusivo dell'intervistatore.

Abbigliamento e aspetto fisico possono generare una prima impressione favorevole o sfavorevole nel selezionatore.

In una ricerca di Sara Forsythe e altri è emerso che per posti di rilievo, come quello di manager, l'abito fa il monaco; quanto più il modo di vestire è mascolino, tanto più il candidato viene giudicato idoneo. Viene percepito come energico, assertivo, tenace e capace di gestire un gruppo.

Leslie Zebrowitz, Daniel Tenenbaum e Lori Goldstein, inoltre, hanno esaminato quanto la maturità del volto possa incidere nelle valutazioni, dando prova che chi appariva più maturo era considerato anche più adatto a ricoprire un ruolo di responsabilità; i candidati con un aspetto più infantile venivano invece giudicati idonei solo per lavori subordinati.

Conta molto pure il comportamento espressivo del candidato: Judee Burgoon ha dimostrato per esempio che chi guarda negli occhi il selezionatore frequentemente, o abbastanza spesso, viene giudicato più positivamente. Tuttavia il contatto visivo non deve essere eccessivo, almeno per quanto riguarda gli uomini: quelli che guardano troppo intensamente (per il 63% dell'interazione) vengono valutati in modo negativo; le donne che fanno pressoché altrettanto (60% dell'interazione), invece, sono considerate amichevoli e socievoli.

Andrew Imada e Milton Hakel, in linea con questa ricerca, hanno dimostrato che i candidati che sorridono spesso, dimostrano un'attenzione costante e sostengono un prolungato contatto visivo, ottengono giudizi migliori.

Un'altra caratteristica che riveste un ruolo decisamente importante nella valutazione che segue il colloquio è il modo di comunicare del candidato: mostrarsi sicuri di sé e assertivi dà un'impressione più favorevole; al contrario, essere troppo incalzanti e aggressivi suscita una valutazione finale negativa.

Toccarsi non viene giudicato troppo favorevolmente, specie dalle donne. Curiosamente, invece, il fatto che il selezionatore si tocchi il piede sembra essere un indizio della decisione di assumere la persona che si ha davanti.

Inoltre, il sesso del selezionatore può mettere il candidato in condizione di potersi esprimere più liberamente e in modo più sereno. Lo dimostra un'indagine condotta dallo psicologo olandese Marc Fokke Luxen su reali colloqui di assunzione.

Analizzando il comportamento maschile e femminile dei selezionatori, lo studioso ha osservato che i due sessi esibiscono vistose differenze di stile: le donne tendevano a mostrarsi più cordiali, informali e a mettere maggiormente a proprio agio la persona che esaminavano; al contrario, gli uomini erano più seri, diretti e dominanti. Le esaminatrici, per esempio, ridevano di più rispetto ai maschi, avevano posture più aperte e nelle loro domande erano più generiche; i colleghi, per contro, scuotevano più spesso la testa, sedevano con posture più chiuse, chiedevano le cose in modo maggiormente diretto e, in linea di massima, avevano meno remore a fare delle osservazioni.

Le relazioni con i colleghi

Se, nel lavoro autonomo, il fatto di dover interagire con clienti e fornitori rende essenziale la lettura dei segnali involontari del corpo, non lo è da meno per i dipendenti.

Anche chi fa l'impiegato, il commesso o l'operaio può trarre profitto dalla comprensione dei messaggi non verbali: questa conoscenza permette di entrare in sintonia con i colleghi, di sapere quando e come chiedere un favore (per esempio, un cambio di turno o un aiuto nello sbrigare una pratica) oppure in che modo affrontare un colloquio con il capo.

Poniamo di dover domandare al collega se può darci una mano

ad archiviare una pratica. Una ricerca psicologica ha dimostrato che se, dopo una richiesta del genere, la persona in questione ha un'accelerazione dei battiti del cuore probabilmente si rifiuterà di assisterci. Accadrà invece il contrario se la sua frequenza cardiaca rimane invariata.

Naturalmente, non possiamo girare con uno stetoscopio in mano per auscultare il cuore di tutti! Possiamo però adottare due stratagemmi: afferrare il polso del collega con il pretesto di richiamare la sua attenzione e appoggiare un dito sulle vene per sentire la frequenza delle pulsazioni; o ancora, cogliere dal movimento del busto la velocità del respiro, oppure guardare con la coda dell'occhio la giugulare (la vena che si trova a sinistra del collo): se ci accorgiamo che pulsa significa che la frequenza è aumentata.

È possibile formulare una valutazione analoga basandoci su altri indizi meno sottili: per esempio, il nostro interlocutore potrebbe *sfregarsi il naso*, *spazzolare la giacca* o *togliersi qualcosa dalla regione lacrimale* o produrre altri segnali che appartengono alla categoria dei segnali di fastidio. Se poi si secca davvero potremmo notare che *arrossisce in volto*, a partire dalla base del collo: si tratta di un segnale di collera e in questi casi è meglio non insistere.

Potremmo osservare anche che il collega *si infila una mano tra i capelli*, *si passa la lingua sulle labbra* o manifesta altri comportamenti che inquadreremo come segnali di piacere: in tal caso significa che è ben contento di farci un favore e quindi è sensibile al nostro giudizio, gli piacciamo oppure si sente lusingato dal fatto che ci siamo rivolti proprio a lui.

La comunicazione non verbale in ambito sanitario

Una categoria che può trovare estremamente utile conoscere il linguaggio del corpo è quella di chi lavora in ambito sanitario: medici, infermieri, fisioterapisti, odontoiatri.

Quando si tratta di salute, il paziente vive spesso il responso con ansia, paura e preoccupazione, per cui essere di fronte a qualcuno che sembra non capirlo o non cogliere le sue esigenze emotive rende il consulto un'esperienza molto frustrante. Lo stesso tipo di sentimento lo prova chi viene ricoverato in ospedale e non trova in chi dovrebbe prendersi cura di lui la comprensione e l'attenzione necessarie.

Inoltre, uno specialista che tenga conto, assieme alla valutazione dei sintomi e delle analisi, anche dei segnali non verbali, può cogliere indizi di ansia e depressione, oppure di menzogne e reticenze, che risultano molto utili nella determinazione del trattamento o nell'approfondimento del colloquio.

Sono quindi numerose le indagini che mettono in evidenza come sia importante che nella professione sanitaria l'operatore si mostri capace di empatia.

Certo, conta molto il fatto che il medico ascolti ciò di cui il paziente si lamenta e dia segno di aver compreso a fondo il problema; è altresì importante che lo incoraggi a fare domande, a esprimere i propri dubbi e a rivelare paure e perplessità.

Sotto il profilo della comunicazione non verbale, un professionista che lavora in questo settore viene giudicato in modo più favorevole quando annuisce spesso, esibisce una mimica facciale cordiale, ma soprattutto espressiva, e dà altri cenni di attenzione (con le palpebre o con il sollevamento delle sopracciglia).

Il paziente sente il medico, il fisioterapista o il paramedico vicino e solidale quando quest'ultimo sta spesso inclinato verso di lui e mantiene un orientamento nella sua direzione, non tiene le braccia o le gambe incrociate e rispecchia le sue posture.

Alcuni atteggiamenti dello sguardo molto frequenti nei medici possono risultare piuttosto fastidiosi per gli assistiti: per esempio, quando lo specialista fissa il paziente con insistenza, senza alcun calore, o quando non lo degna di uno sguardo subito dopo aver esaminato la cartella clinica o mentre scrive le diagnosi.

Altri comportamenti del medico che stizziscono il paziente sono: orientare il corpo in direzioni diverse dalla sua, tenersi costantemente appoggiati allo schienale, incrociare le braccia o, durante la visita, non rispettare la sua intimità e insistere in modo eccessivo.

Da parte dell'operatore sanitario, comprendere meglio la comunicazione non verbale gli consentirebbe di accorgersi quando il paziente esita ad aprirsi, ha paura o preferisce nascondere qualcosa.

Poniamo che un uomo abbia dei segni sulla pelle e, quando il medico gli chiede se abbia avuto rapporti a rischio, allontani il portapenne o deglutisca (mostri cioè segni di menzogna, ma neghi a parole). Se il medico conoscesse il linguaggio del corpo, potrebbe interpretare anche questi indizi e fare quindi una diagnosi più mirata e corretta.

Se il paziente solleva le sopracciglia e le avvicina parlando del motivo per cui si è rivolto allo specialista, vuol dire che i suoi sintomi lo preoccupano; questo non significa però che sia capace di esprimere tale preoccupazione. Qualora il medico fosse in grado di riconoscere il segnale, potrebbe cercare di assumere un atteggiamento più confidenziale, mettere a suo agio il paziente, rassicurarlo e condurlo a parlare apertamente.

Insegnare leggendo i messaggi del corpo

Anche insegnanti, educatori e assistenti sociali possono trarre giovamento dal conoscere questi aspetti dell'interazione. Per una maestra, per esempio, rendersi conto se i propri studenti sono attenti oppure distratti, quando capiscono e quando no, può essere fonte di grandi soddisfazioni e dà modo di risparmiare inutili ripetizioni.

D'altro canto, indipendentemente dalla nostra professione, ci troviamo costantemente nella condizione di dover spiegare un concetto, un procedimento o delle istruzioni a qualcuno.

Per verificare che abbia capito le nostre indicazioni, un metro valido è controllare le variazioni del diametro delle sue pupille mentre parliamo.

Se le pupille *si dilatano e si restringono* vuol dire che è ben sintonizzato; se *restano costantemente dilatate* significa che non riesce più a seguirci e quindi è il caso di riproporre quanto si è detto in un altro modo o di chiedere quali siano i suoi dubbi.

Se, al contrario sono molto *strette* e le *palpebre* vengono tenute *socchiuse e tese* (*la palpebra inferiore da curva diventa dritta*) vuol dire che è intensamente concentrato e attento; se le sue pupille rimangono *piccole* e le palpebre sono rilassate, l'interlocutore rivela che non è realmente interessato a seguire quanto gli stiamo illustrando.

Un'indagine condotta da Vicky Zygouris-Coe dell'Università della Florida ha dimostrato che la sensibilità per i segnali non verbali e l'uso di un'appropriata comunicazione non verbale da parte dell'insegnante o della maestra può influenzare considerevolmente l'apprendimento: sia per la passione trasmessa attraverso il proprio corpo nell'affrontare certi argomenti, sia per le aspettative positive verso gli studenti, sia per la capacità di cogliere i momenti in cui questi ultimi sono distratti, irrequieti o annoiati (e quindi non recettivi).

La psicologa ha seguito per cinque mesi e mezzo un gruppo di sessanta bambini delle elementari e ha scoperto che i «marmocchi» tendono a essere molto sensibili verso i segnali del corpo della maestra, la frequenza e l'ordine con cui sono interpellati durante le lezioni, l'attenzione e la comprensione con cui viene prestato loro ascolto, nonché i segni della disponibilità e dell'apprezzamento che la maestra dimostra nei loro confronti.

L'esito delle sue osservazioni ha provato che in effetti quanto più i bambini erano coinvolti, resi partecipi e ascoltati dai propri insegnanti, tanto migliori erano le loro prestazioni scolastiche.

La ricercatrice ha inoltre osservato che ciò che contava maggiormente nel creare questo rapporto di intesa tra allievi e docenti non era tanto una disponibilità dimostrata a parole, quanto il comportamento non verbale dell'educatore. Guardare spesso negli occhi gli studenti mentre parlavano di sé o delle loro difficoltà scolastiche, evitare di interromperli o di parlare sopra di loro, mostrare posture aperte, inclinare il busto verso di loro durante l'interazione, sorridere e tenere il corpo orientato verso di loro erano i segnali che maggiormente contribuivano a questa sintonia.

Interagire con gli studenti e coinvolgerli mentre si spiega una lezione li rende inoltre più attenti e partecipi: così, un insegnante che invece di stare dietro la cattedra si muova fra i propri «pupilli» suscita sicuramente una maggiore partecipazione; altrettanto vale se il docente sottolinea il discorso con dei gesti o enfatizza certi punti modificando il tono di voce. Cercare il loro sguardo nell'affrontare gli argomenti di studio e accorgersi di quando intendono intervenire o si sentono colpiti da quello di cui si parla sono altre tattiche che si rivelano molto efficaci per indurli a intervenire.

Essere in grado di cogliere la loro svogliatezza, impazienza e disattenzione dalla direzione dello sguardo, dal tamburellare delle dita o dallo scalciare con le gambe è poi utile per decidere quando fare una pausa da dedicare al gioco o ad argomenti più leggeri.

L'asso nella manica agli esami universitari

Perfino gli studenti potrebbero risultare più brillanti e ottenere voti più alti sfruttando il linguaggio del corpo per dare una migliore immagine di sé o cogliere il significato della comunicazione non verbale del professore.

Per esempio, si è appurato che chi guarda negli occhi l'interlocutore mentre parla dà l'impressione di essere più competente e quindi di saperne di più.

Quando si è in difficoltà e si teme di essere interrotti, può essere utile saper riconoscere i comportamenti che indicano l'intenzione di prendere la parola o di fare una domanda (come quando uno *solleva una mano tenendola sospesa, prende il respiro, fissa negli occhi l'interlocutore mentre prima puntava lo sguardo altrove*) e quindi mettere più enfasi nel discorso e parlare in modo più spedito finché l'insegnante non si rilassa, dando segno così di essersi dimenticato di quello che ci voleva chiedere.

Le forze dell'ordine e i segnali non verbali

Un'altra categoria di persone cui può tornare molto utile conoscere i segni del corpo sono le forze dell'ordine: disporre di una specie di «macchina della verità» sempre pronta all'uso è indubbiamente vantaggioso per chi, per professione, dovrebbe essere in grado di distinguere la sincerità dalla menzogna.

I movimenti d'intenzione, poi, possono rivelare che l'altro è in procinto di eseguire una data azione, come scappare o impugnare un'arma.

Coppia e famiglia

Infine, il linguaggio del corpo si rivela importantissimo in tutte le fasi del rapporto di coppia: dal corteggiamento (in cui diventa uno strumento eccezionale), alla soluzione dei conflitti con il partner. Inoltre, può risultare di grande utilità ai genitori per capire il proprio figlio, specie quando è piccolo o piuttosto introverso.

Usare i segnali non verbali per capire se stessi

A livello personale, comprendere quali messaggi invia il nostro corpo è funzionale per accorgerci se stiamo vivendo dei conflitti, per comprendere quali scelte fare e quando evitare qualcosa che a prima vista ci sembra attraente.

Non sempre le nostre credenze, i valori e le aspettative corrispondono a quello che vogliamo davvero e alle volte ci mettiamo i paraocchi pur di non vedere quello che ci turba o metterebbe in discussione i punti saldi della nostra vita (matrimonio, lavoro, aspirazioni eccetera).

Se ci accorgiamo che dentro di noi c'è un conflitto, ignorarlo non ci fa sicuramente stare bene: meglio allora ascoltare i messaggi che il corpo ci invia e venire a patti con esigenze o ruoli in cui non ci riconosciamo. Non è facile, ma ci dà modo di essere più in armonia con noi stessi.

Un esempio è quello che segue.

Monica e Stefano stavano assieme da quattro anni e avevano deciso di andare a convivere. Lui era perfettamente d'accordo, ma quando lei gli ha detto (testuali parole): «A questo punto, non resta che definire la data delle nozze», Stefano *ha avvertito un intenso senso di fastidio al naso, che si è sfregato vigorosamente* (si tratta di un segnale di fastidio o disappunto) e ha balbettato qualcosa del tipo: «Sì, va bene; però non è così semplice pianificare la cosa: bisogna valutare le spese, finire di arredare la casa…»

Naturalmente, queste dritte del corpo possono anche valere in positivo: abbiamo un'indecisione o siamo combattuti fra due opportunità, fra due viaggi o altre proposte e il nostro corpo invia un segnale di piacere (per esempio passarsi la lingua sulle labbra, inclinare il tronco in avanti e così via) in rapporto a una delle due? Significa che il nostro intuito ci sta già segnalando qual è la scelta migliore.

Un segno del destino (o del corpo)

Davide aveva ricevuto due proposte di lavoro, entrambe allettanti e vantaggiose; una, però, presentava un aspetto che lo lasciava perplesso: avrebbe dovuto spostarsi. Leggendo proprio quest'ultima clausola, Davide *ha risucchiato le labbra* (in modo analogo a quanto fanno le donne quando si aggiustano il rossetto, un segno positivo) e, poiché aveva seguito un corso sul linguaggio del corpo, si è accorto di questa sua reazione e ha voluto ascoltare l'istinto.

Bene, da un anno lavora in un'altra città e si è reso conto che cambiare aria era proprio ciò di cui aveva bisogno per dare una svolta alla sua vita, che stava stagnando.

Un corpo «saccente»

Mentre la nostra consapevolezza può essere indecisa, titubante e timorosa, il nostro istinto è in grado di suggerirci le risposte corrette a dilemmi, conflitti e perfino domande d'esame, a un concorso per un posto di lavoro o a un gioco: è proprio quanto è successo nei casi che andiamo a illustrare.

Un clamoroso suggerimento dal proprio linguaggio del corpo l'ha avuto Nancy Christy, nota per essere la prima donna negli Stati Uniti ad aver vinto 1 milione di dollari al gioco *Chi vuol essere milionario?*.

Era la puntata dell'8 maggio 2003. La presentatrice, visibilmente emozionata dall'idea che la concorrente potesse vincere una simile cifra, le ha posto la domanda: «Chi scelse l'artista Grant Wood come modello per il contadino per il suo classico quadro *Gotico americano*?»

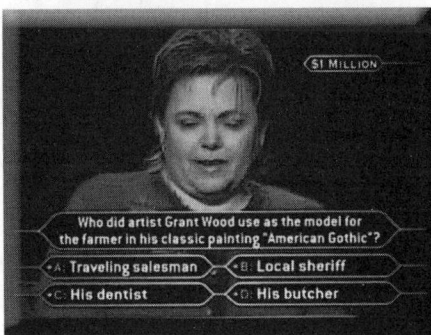

Nancy Christy si aggiudica 1 milione di dollari

Dopodiché le ha elencato le quattro alternative: un commesso viaggiatore; lo sceriffo locale; il suo dentista e infine il suo macellaio.

Non appena la conduttrice ha detto: «Il suo dentista», la Christy *si è leccata vistosamente il labbro superiore* (come abbiamo detto nel capitolo precedente ha espresso un segnale di piacere).

Vediamo quindi di spiegare perché la concorrente può aver fatto questo gesto. Innanzitutto, potremmo commentare che 1 milione di dollari farebbe «gola a tutti»... ma perché la concorrente avrebbe dovuto pregustare la vincita?

Perché evidentemente sapeva già la risposta e questa consapevolezza deve averle creato la sensazione di avere tale somma già in tasca. Tuttavia, non ha pronunciato subito la risposta perché probabilmente, data la posta in gioco, le sono sorti dei dubbi. Ma il suo inconscio non aveva nessuna perplessità.

Dopo un paio di ragionamenti, ha infatti esclamato: «Sì, il dentista!» vincendo così l'incredibile montepremi.

Un altro concorrente della trasmissione, Kevin Olmstead, si è aggiudicato una cifra ancora più impressionante: 2,18 milioni di dollari durante la puntata del 10 aprile 2001.

Kevin Olmstead vince oltre 2 milioni di dollari

Anche lui, come la Christy, conosceva la risposta esatta, ma a differenza di quest'ultima ne era assolutamente certo. Uno spettatore esperto nel linguaggio del corpo se ne sarebbe potuto rendere conto osservando la sua reazione nel momento in cui il conduttore ha posto la fatidica domanda: «Chi è ritenuto l'inventore del primo elicottero come prodotto di massa?»

Il concorrente *ha sollevato le sopracciglia* e ha cominciato a *respirare in modo* talmente *affannoso* che sembrava gli fosse venuta una crisi d'asma; questo proprio a causa dell'intensa emozione che gli procurava la prospettiva di vincere una somma così alta.

Con voce spezzata ha detto: «Lo so questo; era l'elicottero di Sikorsky... la mia risposta definitiva è Sikorsky». Quando il conduttore gli ha comunicato che vinceva oltre 2 milioni di dollari, ha spalancato la bocca, si è preso il volto fra le mani e poi è corso ad abbracciarlo.

La fortuna ha voluto che fosse una domanda di ingegneria e che lui fosse proprio un ingegnere, seppure ambientale.

Fortunati o scalognati? Dipende soprattutto da noi

Le indagini psicologiche hanno dimostrato che la buona e la cattiva sorte dipendono soprattutto dai nostri atteggiamenti.

Alcune indagini condotte dallo psicologo Richard Wiseman hanno messo in luce che le persone baciate dalla fortuna tendono ad adoperarsi per crearsi delle opportunità e le sanno cogliere quando capitano; sono attente alle loro intuizioni e si costruiscono quasi involontariamente delle chance favorevoli, confidando che si avverino; infine, tendono a trovare anche nella sfortuna qualcosa di positivo.

Wiseman, attraverso dei test sulla personalità, ha individuato anche le caratteristiche delle persone scalognate: si mostrano generalmente stressate, pessimiste e ansiose e sono proprio questi atteggiamenti a renderle miopi nei confronti delle occasioni che la vita presenta loro. La cupezza del loro modo di pensare le porta inoltre a essere più distratte, sbadate e maldestre.

Se siamo tendenzialmente sfortunati siamo più inclini al senso di colpa, a sentirci giudicati male e a mostrarci più chiusi e musoni: inevitabilmente questo trapelerà dal nostro linguaggio del corpo e ci porterà a incontrare meno persone, a essere schivati o ignorati dagli altri e a perdere le opportunità che una vita sociale più ricca ci offrirebbe.

Se pensiamo di essere nati sotto una cattiva stella, prima di dare la colpa al destino avverso facciamo un esame del nostro comportamento interpersonale: se le nostre frequentazioni sono scarse, se agli incontri, alle inaugurazioni, alle feste, ai raduni, alle tavolate tendiamo a rintanarci negli angoli, nei posti più in ombra o nei punti meno «battuti» o non ci schiodiamo dalla sedia e assumiamo atteggiamenti di autoprotezione (*schiena curva, testa incassata tra le spalle, piedi con le punte che convergono, sguardo tendenzialmente basso…*) o di chiusura (*gambe incrociate, braccia conserte, schiena e testa rigide…*) e rispondiamo a monosillabi alle battute degli altri, molto probabilmente saremo poco ricercati, non ci accorgeremo di piacere a qualcuno e non avremo gli «agganci» che ci consentirebbero di trovare sbocchi professionali più soddisfacenti e appaganti.

Ma perché capitano tutte a me?!

Pare che un certo modo di muoverci o camminare e determinate posizioni del corpo ci rendano più facilmente vittime di scippi e rapine.

Può succedere a chiunque di venire derubato, di subire uno scippo o diventare vittima di una violenza… almeno in teoria; nella pratica a essere presi di mira sono sempre gli stessi. Lo dimostrano a chiare lettere una serie di indagini.

Questa ricorrenza è saltata all'occhio anche a un gruppo di ricercatori neozelandesi, a partire dall'idea che dovrebbe essere possibile cogliere qualcosa nel modo di camminare e muoversi che segnalerebbe ai lestofanti i bersagli più facili.

Per verificare la loro ipotesi, gli psicologi Rebekah Gunns, Lucy Johnston e Stephen Hudson hanno condotto degli esperimenti e scoperto che le donne più facilmente prese di mira dai tagliaborse tendono ad avere un passo piuttosto corto in rapporto alla loro altezza: sollevano parecchio i piedi, mostrano una ridotta oscillazione delle braccia, camminano in modo relativamente lento, con poco vigore e sono in genere piccole di statura ed esili. Inoltre, nel muoversi sono solite inclinarsi in avanti, all'indietro o di lato. In generale, poi, le loro movenze sono piuttosto esitanti e impacciate.

Anche gli uomini più vulnerabili hanno un modo di muoversi distintivo: il passo è breve in relazione all'altezza, mostrano una certa fiacchezza e legnosità nel movimento e appaiono gracili e smilzi.

Individui di entrambi i sessi vengono poi scelti dai criminali se, nel camminare, mancano di coordinazione: questo induce i malviventi a pensare che si tratti di persone insicure, poco atletiche e non in salute. Un altro tratto distintivo delle potenziali vittime è lo strascicare i piedi o comunque mostrare una camminata insolita.

Anche calzature e abbigliamento hanno la loro importanza a tal proposito, specie per quanto riguarda il sesso femminile: è stato infatti osservato che la gonna e le scarpe con il tacco rendono la donna più vulnerabile; questi due accessori conferiscono alla camminata un'andatura più incerta e frenata, costringendo chi li indossa a sollevare maggiormente i piedi e ad andare più piano.

Uno studio di James Giannini dell'Università dell'Ohio ha poi dimostrato che le donne che più facilmente subiscono una violenza appaiono più ingenue. La sua indagine ha evidenziato che questo «candore» è indice di una capacità di interpretare la mimica facciale inferiore alla media, cosa che rende queste donne meno accorte nel cogliere le intenzioni ostili o minacciose di uno sconosciuto. Per contro, lo stesso Giannini assieme a Kay Whitney Fellows ha scoperto che i molestatori sono più abili del comune nel leggere i segnali del corpo.

Inoltre, sono maggiormente oggetto di molestie le donne passive e sottomesse: queste persone indossano abiti che le fanno apparire goffe, come maglioni ampi con colli alti e maniche talmente lunghe da coprire in parte le mani, o pantaloni sformati. Insomma, un abbigliamento che nasconde le forme, facendo intuire ai malintenzionati che queste donne hanno un cattivo rapporto con il proprio corpo e con la propria identità sessuale, atteggiamenti che verosimilmente le rendono insicure.

Un'altra indagine ha dimostrato che le donne più femminili – rispetto alle loro pari più androgine – tendono a indossare un abbigliamento più elegante, ma che limita il loro movimento, rendendole quindi maggiormente esposte alle aggressioni.

Vittime predestinate sono infine gli individui che si guardino attorno spaesati o che mostrino di non sapere quale direzione prendere, come tipicamente accade a un turista.

Il corpo parla anche quando dormiamo

Che movimenti, gesti, contatto fisico e altre forme di segnali non verbali accompagnino le nostre interazioni interpersonali è ormai una conoscenza comune.

Non altrettanto scontata è invece l'idea che le posture che assumiamo quando ci gettiamo tra le braccia di Morfeo dicano qualcosa di noi.

Chris Idzikowski, direttore dello Sleep Assessment and Advisory Service (Servizio di consulenza e valutazione del sonno) di Londra e docente all'Università del Surrey, ha studiato a fondo i rapporti tra personalità e modo di dormire su un campione di mille individui. Ha così scoperto che tendiamo ad assumere sei tipi di posizioni e le ha chiamate in modo pittoresco in rapporto a quello che evocano (come illustrato nel test più avanti).

Quando sviluppiamo una preferenza per la posizione in cui addormentarci, tendiamo a coricarci sempre nello stesso modo, e lo facciamo praticamente tutti; chi non mostra una predilezione in questo senso è una vera mosca bianca. Le posizioni più comuni, dimostra uno studio giapponese, sono la supina e quella di fianco.

La posizione che assumiamo per addormentarci riflette quindi la nostra personalità ed è anche il modo più confortevole per prendere sonno. Non solo: un'indagine pubblicata su *Sleep and Hypnosis* ha messo in luce che il modo in cui ci addormentiamo influenza anche lo stato emotivo dei nostri sogni.

Da questa ricerca è in effetti emerso che chi di solito dorme sul lato sinistro soffre più facilmente di incubi o sonni agitati, mentre gli individui che dormono sul lato destro hanno in media un sonno più ristoratore e tranquillo.

Non è infrequente che nell'addormentamento si avvertano delle mioclonie notturne (scatti involontari, solitamente degli arti inferiori, spesso accompagnati dalla sensazione di cadere e da un risveglio improvviso) o una sensazione di «irrequietezza delle gambe»: il più delle volte questi disturbi sono dovuti a stress, ansia o un eccessivo consumo di caffè o sigarette.

Un problema simile è il PLMD (Periodic Limb Moving Disorder, o movimento periodico delle estremità), in cui il sonno è interrotto da cicliche contrazioni alle gambe con estensione dell'alluce e con una parziale flessione delle anche o delle ginocchia; pure in questo caso il problema è spesso segno di forte stress o è una conseguenza di traumi emotivi.

>>> TEST <<<
DIMMI COME DORMI E TI DIRÒ CHI SEI

Guarda i disegni qui sotto, leggi le descrizioni e individua la posizione che più assomiglia a quella in cui prendi sonno.

Scopri poi il significato della postura nei profili riportati alle pagine 214-215.

LE PIÙ COMUNI POSIZIONI ASSUNTE NEL SONNO

Il feto	Il tronco	Il bramoso	Il soldato	La caduta libera	La stella marina
41%	15%	13%	8%	7%	5%

Il feto: tendi ad addormentarti in posizione rannicchiata, sollevando e piegando le ginocchia e circondandole con le braccia. Una variante è sollevare e piegare le ginocchia stringendo il cuscino a sé; spesso chi dorme in questo modo avvolge a bozzolo le coperte o le lenzuola oppure è capace di tirarle fin sopra la testa anche quando fa caldo.

Il tronco: questa postura assomiglia a quella di un soldato sull'attenti: braccia lungo i fianchi e gambe unite; tutto il corpo, inoltre, è appoggiato su un fianco. La mattina tendi a svegliarti né più né meno come ti sei addormentato, lenzuola e coperte sembrano appena rimboccate.

Il bramoso: ti addormenti di fianco con entrambe le braccia sollevate all'altezza delle spalle, talvolta sotto il cuscino.

Il soldato: rientri in questa categoria se dormi supino con le braccia affiancate al tronco e le gambe dritte.

La caduta libera: il corpo è prono, le braccia sono sollevate e circondano il cuscino.

La stella marina: si tratta di una posizione in cui ci si adagia sul dorso, con braccia e gambe spalancate; di solito, chi adotta questa postura predilige dormire poco vestito e senza coperte o, comunque, tiene i piedi fuori dalle coperte.

Il feto: questa è la posizione più comune, adottata dal 41% delle persone, più di metà delle quali sono donne. Se ti rannicchi in questo modo sei sensibile, insicuro e in genere, quando incontri qualcuno per la prima volta, ti senti in soggezione e tendi a provare una certa inibizione.

Il tronco: questa è tra le posizioni più «gettonate», prescelta dal 15% dei dormienti. Se prendi sonno in questo modo tendi ad avere una natura accomodante, sei estroverso e ami stare fra la gente; inoltre, sei in genere piuttosto fiducioso negli altri e talvolta credulone.

Il bramoso: se ti addormenti in questo modo sei incline a mostrarti aperto verso il prossimo, ma anche sospettoso e cinico; quando devi decidere qualcosa sei peggio di una lumaca, ma una volta fatta la scelta, diventi irremovibile. La percentuale di individui che gradisce questa postura è pressoché analoga a quella di chi preferisce il «tronco»: il 13% delle persone.

Il soldato: di indole sei solitamente calmo e riservato; la confusione ti irrita e pretendi molto sia da te stesso sia dagli altri. Circa l'8% della gente si trova a proprio agio ad assopirsi in questa posizione.

La caduta libera: se prendi sonno così, tendi a trovarti a proprio agio con gli altri e puoi diventare perfino sfacciato quando fai dei commenti o delle battute. Questa però è di solito solo una facciata, perché dentro, anche se tendi a non darlo a vedere, sei nervoso, suscettibile e permaloso; inoltre non gradisci le emozioni troppo forti. Si stima che il 7% della popolazione si assopisca in questo modo.

La stella marina: se di solito dormi così sei socievole e amichevole; in genere, sai mostrarti un buon ascoltatore e sei pronto ad accorrere in soccorso degli altri, non gradisci però stare al centro dell'attenzione. È una posizione decisamente poco comune, prescelta solo dal 5% delle persone.

Leggere nel pensiero degli altri

Le applicazioni della lettura del corpo sono molteplici.

A volte, il nostro obiettivo sarà conoscere fatti, atteggiamenti e intenzioni dell'altro senza che ce ne parli, anche quando non intende rivelarceli.

Possiamo, in altre parole, usare i segnali del corpo provocati dalle nostre parole come una forma di «lettura del pensiero».

Profumo d'intesa

Stefano, appassionatosi allo studio del linguaggio del corpo, stava parlando con la sua amica Caterina di una vecchia fiamma di lei. Caterina descriveva quest'uomo come piacente, ma non proprio un adone e, affermava, non aveva neppure una grande cultura.

A quel punto, lui la interruppe dicendo: «Allora cosa ti piaceva di lui?» Ma prima che lei rispondesse, Stefano intervenne di nuovo: «No, non dirmelo, te lo dico io: il suo odore!»

Lei spalancò gli occhi e la bocca, chiedendogli come avesse fatto a capirlo. Lui allora le fece notare che mentre stava per rispondere *aveva dilatato le narici*; in altri termini, si era costruita una rappresentazione mentale in cui quello che spiccava non era l'aspetto o il tono di voce dell'uomo, ma l'odore della sua pelle.

C'è chi è dotato di una buona dialettica e chi invece non sa mai cosa dire; le reazioni non verbali dell'altro al nostro discorso o all'ambiente circostante possono suggerirci le parole e i temi adatti per rendere la conversazione accattivante o, nel caso di una proposta o vendita, per trovare gli argomenti vincenti.

Un buon esempio è quello che segue.

L'episodio mi è stato riferito da un promotore finanziario che ha partecipato ai miei corsi sulla vendita emotiva.

Giacomo, promotore per un'importante società di investimenti, si trovava a casa di un cliente che gli aveva chiesto delle informazioni su come far fruttare i propri risparmi.

Prima di proporre un qualsiasi piano di investimento voleva capire come il proprio interlocutore si fosse mosso in passato, quali fossero le sue necessità, le aspettative, e se fosse incline al rischio o piuttosto cauto. Il cliente in questione, però, si era mostrato piuttosto evasivo e reticente a parlare di questi argomenti quando Giacomo gli aveva fatto delle domande dirette.

Per fortuna, il promotore conosceva bene la comunicazione non verbale e così, per rendere il cliente soddisfatto e convinto, aveva scelto la via indiretta.

In sostanza, Giacomo aveva cominciato a parlare di quali fossero le tendenze degli investitori, quali gli atteggiamenti più azzardati e quali quelli più moderati, e a descrivere la situazione del mercato degli investimenti mobiliari.

Quando aveva detto che c'è gente molto timorosa, che tiene i soldi in banca, il cliente *aveva dato un colpo di tosse, un segno di disagio* rivelando così che è proprio questo che faceva e che se ne vergognava agli occhi del consulente.

Sulla base di questa scoperta, Giacomo aveva supposto che non fosse un tipo molto incline al rischio, così gli aveva esposto le diverse forme di investimento, puntando sul fatto che le più sicure erano le obbligazioni. Subito dopo che aveva detto «sicure», l'interlocutore *aveva portato il busto in avanti,* un indice di interesse; il promotore aveva precisato però che l'interesse nel caso di questi titoli non era alto, al che il cliente *aveva tirato parzialmente il busto indietro*, segno di delusione. A quel punto, Giacomo aveva deciso di formulare la sua proposta: disinvestire buona parte dei risparmi mettendo il 90% in obbligazioni dal rendimento non straordinariamente redditizio ma solido, e il 10% in un fondo azionario per avere un guadagno in più rischiando poco.

Da quell'incontro sono passati anni e il cliente, ora molto più aperto e loquace, si fida ciecamente di Giacomo, un consulente che ritiene esperto e giudizioso: certo, tutte le dritte gliele aveva date lui stesso senza rendersene conto!

Venditori e acquirenti possono mostrare la propria intenzione rispettivamente di vendere e acquistare prima ancora di esprimerlo verbalmente.

David Givens, uno dei maggiori esperti mondiali nel campo della comunicazione non verbale, ha notato che quando qualcuno prova l'impulso di comprare qualcosa, frequentemente lo tocca: per esempio, in un negozio di articoli per la casa uno può sfiorare, accarezzare, poggiare le dita su un portavivande o su un vassoio. Un comportamento analogo, ma più complesso, lo mette in atto chi, in un'agenzia viaggi, si mette a manipolare un dépliant o appoggia la mano sulla copertina di uno dei cataloghi esposti in cui è raffigurato un particolare paesaggio; oppure, nel caso di un contratto di mutuo, assicurativo o finanziario, il cliente che prende in mano la penna mostrando l'intenzione di sottoscrivere la proposta.

Capire quale opinione suscitiamo negli altri

Nelle situazioni in cui è fondamentale dare una buona immagine di sé (come a un colloquio di lavoro o a un incontro sentimentale), può essere importante capire sin da subito l'idea che l'altro si è fatto di noi.

Se chi incontriamo (che sia un selezionatore o una persona con cui fissiamo un appuntamento, magari dopo un approccio su Facebook) di primo acchito *si sfrega il naso* in un gesto di fastidio, *spinge un sopracciglio verso l'alto* a indicare perplessità, *piega un angolo delle labbra verso il basso* in un'espressione di delusione, oppure dà altri segnali di questo tipo, ci comunica che la prima impressione è sfavorevole.

Se, al contrario, quando ci vede *si passa la lingua sulle labbra*, *si aggiusta l'abito o un accessorio* (come per presentarsi al meglio) o *sorride in modo genuino* (gli angoli delle labbra sono rivolti verso l'alto, le guance appaiono tese, le palpebre inferiori sono sollevate, sotto presentano delle pieghe trasversali e si notano le cosiddette zampe di gallina agli angoli degli occhi), magari *sollevando velocemente le sopracciglia* in un'espressione di sorpresa, oppure fa altri gesti del genere significa che ci trova istintivamente attraenti, gradevoli e l'impressione che si è fatto di noi è sicuramente superiore alle sue aspettative.

Riconoscendo questi segnali possiamo stabilire come procedere: certo, suscitare al primo impatto una reazione negativa non ci facilita le cose ma, senza necessariamente darci per vinti, almeno sappiamo che dovremo impegnarci per fargli cambiare idea.

La lettura del linguaggio del corpo nel gioco professionale

Per primeggiare nello sport oppure nei giochi è necessaria una buona preparazione atletica o mentale e spesso bisogna allenare entrambe le facoltà.

Ciò che conta di più nella competizione contro degli avversari è la psicologia: per esempio, si dice che Mike Tyson vincesse i suoi incontri prima ancora di salire sul ring, solo perché aveva la fama di essere imbattibile.

Un accorgimento per rendersi «imbattibili» nelle gare agonistiche è vestire di rosso. Lo hanno provato gli psicologi inglesi Russell Hill e Robert Barton, che hanno pubblicato l'esito della loro ricerca su *Nature*. Questi studiosi hanno analizzato l'influenza del colore sulla possibilità di vincere una gara o una partita e si sono resi conto che chi indossava una divisa rossa aveva una più alta probabilità di vincere.

Un risultato confermato anche da un team di neurologi rumeni capitanati dallo scienziato Andrei Ilie. La sua équipe, partendo dalla constatazione che nelle olimpiadi del 2004 le squadre o gli atleti con magliette amaranto avevano vinto di più, ha voluto studiare a fondo questo fenomeno facendo eseguire a un gruppo di partecipanti dei giochi virtuali. Conclusione: i team vittoriosi erano in misura significativa quelli che vestivano di rosso.

Questo risultato, commentano gli esperti, è attribuibile al fatto che il rosso viene inconsciamente associato alla dominanza. Si tratta di un retaggio biologico: per esempio, tra i mandrilli (primati con il volto colorato di un rosso acceso, di blu, viola e rosa) i capibranco hanno una colorazione più vivace, soprattutto nelle regioni rosse. L'intensità di questo pigmento, è stato provato, è direttamente proporzionale alla presenza in circolo di testosterone (l'ormone maschile, legato al potere, all'aggressività, alla competitività e all'esuberanza sessuale).

Tornando alla lettura del comportamento non verbale, possiamo affermare che, si tratti di calcio, di boxe o del gioco degli scacchi, prevedere le mosse dell'avversario e confonderlo con delle finte è una capacità essenziale per vincere.

Questo principio generale, che può essere applicato a ogni attività agonistica, è cruciale in qualunque gioco di carte e in particolare nel poker.

Comprendere chi si ha di fronte, stabilire quando ha una mano vincente, quando è incerto sul da farsi, quando bluffa eccetera è l'unica vera strategia vincente in questo gioco.

Gary Steele, giornalista e curatore di una rubrica sul poker, sostiene che ci sono aspetti psicologici essenziali da tenere in considerazione in questo ambito: innanzitutto, farsi un'idea dello stile di gioco degli avversari, in secondo luogo essere consapevoli della percezione che le altre persone sedute al tavolo verde hanno di noi.

Un valido giocatore di poker, pertanto, deve essere prima di tutto un ottimo osservatore.

Il primo passo per intuire cosa hanno in mano gli avversari è studiare attentamente come giocano, quali sono i loro comportamenti tipici quando hanno delle buone carte, quando tentano un bluff, quando gli è capitata una mano pessima e quando sono indecisi sul da farsi.

Naturalmente, bisogna osservare a lungo una persona per capirla e prevederla, commenta David Hayano, professore di antropologia in pensione che ha analizzato il linguaggio del corpo dei giocatori di poker nel libro *Poker Faces*: un volta che abbiamo tenuto d'occhio qualcuno per diverso tempo, possiamo renderci conto di quando sta per fare una data mossa o ha una certa intenzione.

Per esempio, se uno è loquace e chiacchierone e, mentre solleva le carte, si interrompe bruscamente, balbetta e riprende in maniera stentata quanto stava dicendo, significa che ha un full, una scala o comunque una buona mano; invece, probabilmente sta bluffando se i suoi movimenti diventano esagerati oppure ostenta un entusiasmo eccessivo.

Hayano suggerisce che se un giocatore si mette a gettare fiches con energia sul tavolo o all'improvviso si mostra spaccone e strafottente è facile che stia mascherando il fatto di avere una mano scadente.

Se un giocatore, non appena viste le carte, butta immediatamente l'occhio alle sue fiches, quasi sempre ha una buona mano e cerca di stabilire quanto puntare o di quanto alzare la posta.

Questa interpretazione vale anche quando un giocatore che ha uno sguardo annoiato e spento, mentre si appoggia stancamente allo schienale all'improvviso rizza il busto, solleva la testa, socchiude le palpebre e guarda con interesse i compagni.

Potremmo dilungarci a lungo sul tema, ma non è questo il contesto: in ogni caso, i segnali non verbali di tensione, piacere e rifiuto possono valere anche in questa specifica situazione.

Colpo di mano

I video sul poker professionale, diffusissimi su Internet, sono un'ottima fonte di studio per familiarizzare con l'esame della comunicazione non verbale.

Emblematica è la ripresa del «World Series of Poker Main Event» del 2005, dove il campione mondiale Sam Farha sconfigge il suo avversario, l'attore Oliver Hudson (fratello della più nota Kate Hudson), in una sola mano.

Premettiamo che entrambi i giocatori indossavano occhiali dalle lenti scure e quindi non era possibile scorgere qualcosa dai loro sguardi.

Vengono distribuite le carte e Sam Farha solleva appena le sue (un asso di cuori e un 10 di quadri, non certo una mano fortunata). Dopo averle viste *inspira velocemente, si vede in particolare la dilatazione della narice destra – segno d'ansia – e deglutisce, altro segnale di disagio* poi butta un paio di fiches sul tavolo.

Sam Farha si mostra annoiato

Tocca a Oliver Hudson: prende le sue due carte e le alza (una coppia: 10 di fiori e 10 di picche) *si sfrega le labbra con il pollice – evidenziando un conflitto interno – e comprime le labbra in segno di tensione* quindi rilancia.

Farha *si morde il labbro inferiore, indice di ansia* mentre Hudson allunga altre fiches e l'avversario *dà un improvviso colpo di tosse*, segno di agitazione.

Il croupier mette tre carte sul tavolo: due assi e un 10. Sam Farha *sporge leggermente le labbra verso l'esterno, un segnale di gradimento-apprezzamento* (ora ha un full d'assi con 10, quindi ha tutte le ragioni di esprimere piacere per l'andamento della partita).

Hudson fa segno al «banco» di buttare un'altra carta ed esce una regina di fiori, dopodiché mette altre fiches sul tavolo. Altrettanto fa Farha, seguito ancora dall'attore che punta tutte le sue fiches, e così l'altro.

Si girano le carte: Hudson *comprime nuovamente le labbra e tira indietro il corpo, un gesto di rifiuto o di resa, sorridendo, probabilmente per scaricare la tensione.*

Il croupier sta per dare la quinta carta, l'ultima chance per Hudson che *solleva le labbra sbuffando e arriccia il naso, parte dell'espressione di disgusto, qui usata per esprimere disappunto.* L'ultima carta è un jack: vince Farha.

Come utilizzare ciò che scopriamo attraverso il linguaggio del corpo

Mostrarsi particolarmente sensibili alle esigenze e preferenze altrui anche quando non vengono espresse talvolta può tornare utile, ma in qualche caso è proprio sconsigliabile. In certe culture, come quella giapponese, la manifestazione pubblica delle emozioni viene fortemente disapprovata; nella nostra siamo un po' più «morbidi» al riguardo, ma quando interagiamo con degli sconosciuti vige la regola implicita di soffocare o moderare sia i sentimenti positivi sia quelli negativi. Naturalmente, a meno di non avere un autocontrollo assoluto, qualcosa ci sfugge quasi sempre, e allora è un bene che di norma gli altri condividano gli stessi principi per cui, quando gli indizi non verbali ci tradiscono, il più delle volte facciamo finta di niente.

In ogni caso, l'abbiamo già detto, buona parte dei messaggi involontari trapelano non tanto dal discorso o dall'atteggiamento del volto, quanto proprio da segnali non verbali: il tono di voce, gesti di autocontatto e altre modificazioni spesso appena percettibili. Si tratta cioè di comportamenti che in linea di massima passano inosservati o a cui non viene dato peso.

Eppure, individui particolarmente accorti o chi ha una preparazione specifica non può non coglierli. Cosa fare in quel caso, rivelarlo o no?

Potremmo rispondere che dipende dalle circostanze.

Ci sono situazioni in cui sfoderare, con tatto, un buon fiuto interpersonale paga: per esempio, se siamo al ristorante e buttiamo prima un occhio alla lista dei dessert e poi lo spostiamo sulla nostra pancia (magari un po' prominente), accetteremo di buon grado l'intervento provvidenziale di un cameriere che, colta la nostra incertezza, commenti: «Abbiamo un dolce alla frutta squisito ed estremamente leggero».

Poniamo ora il caso di moglie e marito che vadano in un'agenzia viaggi per scegliere una vacanza e non abbiano idee sulla destinazione. Se l'addetto nota che lei *spalanca gli occhi, inclina il busto e muove le labbra come per aggiustarsi il rossetto* (tutti segni di gradimento) di fronte alle foto di Mauritius, può farle un grandissimo favore suggerendo al marito che la renderebbe molto felice scegliendo quella meta.

Rivelare qualcosa che si è colto osservando il comportamento non verbale, inoltre, può essere utilissimo a un uomo per fare colpo su una donna. Una delle cose di cui molte rappresentanti del gentil sesso si lamentano è il fatto che il partner non capisca «al volo» i loro pensieri o desideri. Così, chi si mostri particolarmente attento a quello che una donna esprime senza dirlo, può guadagnare parecchi punti ai suoi occhi.

In una ricerca condotta dagli psicologi Ereni Markos e Nancy Puccinelli è emerso che il servizio di chi lavora con il pubblico come commesso o impiegato e mostra di essere sensibile a gusti e preferenze inespresse del cliente, viene particolarmente apprezzato da quest'ultimo. Numerose indagini hanno messo in luce, inoltre, che un'abilità analoga a «leggere fra le righe» viene giudicata molto favorevolmente se a esibirla è il proprio medico curante.

Tuttavia, ci sono circostanze in cui è meglio tacere le proprie «scoperte»: per esempio, se nel corso di una negoziazione si dovesse osservare il disappunto della controparte, è più conveniente tacere questa percezione e mantenere, almeno formalmente, un clima di cordialità.

Anche quando ciò che rileviamo è un indizio di qualcosa che l'altro ci nasconde, è meglio «fare gli gnorri», altrimenti allarmeremmo l'interlocutore, che si metterebbe sulla difensiva e starebbe ben attento a non lasciarsi scappare ulteriori informazioni.

Nancy Puccinelli e Linda Tickle-Degnen hanno appena pubblicato uno studio sul fatto se sia o meno opportuno far intendere agli altri che si è stati in grado di afferrare sentimenti nascosti. Sulla base delle loro analisi, gli autori mettono in guardia dal farlo con individui che abbiano poca stima di sé, siano suscettibili, ansiosi e pessimisti. Se questi ultimi si sentono scoperti, proveranno disagio e il desiderio di interrompere un'interazione imbarazzante.

Probabilmente, questo fastidio è dovuto non tanto al fatto che qualcun altro possa «snidare» la loro inadeguatezza, quanto alla vergogna che questa possa venire alla luce; oppure, queste persone tendono a mentire anche a se stesse e venire smascherate le porta a una sgradevole presa di coscienza.

6

Svelare le menzogne

Non c'è persona che, almeno una volta nella vita, non abbia nascosto un fatto, omesso dei dettagli imbarazzanti o evitato di raccontare qualcosa.

Non solo mentiamo di frequente, ma spesso lo facciamo senza accorgerci. Robert Feldman, psicologo dell'Università del Massachusetts, ha calcolato che quando incontriamo un conoscente gli mentiamo in media tre volte ogni 10 minuti; è stato poi calcolato che il 60% di noi mente almeno una volta ogni 10 minuti di conversazione.

I motivi per cui lo facciamo per lo più non sono vitali, ma è sufficiente che avvertiamo che la stima di noi stessi sia minacciata, che immediatamente tendiamo a mentire anche in modo spudorato. Spesso le bugie vengono dette non tanto per fare buona impressione sull'altro, quanto per mantenere l'idea che ci siamo fatti di noi stessi; inoltre, preferiamo risultare gradevoli, rendere le relazioni sociali positive e amichevoli ed evitare di offendere l'interlocutore con il disaccordo o esprimendo del fastidio.

In un esperimento effettuato dallo stesso Feldman, due estranei sono stati fatti accomodare in una stanza e ripresi mentre conversavano. In seguito, a ognuno dei due è stato chiesto di vedere il filmato del dialogo chiedendogli di stabilire se quello che aveva detto non fosse del tutto accurato (era stata volutamente evitata la parola «menzogna»).

Prima di guardare il video, entrambi i soggetti hanno affermato di essere stati del tutto sinceri, ma dopo la visione sono rimasti sorpresi di quante cose non vere avessero raccontato e di quante altre avessero omesso.

Non tutte le bugie sono dannose: talvolta mentire può essere il modo migliore per proteggere la privacy o se stessi dalla malizia altrui; altre volte mentiamo per tatto o pena per l'altra persona, per pudore o, come già accennato, per evitare conflitti inutili.

Naturalmente, le ragioni per cui mentiamo possono essere altre e più complesse: per esempio, possiamo farlo per evitare che la verità ci danneggi, possiamo tenere per noi certi argomenti per paura di una punizione o di una sanzione, possiamo mentire per paura di essere rifiutati; un altro timore può essere quello di perdere denaro, oggetti o cose preziose; alcune bugie infine sono altruistiche: evitiamo di dire cose che possano ferire.

Chi mente di più

Personalità, attitudini, intelligenza e altro incidono sulla tendenza a mentire.

Tra i due sessi sembra esserci parità, almeno in questo: gli uomini mentono nella stessa misura delle donne, ma mentre i primi lo fanno in genere per apparire migliori, il gentil sesso tende a mentire per motivi altruistici.

Uomini e donne si sentono maggiormente la coscienza a posto se raccontano una bugia a qualcuno del proprio sesso piuttosto che a una persona del sesso opposto; complessivamente, comunque, il genere maschile considera la menzogna come meno riprovevole e più socialmente accettabile rispetto a quello femminile.

Per quanto riguarda le caratteristiche personali è stato provato che gli estroversi, gli esibizionisti, gli individui macchinosi e le persone più sicure di sé mentono in modo più convincente e con maggiore disinvoltura rispetto agli introversi e agli ansiosi.

Inoltre, si mente a ogni età, ma la capacità di raccontare bugie è come il vino buono: migliora con il tempo.

Alcune professioni portano a mentire più di altre. L'inganno e la manipolazione della verità sono aspetti centrali di ogni interazione strategica come nella contrattazione, nel gioco professionale, in politica o negli affari: così, il rischio che un venditore ci menta è molto più alto rispetto alle situazioni in cui abbiamo a che fare con un amico o con il partner.

In questi ultimi casi, l'uso della menzogna viene percepito per lo più come un modo di preservare il partner o una persona cara da verità sgradevoli.

Mary Kaplar e Anne Gordon dell'Università statale di Bowling Green, nell'Ohio, hanno rilevato che pure tra persone sposate o fidanzate la menzogna è comune. Se uno nasconde delle cose all'altro o racconta delle bugie tende a essere piuttosto indulgente verso se stesso: ritiene infatti di mentire per tatto verso il partner, pensa di essere mosso dal senso di colpa, di essere spontaneo e giustificato dalle circostanze o costretto a mentire a causa del comportamento dell'altro (come chi nasconde una frequentazione con persone del sesso opposto con la scusante che il partner è troppo geloso).

Un utilizzo frequente della menzogna nella coppia è legato spesso a un senso di frustrazione, di instabilità del legame e insoddisfazione nei confronti dell'altro e viene di solito usato come modo per evitare situazioni di conflitto.

In genere, poi, chi mente abitualmente ritiene che il proprio partner non sia da meno.

Le psicologhe Deborah Kashy e Bella DePaulo in una loro indagine hanno rilevato che nella vita mente di più chi tende a manipolare maggiormente gli altri, è più preoccupato dell'immagine che dà di sé, è meno integrato e meno appagato nei propri rapporti interpersonali, specie con persone del proprio sesso. Questi soggetti utilizzano la menzogna per trarne un vantaggio; per contro, anche le persone più benvolute mentono, ma in modo più altruistico: per non ferire gli altri, per rassicurarli o per dare loro conforto.

«Mi dica tutto»:
si mente anche allo psicoterapeuta

Sembra un controsenso, ma possiamo mentire anche al nostro psicoterapeuta.

Le motivazioni sono molteplici: in certe occasioni temiamo di raccontargli episodi, pensieri, sogni o sensazioni che ci fa male rievocare o per i quali proviamo vergogna e imbarazzo perché ammettere determinate realtà potrebbe incrinare l'immagine positiva che abbiamo di noi stessi. Altre volte, non gli diciamo alcune cose perché le neghiamo innanzitutto a noi stessi o mentiamo d'abitudine, oppure coviamo il pensiero che il terapeuta ci dica che siamo pazzi. Possiamo anche sottovalutare determinate esperienze; qualcuno, poi, può non fidarsi dello psicologo e sospettare che possa riferire le proprie confidenze ad altri.

Infine, può succedere che lo psicoterapeuta ci susciti delle perplessità oppure che sia diventato una figura talmente importante e familiare che temiamo di deluderlo.

La menzogna nel bambino
è segno di maturazione

I genitori, in genere, mostrano una certa preoccupazione quando si accorgono che il loro angioletto dice le prime bugie. In realtà dovrebbero rallegrarsene: è segno di sviluppo.

Una serie di indagini condotte su bambini ha messo in evidenza che i bambini che mentono di più non mancano di valori o regole morali, ma sono più svegli; l'abilità a mentire è infatti legata a un miglioramento delle abilità cognitive; questo perché per mentire bisogna tenere a mente la verità, compito che coinvolge molteplici processi cerebrali, come integrare diverse informazioni e saperle manipolare.

Grazie alle moderne tecnologie a disposizione delle neuroscienze, si è potuto osservare che l'abilità a mentire è collegata allo sviluppo di aree del cervello conosciute come «regioni di funzionamento esecutivo», la cui principale struttura è la corteccia prefrontale.

Anche la polizia qualche volta fa cilecca

Patricia Wallace, docente all'Università del Maryland, nel libro *Psych Online 97* afferma che «la ricerca psicologica sulla menzogna [...] dimostra che la maggior parte di noi è piuttosto scadente nel distinguere la verità dalla bugia e questo vale anche per categorie come la polizia o gli ispettori della dogana che si presume debbano essere esperti nel riconoscere chi mente».

Lo provano in modo inequivocabile due studi.

La prima indagine, condotta dallo psicologo tedesco Günter Köhnken, aveva lo scopo di analizzare se, una volta informati del peso degli indizi non verbali, gli agenti di polizia fossero maggiormente in grado di valutare la genuinità di una testimonianza.

I partecipanti venivano invitati a guardare una videocassetta in cui erano stati ripresi dei testimoni di alcuni fatti mentre li raccontavano; in certi casi si trattava di testimonianze sincere, in altri no. Agli agenti era stato suggerito di fare estrema attenzione ai segnali non verbali e, in particolare, ai movimenti del corpo, alle posture e alle espressioni facciali; inoltre, era stato raccomandato loro di tenere conto anche della velocità dell'eloquio e del tono della voce.

Nonostante questi consigli, però, gli agenti non si sono dimostrati granché abili a rilevare le menzogne. Per assurdo, erano proprio quelli che si ritenevano più infallibili a incorrere più facilmente in errori e fraintendimenti.

Uno studio analogo è stato condotto contemporaneamente coinvolgendo ispettori aeroportuali e persone qualunque. In questo caso, nessuna delle due categorie aveva ricevuto uno specifico training sul riconoscimento della bugia né era stato detto loro cosa osservare.

A tutti era stato chiesto di valutare la veridicità delle affermazioni di un passeggero sospettato di contrabbando e filmato durante l'interrogatorio.

I risultati hanno messo in luce che i due gruppi erano giunti «a pari merito», nel senso che né gli uni né gli altri erano stati in grado di dare giudizi che andassero al di là del puro caso!

Quando hanno dovuto riferire sulla base di cosa avessero emesso le loro valutazioni, i partecipanti hanno raccontato di essersi affidati a quelli che sono i segnali più scontati sulla menzogna: cioè che il mentitore dia risposte brevi o si dilunghi troppo in dettagli inutili, che distolga spesso lo sguardo eccetera.

In definitiva, non basta essere attenti o sospettosi per cogliere le menzogne, e nemmeno limitarsi a tenere sott'occhio i segnali del corpo. Inoltre, sia gli investigatori sia i non esperti tendono a basarsi su indizi non rilevanti legati più ai luoghi comuni che non a segni attendibili, che invece sono stati identificati e catalogati: ne parleremo a fondo nelle prossime pagine.

Modi di mentire

Esistono due modi tipici di mentire: *dissimulando* quello che proviamo, e attraverso la *falsificazione*.

Nella **dissimulazione** chi mente nasconde alcune informazioni senza esprimere in effetti niente di falso; l'informazione viene nascosta deliberatamente e intenzionalmente. La dissimulazione può essere espressa in diversi modi:

» attraverso l'omissione: cioè evitando di menzionare alcuni particolari;
» attraverso l'occultamento: cioè nascondendo delle prove che possano portare la vittima alla scoperta della verità;
» fuorviando: cioè indirizzando l'attenzione dell'altro su indizi irrilevanti e distraenti.

Nella **falsificazione**, invece, l'informazione non solo viene taciuta, ma viene «alterata» inventando una storia o dando un'interpretazione diversa ai fatti.

Questa tecnica può fare uso della:

» riformulazione: il fatto viene presentato per quello che non è. L'esempio più classico è quello del marito che viene colto in flagrante tradimento dalla moglie mentre è a letto con un'altra ed esclami: «Non è quello che pensi». Detto così suona ridicolo, ma può funzionare se la moglie ha visto il marito semplicemente abbracciare una donna: in quel caso lui può giustificarsi dicendo che la stava consolando. La stessa strategia può andare a segno se un borseggiatore, colto dal malcapitato con il proprio portafoglio in mano, afferma che gli era caduto e che stava restituendoglielo;

» finzione: si crea una realtà del tutto fittizia per coprire la verità, è il caso dell'alibi creato ad hoc;

» confusione: questo stratagemma consiste nell'ingarbugliare le cose, evidenziando delle contraddizioni o dei punti deboli nei ragionamenti oppure nelle interpretazioni dell'altro.

Solitamente, quando si presenta la possibilità di scegliere come mentire si preferisce la dissimulazione alla falsificazione: la prima alternativa offre infatti diversi vantaggi.

Innanzitutto, nascondere un'informazione è molto più semplice che fornirne una falsa perché non c'è bisogno di inventarsi e ricordare qualcosa di non vero, quindi aggira il rischio di contraddirsi e di venire tacciati di aver mentito.

In secondo luogo, la dissimulazione è vissuta come socialmente e moralmente più accettabile.

In ultimo, questo modo di alterare la realtà è più facile da giustificare se in seguito il fatto occultato viene a galla: si può facilmente addurre la scusa di essersi dimenticati, di non saperlo, di aver sottovalutato qualcosa eccetera.

L'ammissione di non ricordare, in realtà, è una via di mezzo tra la dissimulazione e la falsificazione: il bugiardo generalmente ricorre a questa strategia quando viene posta una domanda diretta, evitando così la complicazione di doversi tenere a mente una storia inventata.

La dissimulazione è una tattica usata comunemente quando non si vuole che l'interlocutore venga a conoscenza delle nostre emozioni. Così, ci si può sottrarre alla possibilità di mostrare la propria delusione o tristezza portando un dito vicino all'angolo dell'occhio come per liberarsi da una ciglia (quando invece si tampona una lacrima); possiamo sorridere per coprire un senso di imbarazzo; possiamo, ancora, portare una mano al naso con il pretesto di grattarlo per nascondere un sorriso inopportuno o un tremolio delle labbra, che può, peraltro, essere frenato anche stringendole l'una contro l'altra.

Certe espressioni emotive, tuttavia, possono essere difficili da dissimulare, per cui chi non vuole tradirsi può ammetterle, mentendo invece sui motivi che le hanno provocate; oppure può enfatizzarle, ridicolizzandole.

Paul Ekman elenca altri tre modi di mentire:

» usando l'**esagerazione**, così da squalificare i sospetti dell'altro. Lo studioso fa l'esempio di una moglie che ritenendo che il proprio marito abbia avuto un'avventura durante un viaggio d'affari, glielo domandi; lui potrebbe rispondere con sarcasmo e dire che è andato a letto ogni sera con una donna diversa e qualche volta anche durante la pausa pranzo;

» un'altra tecnica è ammettere una **mezza verità**: un esempio di questa strategia potrebbe essere un uomo cui venga chiesto se ha una storia con la vicina di casa e, anche se è vero, risponda solo: «Sì, è carina»;

» un terzo modo è fare dei **commenti ambigui** che portino l'altra persona a conclusioni errate. Per esempio, se un amico che allestisce una mostra di pittura ci chiede un giudizio, potremmo rispondere: «Questi quadri sono davvero particolari; come ti è venuto in mente di usare questa tecnica?» Un'affermazione, come si può intuire, che in sostanza non dice niente.

Pregiudizi

Come abbiamo detto nei capitoli precedenti molte delle impressioni che abbiamo sugli altri sono prodotte in modo rapido, involontario e intuitivo, spesso sulla base di una sola occhiata.

Questi giudizi affrettati danno forma a un'idea che si fa persistente e tenace.

Lo stesso vale nella valutazione della menzogna: se reputiamo che uno sia sincero, tenderemo a giudicarlo tale in qualsiasi situazione e, perfino, di fronte a prove che dovrebbero suggerirci il contrario; per esempio, se incontriamo qualcuno di bell'aspetto o ben curato tendiamo a ritenere che sia anche sincero e onesto rispetto invece a un individuo poco avvenente o vestito in modo trascurato.

Christian Meissner e Saul Kassin hanno dimostrato che molti poliziotti partono dal presupposto che il sospetto sia colpevole, quindi tendono a vedere degli indizi di menzogna dove ci sono solo segnali di stress e fanno in modo, attraverso metodi coercitivi e brutali, di ottenere confessioni da individui innocenti.

Gli ingredienti della menzogna

Miron Zuckerman e Robert Driver sono stati i primi ad asserire che non ci sono comportamenti che rivelano la menzogna in modo inequivocabile.

Gli studiosi hanno così sviluppato una linea di ricerca che metta in evidenza quali tipi di pensieri, sentimenti e processi psicologici siano più frequenti in chi mente rispetto a chi dice la verità.

Questo orientamento li ha portati a identificare quattro fattori che possono essere usati come indizi di menzogna:

» un aumento generale dell'eccitazione emotiva;
» le particolari emozioni che sono vissute in questa condizione;
» i cambiamenti nello stile di pensiero;

» i tentativi di tenere sotto controllo il proprio comportamento in modo da evitare involontarie fughe di informazioni.

Esaminiamo ora questi punti singolarmente.

Eccitazione emotiva

Proprio perché la menzogna comporta uno stato di intensa allerta e uno sforzo cognitivo, questa condizione può portare a uno stato di eccitazione psicologica che spesso dà luogo a un aumento della dilatazione delle pupille, a una maggiore frequenza dell'ammiccamento palpebrale o a disturbi dell'eloquio come lapsus, esitazioni, ripetizioni eccetera.

Emozioni

Chi mente può provare senso di colpa, paura di essere scoperto, ansia; queste emozioni possono dare luogo a un modo più evasivo e indiretto di comunicare e indurre il mentitore, per esempio, a trovare difficoltà a mantenere lo sguardo diretto.

L'apprensione è un sentimento comune in chi mente, lo porta a smascherarsi con segnali che vanno da un tono acuto, strozzato e quasi afono, al parlare in modo più frettoloso, con pause più lunghe del normale e con un'eccessiva frequenza di errori nel discorso.

Maggiore è la paura di essere scoperti, più sono evidenti questi segni di agitazione: per esempio, se la posta in gioco è alta e le probabilità di farla franca si abbassano aumentano l'apprensione e le sue manifestazioni.

Un'altra emozione che spesso sperimenta il mentitore è il senso di colpa: non esistono segni chiari di questo atteggiamento, ma Paul Ekman ha notato che assomiglia alla tristezza e quindi si manifesta con un tono di voce più basso e debole, con un parlato più lento e una tendenza a guardare verso il basso.

Anche la vergogna all'idea di essere scoperti è un'emozione che si vive di frequente quando si mente; pure in questo caso non c'è una mimica facciale tipica, ma un caratteristico modo di fare che lascia trapelare questo sentimento, riconoscibile dall'evitamento dello sguardo, una postura chiusa e segnali di fuga.

I sentimenti del mentitore non sono necessariamente negativi: nell'ingannare, per esempio, può provare un piacere che conduce a uno stato di eccitazione accompagnato da un tono più alto, da un eloquio più veloce e sonoro e da una vistosa gesticolazione.

Queste non sono comunque le uniche emozioni che si osservano nella menzogna: una persona può mentire su quello che prova, tentando di nascondere le proprie emozioni, oppure mostrare sentimenti che non prova veramente.

Cambiamenti nello stile di pensiero

Mentire è molto più complesso che dire la verità e richiede maggiore concentrazione, memoria e lucidità. Questo impegno mentale può portare a pause più lunghe nel discorso, a maggiori esitazioni e a limitare le gesticolazioni. Naturalmente, posto che dire la verità non susciti maggiori imbarazzi e tensione che mentire.

Va considerato inoltre che chi mente ha un destinatario: perciò deve costantemente controllare il proprio interlocutore per cogliere eventuali segni di sospetto, perplessità o fuga e adattare la propria strategia dialettica e di comportamento alla rilevazione di questi segnali. Questo vale soprattutto all'inizio; poi, a mano a mano che il mentitore si rassicura diventa più sciolto, disinvolto, fluente e sfacciato.

Intensificazione dell'autocontrollo

Chi mente ha bisogno di conservare un elevato autocontrollo per non lasciarsi sfuggire messaggi involontari e per mantenere un comportamento verbale e non verbale coerente con la menzogna.

Paradossalmente, può essere proprio questa necessità a tradirlo; inoltre, un grado di attenzione così intenso potrà portare a discordanze tra il piano verbale e non verbale.

A questo punto facciamo un elenco dei più comuni indizi di menzogna, distinguendo il piano non verbale da quello verbale e sottolineando quali segnali sono più attendibili e quali meno.

Per classificare i segnali sospetti adotteremo un modello messo a punto dagli psicologi David Buller e Judee Burgoon, chiamato EVT (Expectancy Violations Theory, o teoria delle violazioni della condotta attesa): questa teoria parte dal presupposto che alcuni comportamenti sono prevedibili e normali in una certa situazione, mentre altri sono inattesi e anomali.

Quando applicato al riconoscimento delle bugie, questo modello suggerisce che un confronto tra quello che ci si aspetta di osservare e i messaggi che realmente vengono prodotti può segnalare i comportamenti insoliti o anomali dell'interlocutore. Per esempio, potremmo legittimamente avere dei sospetti se un indiziato è rimasto rilassato per tutta la durata di un interrogatorio o di una conversazione e improvvisamente diventa rigido e teso parlando dei dettagli di un crimine o di un determinato fatto.

Cominciamo quindi a illustrare cosa osservare per ipotizzare che l'interlocutore menta.

I segnali non verbali della menzogna

Volto

Proprio per l'alto autocontrollo che deve esercitare, è difficile che chi mente si lasci sfuggire qualcosa con la mimica facciale.

Tuttavia, dato che verosimilmente proverà uno stato d'ansia potrebbe esprimere tale espressione in due modi: con una microespressione (il che significa mettere in atto la configurazione completa di un'espressione facciale, ma per un tempo brevissimo) o con un'espressione soffocata (cioè parziale).

Le microespressioni possono riguardare non solo la mimica facciale, ma anche lo scuotere brevemente e in modo quasi impercettibile la testa o coinvolgere mutamenti repentini e rapidi del tono di voce.

M.G. Frank e Paul Ekman hanno rilevato che le microespressioni sono rintracciabili nel 90% dei mentitori, contro un 30% degli individui sinceri.

Inoltre, in chi mente è stato notato un atteggiamento facciale insolito che consiste nel **tenere il mento sollevato.** Questo atteggiamento sarebbe un residuo di una proto-espressione infantile molto rudimentale chiamata dalla psicologa Gail Zivin *plus face*, e contraddistinta proprio da sollevamento del mento, sguardo diretto e sopracciglia appena sollevate. La psicologa ha osservato questa mimica in situazioni di disputa (per esempio quando due bambini si contendevano un giocattolo, circostanza in cui questo atteggiamento lancia un messaggio di sfida).

Segnali di menzogna: sollevare il mento

Occhi

Uno degli indici più conosciuti della menzogna (ma anche il meno attendibile) è lo sguardo sfuggente.

Quando qualcuno si sente in colpa o teme di venire scoperto spesso trova **difficile sostenere lo sguardo** dell'interlocutore e punta gli occhi altrove.

Una gravidanza sospetta

Sarah Palin, di cui abbiamo già parlato nel capitolo 2, è una conservatrice e, nella sua posizione, non poteva certo essere a favore dell'aborto: nel corso della campagna presidenziale del 2008, ha fatto numerosi proclami al riguardo e rilasciato diverse interviste, tra cui quella che andiamo ad analizzare, realizzata nel luglio di quell'anno da Katie Couric della CBS.

Riportiamo uno spezzone del programma in cui l'ex governatrice dell'Alaska ha dato dei segnali che potrebbero indicare che aveva qualcosa da nascondere.

La Couric le chiede: «Se una ragazzina di 15 anni fosse stuprata dal proprio padre, trova che sarebbe illegale per lei abortire, e perché?»

Sarah Palin abbassa gli occhi rispondendo alla domanda sull'aborto

La Palin: «Io sono per la vita; e sono visceralmente per la vita /abbassa gli occhi/. E capisco che ci sono brave persone da tutti e due i lati del dibattito sull'aborto [...]. Ora, io consiglierei di scegliere la vita. Faccio un passo avanti. Non sto solo dicendo che sono per la vita /abbassa nuovamente gli occhi/, ma vorrei che ci fossero meno aborti in questo Paese [...]». L'intervista procede, ma il passaggio interessante è quello trascritto.

Per ben due volte, Sarah Palin ha abbassato lo sguardo sostenendo di essere «per la vita»; un atto che quindi non sembra casuale e che potrebbe segnalare un senso di vergogna o colpa. Per cosa? Forse una spiegazione c'è!

La Palin, qualche mese prima, aveva avuto un figlio affetto da sindrome di Down; o, per lo meno, questo è ciò che ha affermato. Tuttavia, le foto del periodo in cui avrebbe dovuto essere incinta (al settimo mese) mostravano chiaramente che non aveva nessun accenno di pancia. Al contrario, la figlia Bristol in un'immagine dello stesso periodo mostrava un bel pancione. Quest'ultima, peraltro, è rimasta a casa da scuola per cinque mesi perché sarebbe stata affetta da mononucleosi. Coincidenze quanto meno curiose...

La stampa americana ha ipotizzato quindi che il bambino in questione fosse il figlio di Bristol, fatto passare per proprio dalla madre. Questo non tanto per proteggere la figlia (appena diciassettenne), ma perché il fatto di aver dato alla luce un bambino con una tara genetica avrebbe fatto guadagnare alla Palin il consenso delle donne americane alle elezioni presidenziali.

Insomma, la Palin aveva di che vergognarsi ad affermare di essere «per la vita» quando avrebbe strumentalizzato il bambino della figlia per dimostrare quanto fosse coerente con le proprie posizioni morali.

Distogliere lo sguardo è un segno rivelatore di menzogna che quasi tutti conoscono. Così, chi mente in genere cerca di tenere gli occhi fissi sull'interlocutore, però si può tradire con **brevi guizzi dell'occhio** in un'altra direzione oppure può **puntare lo sguardo e mostrare attenzione per un oggetto**

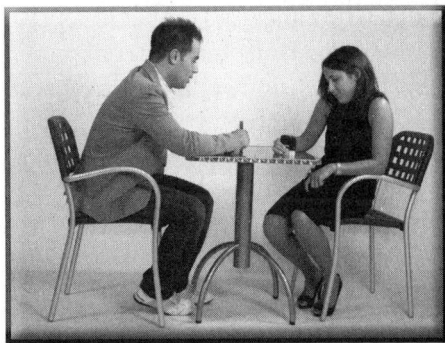

Segnali di menzogna: portare lo sguardo verso un oggetto insignificante mentre si parla

del tutto insignificante, come una penna o una gomma, cominciando a manipolare e a esaminare l'oggetto.

Durante un interrogatorio, per esempio, l'indiziato può riordinare dei fogli, tenendo gli occhi su di essi e, nel momento in cui dice una cosa falsa, far cadere lo sguardo su un portapenne e spostarlo di un paio di millimetri.

Una variazione dell'occhio non controllabile che accompagna spesso la menzogna è l'**aumento stabile della dimensione delle pupille**.

In un esperimento, come già accennato, si è osservato che chi è colpevole di un crimine prova uno stato di nervosismo e agitazione che induce nell'organismo una reazione di allarme: uno dei segni di questo stato è proprio la dilatazione delle pupille, soprattutto in risposta a domande dirette sull'incriminazione o sul fatto di cui si è accusati.

Non è un indizio difficile da cogliere perché, a differenza di quanto accade nella manifestazione dell'interesse, qui l'allargamento della pupilla rimane costante.

Un altro segnale affidabile di menzogna, osservabile sempre nella regione dell'occhio, è un **cambiamento nell'ammiccamento**: durante l'enunciazione della menzogna la **frequenza con cui battiamo le palpebre si riduce** per poi aumentare quando la bugia si è conclusa (probabilmente perché l'intenso controllo porta a una riduzione generalizzata della mobilità del corpo, e inoltre la tensione accumulata si scarica attraverso un ammiccamento). Sempre in relazione alla menzogna si può osservare lo sfarfallio delle palpebre di cui abbiamo parlato nel capitolo 4.

Bocca

Segnali di menzogna: passarsi la lingua da un lato all'altro delle labbra

Se chi sta indagando si avvicina molto alla verità, il colpevole può avvertire un brusco innalzamento della tensione ansiosa che può dare luogo, oltre che ai segnali di cui abbiamo parlato nel capitolo 4, a due caratteristici movimenti della lingua. La **lingua può passare velocemente da una parte all'altra del labbro inferiore** o **può** semplicemente **lambire il labbro inferiore**; in questo caso il segnale è conseguente alla sensazione di secchezza delle fauci provocata dall'ansia che viene estesa anche alle labbra.

Un altro segno di tensione è **spingere velocemente la punta della lingua fuori dalla bocca** (come fa il serpente): questo atteggiamento è stato osservato in frangenti in cui la pressione psicologica raggiungeva livelli tali da indurre l'indiziato a cedere. Basta un po' di insistenza, in quel caso, perché il sospetto confessi.

Si può notare inoltre che chi mente tende a **comprimere le labbra** o a mostrare una **tensione** (a volte accompagnata da una leggera vibrazione) **agli angoli della bocca**.

Segnali di menzogna: far guizzare la lingua per allentare la pressione

Altri indizi tipici sono un **aumento delle deglutizioni** e degli **schiarimenti di voce**.

Voce

Alcune variazioni della voce e del modo di parlare possono accompagnare la menzogna.

Un tratto vocale che contraddistingue chi sta mentendo è un **tono ansioso**, che suona **più acuto, strozzato** e **tendente all'afonia**. Se la persona prova del risentimento ma vuole nasconderlo, la sua voce diventa più **metallica, secca e di volume più alto**.

Se prevale il senso di colpa il **timbro echeggia più basso, flebile e sospirato**.

Bugie telefoniche

Un'amica mi aveva chiesto se le prestavo il portatile per qualche giorno perché il suo PC era a riparare. «Nessun problema», le ho risposto, «basta che me lo restituisci per il fine settimana.»

È quindi arrivato il venerdì sera e ancora non l'avevo sentita, così le ho telefonato.

«Ciao Cristina, sono Marco», *sento uno schiarimento di voce* dall'altra parte della cornetta.

«Ciao», risponde lei.

«Ti chiamo per il portatile, domani mi serve.»

«Ah sì, il portatile...» *Fa una lunga pausa*.

«Cristina, ci sei?» domando.

«Sì, sì, te lo porto domani mattina.»

«Mi raccomando, domani mattina, perché vado via e ho bisogno di portarlo con me.» Ci siamo salutati e dati appuntamento per il giorno successivo.

Il suo atteggiamento al telefono mi aveva insospettito, ma volevo darle fiducia così ho aspettato tutta la mattinata.

A mezzogiorno però non si era ancora fatta viva; ho quindi provato a chiamarla, ma non era raggiungibile e così è stato per tutto il giorno.

Sono riuscito a rintracciarla solo la settimana successiva, andando direttamente a casa sua e scoprendo che il portatile non l'aveva mai usato perché non appena aveva aperto i suoi file si era istallato un virus che l'aveva reso inutilizzabile. Così l'aveva portato a riparare, ma le avevano detto che sarebbe stato pronto solo la settimana successiva.

Lei però non se l'era sentita di confessarmelo.

Mentire al telefono è più semplice; non c'è da sostenere alcun contatto visivo, inoltre nessuno ci osserva e quindi è più improbabile essere presi in fallo. Sarà per questo che Jeff Hancock e altri ricercatori della Cornell University hanno scoperto che tendiamo a dire bugie più facilmente al telefono che nelle conversazioni a faccia a faccia (37% contro il 27%).

Mentire strozza la voce

Un esperimento di Robert Krauss, psicologo alla Columbia University, condotto su alcuni colleghi ha fornito una prova empirica che il timbro della voce si fa più stridulo nella menzogna.

Ai partecipanti è stato chiesto di guardare la ripresa di un intervento chirurgico particolarmente crudo. Successivamente, i volontari sono stati invitati a descrivere quello che avevano visto parlandone come esperienza piacevole (menzogna) oppure come qualcosa di estremamente sgradevole (verità).

L'analisi acustica dei resoconti dei soggetti ha dimostrato che chi mentiva aveva un tono di voce particolarmente acuto e strozzato. Il motivo è fisiologico: mentire, come già detto, provoca una condizione di eccitazione organica che, tra le altre cose, causa un irrigidimento e un assottigliamento delle vie aeree superiori, uno stiramento delle corde vocali e una contrazione dei muscoli toracici. L'insieme di questi fattori rende la voce più debole, monocorde e sottile.

Gesti e manipolazioni

Gesti e manipolazioni in genere rivelano molto sulle bugie.

Spesso chi mente tende a **gesticolare meno del solito**, sia perché è più concentrato del normale su quello che dice, sia perché riducendo i gesti si sente meno esposto.

Talvolta può **mettere le mani in tasca** o **sotto le cosce. Quasi mai le porta al volto**: in questo caso, è proprio l'assenza di qualsiasi forma di autocontatto della faccia che può essere un indizio di menzogna.

Al contrario, chi racconta la verità appare rilassato, le sue mani si muovono in modo fluido, gli spostamenti sono ampi e

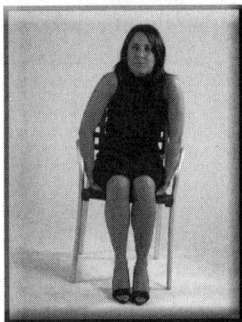

Segnali di menzogna: tenere le mani sotto le cosce

le dita vengono spesso portate alla testa e alla faccia.

Chi nasconde qualcosa tende a **tenere la mano sinistra vicina o sopra il corpo**; inoltre, rispetto a chi dice la verità, **tiene più spesso del normale le mani unite**. In linea di massima, chi è sincero fa movimenti lontano dal corpo, mentre chi dice bugie tende a eseguire gesti in direzione del petto o del tronco.

Infine, i **movimenti della testa** sono piuttosto **limitati**.

Un segnale significativo è dato anche dalla **comunicazione contraddittoria**, in cui il messaggio verbale viene contraddetto da quello non verbale, oppure quello che viene espresso con la parte superiore del corpo (fino alla vita) invia un segnale diverso da quello che trapela dalla vita in giù.

Un esempio è il racconto di Joe Navarro, ex agente dell'FBI, riguardo a un sospettato che si è tradito dicendo che si trovava in un certo posto, situato in una direzione, mentre con la mano indicava la direzione opposta (il luogo del delitto).

Segnali traditori

Sarah Palin, intervistata sulla lettura dei quotidiani, allarga le braccia in segno di resa

In un'intervista al programma *Evening Events* della CBS, la giornalista Katie Couric ha chiesto a Sarah Palin quali giornali e quotidiani leggesse regolarmente per essere informata su cosa accade nel resto nel mondo.

La Palin ha risposto: «Ne leggo la maggior parte perché ho un grande apprezzamento per la stampa e per i media».

Non soddisfatta, la Couric l'ha incalzata: «Quali di preciso?»

La governatrice ha esordito con un: «Uhm...» ha allargato le braccia in un gesto che può essere interpretato come rappresentazione di qualcosa di ampio, ma anche come resa, poi scuotendo la testa e continuando a farlo a lungo, che è un segnale di negazione, ha detto: «Qualunque giornale avessi davanti a me in questi anni».

«Può dirne qualcuno?» ha insistito la giornalista.

La Palin ha naturalmente risposto con un ennesimo discorso generico evitando anche questa volta di dare una risposta precisa.

Segnali di menzogna: stropicciare qualcosa

Quando mentiamo può anche aumentare la frequenza con cui manipoliamo gli oggetti, ma solo se le mani sono ben nascoste (per esempio, dietro o sotto a un tavolo): così, possiamo **stiracchiare un lembo di un abito**, **appallottolarlo**, **stringerlo o avvitarlo** su se stesso come se stessimo strizzando uno straccio.

Allo stesso modo possiamo **strapparci le pellicine delle unghie**, **grattarci un dito**, **tirare l'estremità del cinturino dell'orologio** o un lembo della giacca oppure **accartocciare un pacchetto di sigarette nel pugno.**

Sempre se le gambe sono coperte, il mentitore potrebbe dare **segnali di fuga attraverso gambe e piedi**, come abbiamo esaminato nel capitolo 4.

Una confessione «estorta»

Nella mia professione mi capita di fare perizie per il tribunale o di parte su richiesta degli avvocati: in quest'ultimo caso, riguardano per lo più cause di affidamento di minori.

L'aneddoto che segue si riferisce proprio a una situazione di questo genere: l'avvocato del padre mi aveva chiesto di fare una valutazione sulla capacità genitoriale di quest'ultimo, ma anche di dargli una mano in tribunale. L'uomo era stato denunciato dall'ex moglie per aver rapito il figlio, mentre in realtà il fatto non era mai accaduto. Però c'era un testimone: un amico di lei (in realtà, il suo attuale compagno).

Siccome si trattava evidentemente di una farsa, l'avvocato del padre aveva voluto portare in aula il testimone per smascherarlo e mi aveva chiesto di assisterlo. Gli avevo spiegato a quali dettagli fare attenzione quando l'amico dell'ex moglie avrebbe riferito l'episodio; poi avevamo stabilito un codice con cui avrei informato l'avvocato su come gestire l'interrogatorio in base ai segnali non verbali di menzogna che avrei potuto eventualmente cogliere: un colpo sul bancone significava: «È in ansia»; due: «È in difficoltà»; tre: «Sta per cedere».

Il gran giorno era arrivato e il teste si trovava alla sbarra, mentre l'avvocato si accingeva a interrogarlo. L'amico della donna appariva tranquillo e sicuro di sé.

La prima domanda prevedeva che raccontasse cosa aveva visto o sentito: il suo discorso era molto accurato, preciso, senza esitazioni; troppo per essere credibile.

A quel punto, l'avvocato gli ha chiesto a che ora fosse arrivato dopo essere stato chiamato d'urgenza dall'amica. «Be', alle diciassette e dieci circa», ha risposto, «ed è stato allora che ho visto l'ex marito tenere in braccio il bambino che si dibatteva e sbattere la porta d'entrata.»

«Lei dove abita?» ha replicato l'avvocato. Lui ha risposto.

«Ha preso un aereo, allora, dato che quel giorno la tangenziale era bloccata per un incidente!» *Il teste si è passato la lingua da un lato all'altro della bocca, ha spalancato gli occhi, sollevato e avvicinato le sopracciglia e indirizzato lo sguardo per più di qualche secondo alla compagna, segno che era stato messo in difficoltà e cercava un aiuto da lei.* Che colpo!

L'avvocato, incoraggiato da questo cedimento, ha incalzato. «Lei non poteva trovarsi lì al momento del supposto rapimento; quindi o era già lì, il che fa pensare che avevate già organizzato tutto, o non era presente: qual è la verità?» *L'altro deglutisce.* «Io, io», *ripetizione* (ho dato due colpi al banco) «... adesso ricordo che ero già per strada mentre lei mi ha chiamato», ha affermato il testimone.

«Lei rischia grosso: se confessa, il giudice probabilmente sarà clemente; altrimenti le verrà inflitta una bella condanna.» *La lingua del testimone fa un guizzo fra le sue labbra* (tre colpi). «Ora dica come sono andate veramente le cose e da parte mia vedrò di dimenticare la faccenda», ha concluso l'avvocato.

Il testimone ha così raccontato che era tutta una montatura e ha accusato l'amante di averlo manipolato. Missione compiuta!

L'atteggiamento generale

In generale i mentitori sono meno cooperativi di chi dice la verità, tendono a fare commenti di biasimo con una certa frequenza e a lamentarsi; inoltre, le loro espressioni facciali risultano essere piuttosto neutre o serie.

Frank Horvath, Brian Jayne e Joseph Buckley hanno elaborato un profilo della persona sincera e del menzognero: un innocente, se interrogato, tende a collaborare, si aspetta di essere scagionato, mostra risentimento verso i veri colpevoli e appare spontaneo e sincero.

Un **colpevole**, invece, **è più reticente nel dare informazioni, mostra un'immotivata preoccupazione e disappunto per essere incluso nei sospetti**; nelle sue risposte **è più controllato e cauto, è più circospetto** e **le risposte appaiono chiaramente studiate.**

Lo psicologo inglese Aldert Vrij e alcuni colleghi hanno approfondito questo tema osservando che chi dice la verità appare più irrequieto, smarrito e genuino quando gli viene spiegato il motivo dell'interrogatorio; inoltre, è meno probabile che faccia il nome di qualcuno se non è certo che questo abbia commesso il crimine, cosa che invece tende a fare chi mente.

Gli indizi verbali che smascherano il bugiardo

Anche sul piano del discorso i mentitori possono tradirsi.

Il **modo di parlare può essere meno fluente**, con **pause immotivate** e spesso **troppo lunghe**; le pause possono essere **piene di interiezioni** (del tipo: ah, ehm, mmh, sì).

È caratteristico di chi mente fare un uso frequente di **espressioni rituali** (riempitivi del discorso senza nessun valore comunicativo come «lo sai», «bene», «in realtà», «come dire» eccetera).

Il mentitore, se va in ansia, tende ad avere molte **esitazioni**, a **ripetere più volte un pronome** (per esempio «lui, lui»), a **farfugliare**, a incappare in **lapsus**, **inversioni della sintassi** (nella frase viene invertito l'ordine degli elementi lessicali), a mostrare **occasionali balbettii** ed **errori di pronuncia**. Inoltre, la **velocità con cui vengono articolate le parole tende a essere piuttosto lenta**, **alternata a momenti di brusche accelerazioni**. Il discorso inizia più volte, con parecchie interruzioni e appare farraginoso; le frasi possono essere lasciate a metà.

Lo psicologo James Pennebaker, tramite un software per l'analisi del discorso dei mentitori, ha potuto estrarre le parole e le forme linguistiche più tipiche di chi dice bugie.

Per esempio, **chi mente usa pochi pronomi personali in prima persona** («io») nel raccontare un fatto: questo, per evitare un coinvolgimento personale agli occhi degli altri e sottrarsi alla responsabilità del proprio comportamento.

Da questa indagine è inoltre emerso che dire qualcosa di falso è accompagnato da un uso **eccessivo di aggettivi ed espressioni che veicolano emozioni negative**, come «non sopporto», «spregevole» e «mortificante»; probabilmente, pronunciare questi termini consente di scaricare sentimenti d'ansia e sensi di colpa. L'utilizzo di queste parole negative è in linea con quanto abbiamo detto sopra, cioè con il fatto che chi mente appare piuttosto caustico e critico nel suo atteggiamento.

Nella menzogna si fa un **uso limitato di termini che esprimano un'alternativa** o **una negazione**, come «né», «o», «ma», «però»: il discorso appare piuttosto lineare e semplificato.

Ripetere parole e frasi è piuttosto comune nel mentitore (a meno che non si sia imparato a memoria il discorso).

Poi, mentre chi è sincero fa delle correzioni spontanee quando racconta qualcosa e ammette di non ricordare alcuni dettagli, **chi mente tende a fare un discorso più lineare**, dal momento che vuole evitare qualsiasi commento o comportamento che possa indebolire la coerenza di ciò che afferma.

Sempre con lo stesso scopo, **dà risposte piuttosto brevi e concise**; inoltre, tende a fare una pausa prima di rispondere.

I mentitori si attengono strettamente alla storia inventata **senza aggiungere fronzoli**, per esempio, la descrizione della scena o altri dettagli del contesto, come ora e luogo; per contro, **aggiungono alcuni dettagli insoliti** e **fuori luogo** oppure menzionano eventi o fatti che non hanno niente a che fare con il tema centrale del discorso (probabilmente con l'intento di distrarre l'attenzione rispetto a quello di cui si parla).

Nelle situazioni reali i segni di menzogna
sono subdoli e soggettivi

Uno dei più eminenti studiosi nel riconoscimento delle bugie è Aldert Vrij che, al contrario di molti suoi colleghi, ha esaminato il comportamento menzognero non con degli esperimenti, ma durante effettivi interrogatori della polizia.

Una delle maggiori difficoltà dell'osservazione in situazioni reali è che il ricercatore non conosce la verità; in compenso, le reazioni sono genuine.

Per la sua indagine Vrij e il suo team hanno analizzato, senza sapere quali fossero le conclusioni della polizia né le prove a carico o eventuali testimonianze o confessioni, una serie di filmati di interrogatori prestando attenzione ai comportamenti tipicamente associati alla menzogna, come evitamento dello sguardo, variazioni dell'ammiccamento palpebrale e movimenti di mani e braccia. Hanno esaminato anche indizi verbali come pause nel discorso, esitazioni, balbettii, borbottii e frasi lasciate a metà.

Ne è risultato che le differenze tra chi dice la verità e chi mente sono estremamente individuali: alcuni sospetti tendevano a portare lo sguardo altrove quando mentivano, mentre non lo facevano quando erano sinceri; altri invece aumentavano la frequenza del loro contatto visivo. L'unica differenza attendibile riscontrata tra individui mentitori e sinceri è che i primi ammiccavano meno spesso ed effettuavano delle pause piuttosto lunghe mentre parlavano.

In rapporto alle situazioni esaminate in laboratorio, i colpevoli non mostravano differenze rispetto agli innocenti riguardo a disturbi del linguaggio, né una riduzione di gesti e altri movimenti delle braccia. Secondo Vrij, ciò è dovuto al fatto che negli interrogatori con le forze dell'ordine gli indagati sono particolarmente sotto pressione e quindi mostrano tutti gli stessi comportamenti.

Questo è il motivo per cui anche nell'uso della macchina della verità non vengono presi in considerazione i grafici che indicano uno stato di agitazione generale, ma i punti in cui il sospettato dà segni di emotività in rapporto a cose che solo chi era presente sulla scena del crimine poteva sapere; per esempio, se a un indagato venisse posta la domanda: «L'ha preso lei il Gronchi rosa?» e quest'ultimo mostrasse un aumento della frequenza del respiro è probabile che quantomeno fosse a conoscenza che la vittima possedeva questo raro francobollo.

Dove non arriva la tecnica riesce il fiuto

Preconcetti, mancanza di attenzione e l'ambiguità di certi segnali (come la deglutizione, che può indicare semplicemente ansia oppure essere un indice di menzogna) ci possono portare a prendere dei grossi granchi nello smascherare le bugie.

Come cercare, allora, di ovviare alle nostre scadenti capacità deduttive (o almeno arginare i danni)?

Gli psicologi Justin Albrechtsen, Christian Meissner e Kyle Susa, grazie a un esperimento, ci offrono una soluzione: affianchiamo alla tecnica una buona dose d'intuito.

Nel loro studio hanno ingaggiato ottanta studenti e, attraverso il monitor di un computer, hanno fatto esaminare loro cinque false confessioni e cinque dichiarazioni vere di carcerati.

I partecipanti erano stati selezionati a caso per assistere all'uno o all'altro tipo di confessione. A tutti era stato chiesto di giudicare se l'indiziato fosse colpevole o innocente; tuttavia, metà erano stati invitati a farlo in base a dei ragionamenti sul comportamento degli imputati, mentre i restanti erano stati istruiti di dare una valutazione in modo intuitivo.

Si è così appurato che chi si era basato sul «sesto senso» aveva dato dei giudizi decisamente più accurati rispetto a chi aveva formulato le sue interpretazioni sulla logica.

In termini statistici gli autori hanno appurato che affidarsi all'intuito migliora la propria capacità di cogliere le menzogne del 15%, in confronto a un misero progresso del 4% dimostrato da chi segue un adeguato training al riguardo!

Bibliografia

AHARON I., ETCOFF N., ARIELY D., CHABRIS C.F., O'CONNOR E., BREITER H.C., «Beautiful faces have variable reward value: fMRI and behavioral evidence», *Neuron*, 32, pp. 537-551, 2001.

ANDERSON D.E., DEPAULO B.M., ANSFIELD M.E., «The development of deception detection skill: a longitudinal study of same-sex friends», *Pers Soc Psychol Bull*, 28, pp. 536-545, 2002.

ANOLLI L., CICERI R., *La voce delle emozioni*, Franco Angeli, Milano 2000.

ARON A., FISHER H., MASHEK D.J., STRONG G., LI H., BROWN L.L., «Reward, motivation, and emotion systems associated with early-stage intense romantic love», *J Neurophysiol*, 94, pp. 327-337, 2005.

BALBONI P.E., *Parole comuni culture diverse. Guida alla comunicazione interculturale*, Marsilio, Venezia 1999.

BAXTER J.C., ROZELLE R.M., «Nonverbal expression as a function of crowding during a simulated police-citizen encounter», *Journal of Personality and Social Psychology*, 32 (1), pp. 40-54, luglio 1975.

BENEMEGLIO S., *La comunicazione al di là della parola*, CID-CNV, Roma 1992.

BEUKEBOOM C.J., DE JONG E.M., «How Affective and Proprioceptive Cues Change Language Abstraction», *Journal of Language and Social Psychology*, 27, pp. 110-122, 2008.

BRODSKY S.L., GRIFFIN M.P., *When jurors nod*, 21, n. 6, novembre 2009.

BURGOON J.K., MANUSOV V., MINEO P., HALE J.L., «Effects of gaze on hiring credibility, attraction and relational message interpretation», *Journal of Nonverbal Behavior*, 9, n. 3, pp. 133-146, settembre 1985.

BURNETT A., BADZINSKI D.M., «Judge non verbal communication on trial:

do mock trial jurors notice?», *Journal of communication*, 55, n. 2, pp. 209-224, 2005.

CARY M.S., «The role of gaze in the initiation of conversation», *Social Psychology*, 41, pp. 269-271, 1978.

CHAPLIN W.F., PHILLIPS P.J., BROWN J.D., CLANTON N.R., STEIN J.L., «Handshaking, gender, personality, and first impression», *Journal of Personality and Social Psychology*, 79, n. 1, pp. 110-117, luglio 2000.

CHUNG S.K., CHO K.H., JUNG A.J., PARK T.W., HWANG I.K., «Psychophysiologic response in patients with panic disorder», *Sleep Med Psychophysiol*, 8(1), pp. 52-58, giugno 2001.

COCHINWALA S., «Vulnerability to anxiety in adults as a function of loss as early traumatic experience (with special reference to the death of mother)», Tesi, University of Karachi/Institute of Clinical Psychology, 1990.

COPLAN R.J., COLEMAN B., RUBIN K.H., «Shyness and little boy blue: iris pigmentation, gender, and social wariness in preschoolers», *Developmental psychobiology*, 32(1), pp. 37-44, 1988.

CRUSCO A.H., WETZEL C.G., «The Midas touch: The effects of interpersonal touch on restaurant tipping», *Personality and Social Psychology Bulletin*, 10, pp. 512-517, 1984.

DABBS J.M., «Testosterone, smiling, and facial appearance», *Journal of Nonverbal Behavior*, 21, n. 1, marzo 1997.

DABBS J.M. Jr., STRONG R., MILUN R., «Exploring the mind of testosterone: a beeper study», *Journal of Research in Personality*, 31, n. 4, pp. 577-587, dicembre 1997.

DAVID S.P., MUNAFO M.R., JOHANSEN-BERG H., SMITH S.M., ROGERS R.D., MATTHEWS P.M., WALTON R.T., «Ventral striatum/nucleus accumbens activation to smoking-related pictorial cues in smokers and nonsmokers: a functional magnetic resonance imaging study», *Biol Psychiatry*, 58, pp. 488-494, 2005.

DE CATALDO NEUBURGER L., GULOTTA G., *Trattato della menzogna e dell'inganno*, Giuffré, Milano 1996.

DUCLOS M., CORCUFF J.B., ETCHEVERRY N., RASHEDI M., TABARIN A., ROGER P., «Abdominal obesity increases overnight cortisol excretion», *J Endocrinol Invest*, 22(6), pp. 465-471, 1999.

EATON M., MITCHELL-BONAIR I., FRIEDMANN E., «The effect of touch on nutritional intake of chronic organic brain syndrome patients», *Journal of Gerontology*, 41, pp. 611-616, 1986.

EFRAN J.S., «Looking for approval: effects on visual behavior of approbation from persons differing in importance», *Journal of Personality and Social Psychology*, 10, pp. 21-25,1968.

EFRON D., *Gesto, razza e cultura*, Bompiani, Milano 1974.

EKMAN P., *I volti della menzogna*, Giunti, Firenze 1989.

—, «Universal and cultural differences in facial expression of emotion», in J.R. COLE (a cura di), *Nebraska Symposium on Motivation*, pp. 207-283, Nebraska University Press, Lincoln, Nebraska 1971.

EKMAN P., FRIESEN W.V., *Giù la maschera*, Giunti, Milano 2007.

—, «A new pan-cultural facial expression of emotion», *Motivation & Emotion*, 10(2), pp. 159-168, 1986.

EKMAN P., SORENSON E.R., FRIESEN W.V., «Pancultural elements in facial displays of Emotion», *Science*, 164(3875), pp. 86-88, 1969.

ELAAD E., «Lie-detection biases among male police interrogators, prisoners, and laypersons», *Psychol Rep*, n. 105(3 Pt 2), pp. 1047-1056, 2009.

ELMAN D., «Physical characteristics and the perception of masculine traits», *Journal of Social Psychology*, vol. 103, pp. 157-158, 1977.

ELMAN D., SCHULTE D. C., BUKOFF A., «Effects of facial expression and stare duration on walking speed: two field experiments», *Journal of Nonverbal Behavior*, 2 (2), pp. 93-99, dicembre 1977.

FERRETTI A., CAULO M., DEL GRATTA C., MATTEO R.D., MERLA A., MONTORSI F., PIZZELA V., POMPA P., RIGATTI P., ROSSINI P.M., SALONIA A., TARTARO A., ROMANI G.L., «Dynamics of male sexual arousal: distinct components of brain activation revealed by fMRI», *Neuroimage*, 26, pp. 1086-1096, 2005.

FLECHA-GARCÍA M.L., NOVICK D.G., WARD N.G., «Differences between Americans and Arabs in the production and interpretation of verbal and non-verbal dialogue behaviour», *Speech and face to face communication workshop in memory of Christian Benoît*, sessione 2: *Tuning communication in face-to-face interaction*.

FORSTON R.F., LARSON C.U., «The dynamics of space: an experimental study in proxemic behavior among Latin Americans and North Americans», *Journal of Communication*, 18, n. 2, pp. 109-116, giugno 1968.

FORSYTHE S.M., «Effects of applicant's clothing on interviewer's decision to hire», *Journal of Applied Social Psychology*, 20, pp. 1579-1595, 1990.

FORSYTHE S.M., DRAKE M.F., COX C.E., «Influence of applicant's dress on interviewer's selection decisions», *Journal of Applied Psychology*, 70, 2, pp. 374-378, 1985.

FRANK M.G., EKMAN P., «The ability to detect deceit generalizes across different types of high-stake lies», *Journal of Personality and Social Psychology*, 72, pp. 1429-1439, 1997.

FRANK M.G., EKMAN P., FRIESEN W.V., «Behavioral markers and recognizability of the smile of enjoyment», *Journal of Personality and Social Psychology*, 64, pp. 83-93, 1993.

FROMME D.K., JAYNES W.E., TAYLOR D.K. e altri, «Nonverbal behavior and attitudes toward touch», *Journal of Nonverbal Behavior*, 13, n. 1, pp. 13-14, marzo 1989.

GIANNINI A.J., FELLOWS K.W., «Enhanced interpretation of nonverbal facial cues in male rapists-A preliminary study», *Archives of Sexual Behavior*, 15, n. 2, pp. 153-156, aprile 1986.

GIANNINI A.J., PRICE W.A., KNIEPPLE J.L., «Decreased interpretation of nonverbal cues in rape victims», *International Journal of Psychiatry in Medicine*, 16, pp. 389-394, 1986.

GOODALL J., *L'ombra dell'uomo*, Rizzoli, Milano 1974.

GREGERSEN T.S., «Nonverbal cues: clues to the detection of foreign language anxiety», *Foreign Language Annals*, 38, n. 3, pp. 388-400, 2010.

GUERRERO L.K., ANDERSEN P.A., «Patterns of matching and initiation: touch behavior and touch avoidance across romantic relationship stages», *Journal of Nonverbal Behavior*, 18, n. 2, pp. 137-153, giugno 1994.

GULLBERG M., KITA S., «Attention to speech-accompanying gestures: eye movements and information uptake», *Journal of Nonverbal Behavior*, 33, n. 5, pp. 251-277, dicembre 2009.

GUNNS R.E., JOHNSTON L., HUDSON S.M., «Victim selection and kinematics; a point-light investigation of vulnerability to attack», *Journal of Nonverbal Behavior*, 26, n. 3, pp. 129-158, autunno 2002.

HALE B.D., LANDERS D.M., SNYDER BAUER R., GOGGIN N.L., «Iris pigmentation and fractionated reaction and reflex time», *Biological Psychology* 10, n. 1, pp. 57-67, febbraio 1980.

HALL J., «Touch, status, and gender at professional meetings», *Journal of Nonverbal Behavior*, 20, n. 1, pp. 23-44, marzo 1996.

HARMON-JONES E., «Unilateral right-hand contractions cause contralateral alpha power suppression and approach motivational affective experience», *Psychophysiology*, 43, n. 6, pp. 598-603, 2006.

HEARN G., «Leadership and the spatial factor in small groups», *Journal of Abnormal and Social Psychology*, 54(2), pp. 269-272, 1957.

HEAVEN L., MCBRAYER D., «External motivators of self-touching behavior», *Percept Mot Skills*, n. 90, pp. 338-342, febbraio 2000.

HELWEG-LARSEN M., CUNNINGHAM S.J., CARRICO A., PERGRAM A.M., «To nod or not to nod: an observational study of nonverbal communication and status in female and male college students», *Psychology of Women Quarterly*, vol. 28, n. 4, pp. 358-361(4), dicembre 2004.

HENLEY N.M., HARMON S., «The nonverbal semantics of power and gender: a perceptual study» in S.L. ELLYSON, J.F. DOVIDIO (a cura di), *Power, Dominance, and Nonverbal Behavior*, pp. 151-164, Springer, New York 1985.

HESS E.H., POLT J.M., «Pupil size as related to interest value of visual stimuli», *Science*, 132, pp. 349-350, 1960.

HONKALAMPI K., SAARINEN P., HINTIKKA J., VIRTANEN V., VIINAMÄKI H., «Factors associated with alexithymia in patients suffering from depression», *Psychotherapy and Psychosomatics*, 68, n. 5, pp. 270-275, 1999.

HORGAN T., SMITH J., «Interpersonal reasons for interpersonal perceptions: gender-incongruent purpose goals and nonverbal judgment accuracy», *Journal of Nonverbal Behavior*, 30, n. 3, settembre 2006.

HORNIK J., «Effects of physical contact on customers' shopping time and behavior», *Marketing Letters*, 3, pp. 49-55, 1992a.

—, «Tactile stimulation and consumer response», *Journal of Consumer Research*, 19, pp. 449-458, 1992b.

HORVATH F., JAYNE B., BUCKLEY J., «Differentiation of truthful and deceptive criminal suspects in behavior analysis interviews», *Journal of Forensic Sciences*, 39, n. 3, pp. 793-807, 1994.

IMADA A.S., HAKEL M.D., «Influence of non-verbal communication and rater proximity on impressions and decisions in simulated employment interviews», *Journal of Applied Psychology*, 62, 3, pp. 295-300, 1977.

JOURARD S., FRIEDMAN R., «Experimenter-subject 'distance' and self-disclosure», *Journal of Personality and Social Psychology*, 15, pp. 278-282, 1970.

KAPLAR M.E., GORDON A., «The enigma of altruistic lying: perspective differences in what motivates and justifies lie telling within romantic relationships», *Personal Relationships*, 11, pp. 489-507, 2004.

KASHY D.A., DEPAULO B.M., «Who lies?», *Journal of Personality and Social Psychology*, 70, n. 5, pp. 1037-1051, 1996.

KAWABATA H., ZEKI S., «Neural correlates of beauty», *Journal Neurophysiol* 91, pp. 1699-1705, 2004.

KAZLAUSKAS E., «An exploratory study: a kinesic analysis of academic library public», *Journal of Academic Librarianship*, 2 (3), pp. 130-134, 1976.

KIMBLE C.E., SEIDEL S.D., «Vocal signs of confidence», *Journal of Nonverbal Behavior*, 15 (2), pp. 99-105, giugno 1991.

Kinsbourne M., «Eye and head turning indicates cerebral lateralization», *Science*, 176, n. 4034, pp. 539-541, maggio 1972.

Kleinke C., «Compliance to requests made by gazing and touching experimenters in field settings», *Journal of Experimental Social Psychology*, 13, pp. 218-223, 1977.

Knapp M.L., Hall J.A., *Nonverbal Communication in Human Interaction*, Harcourt Brace Publishers, Fort Worth, Texas 1992.

Köhnken G., «Training police officers to detect deceptive eye witness statements: does it work?», *Social Behavior*, 2, pp. 1-17, 1987.

Kraus M.W., Huang C., Keltner D., «Tactile communication, cooperation, and performance: an ethological study of the NBA», *Emotion*, 2010 (in corso di stampa).

Kraut R.E., Poe D., «Behavioral roots of person perception: the deception judgments of customs inspectors and laymen», *Journal of Personality and Social Psychology*, 39, pp. 784-798, 1980.

Laeng B., Teodorescu D.-S., «Eye scanpaths during visual imagery reenact those of perception of the same visual scene», *Cognitive Science*, 26, pp. 207-231, 2002.

Lakin J.L., Jefferies V.E., Cheng C.M., Chartrand T.L., «The chameleon effect as social glue: evidence for the evolutionary significance of nonconscious mimicry», *Journal of Nonverbal Behavior*, 27(3), pp. 145-162, 2003.

Major B., Heslin R., «Perceptions of cross-sex and same-sex nonreciprocal touch: It is better to give than to receive», *Journal of Nonverbal Behavior*, 6, n. 3, pp. 148-162, marzo 1982.

Malandro L.A., Barker L.L., *Nonverbal Communication*, Addison-Wesley, Reading, Massachusetts 1989, 2ed.

Markle. A.R., Rinn R., Bell C., «Eye color as a predictor of outcomes in behaviour therapy», *Journal of Clinical Psychology*, 40, n. 2, pp. 489-495, 2006.

Matarazzo J.D., Holman D.C., Wiens A.N., «A simple measure of interviewer and interviewee speech durations», *The Journal of Psychology*, 66(1), pp. 7-14, maggio 1967.

Matarazzo J.D., Wiens D.C., Saslow G., Dunham R.M., Voas B., «Speech durations of astronaut and ground communicator», *Science 10*, 143, n. 3602, pp. 148-150, gennaio 1964.

Matsumoto D., «Culture and Emotion», in D. Matsumoto (a cura di), *The Handbook of Culture and Psychology*, Oxford University Press, New York 2001, pp. 171-194.

—, «Ethnic differences in affect intensity, emotion judgments, display rule attitudes, and self-reported emotional expression in an American sample», *Motivation & Emotion,* 17(2), pp. 107-123, 1993.

—, «More evidence for the universality of a contempt expression», *Motivation & Emotion,* 16(4), pp. 363-368, 1992.

—, «American-Japanese cultural differences in the recognition of universal facial expressions», *Journal of Cross-Cultural Psychology,* 23(1), pp. 72-84, 1992.

—, «Cultural similarities and differences in display rules», *Motivation & Emotion,* 14(3), pp. 195-214, 1990.

—, «Cultural influences on the perception of emotion», *Journal of Cross-Cultural Psychology,* 20(1), pp. 92-105, 1989.

—, «The role of facial response in the experience of emotion: More methodological problems and a meta-analysis», *Journal of Personality and Social Psychology,* 52(4), pp. 769-774, 1987.

MATSUURA N., FURUKAWA T., TANAKA H., ARITOMI R., «Body posture on sleep onset and during nocturnal sleep», *Japanese Journal of Physiological Anthropology,* 10, pp. 90-91, 2005.

MEHMET Y.A., MURAT B., LUTFU H., «Sleeping position, dream emotions, and subjective sleep quality», *Sleep and Hypnosis,* 6, n. 1, pp. 8-13, 2004.

MEHRABIAN A., *Nonverbal Communication,* Aldine-Atherton, Chicago 1972.

MEISSNER C., KASSIN S., «'He's guilty'; investigator bias in judgements of truth and deception», *Law and Human Behavior,* 26, n. 5, pp. 469-479, 2002.

MENDELSON G., «Alexithymia and chronic pain: prevalence, correlates and treatment results», *Psychother Psychosom,* 37, pp.154-164, 1982.

MICHALAK J., TROJE N.F., NAT D.R., FISHER J., VOLLMAR P., HEIDENREICH T., SCHULTE S., «Embodiment of Sadness and Depression - Gait Patterns Associated With Dysphoric Mood», *Psychosomatic Medicine,* 71, pp. 580-587, 2009.

MORRIS D., *L'uomo e i suoi gesti,* Mondadori, Milano 1977.

NOESJIRWAN J., «A rule-based analysis of cultural differences in social behavior: Indonesia and Australia», *International Journal of Psychology,* 13, pp. 305-316, 1978.

—, «Contrasting cultural patterns on interpersonal closeness in doctors: waiting rooms in Sydney and Jakarta», *Journal of Cross-Cultural Psychology,* 8(3), pp. 357-368, 1977.

O'DOHERTY J., WINSTON J., CRITCHLEY H., PERRETT D., BURT D.M., DOLAN R.J., «Beauty in a smile: the role of medial orbitofrontal cortex in facial attractiveness», *Neuropsychologia,* 41(2), pp. 147-55, 2003.

O'Neal E.C., Brunault M.A., Carifio M.S., Troutwine R., Epstein J., «Effect of insult upon personal space preferences», *Journal of Nonverbal Behavior*, 5 (1), pp. 56-62, settembre 1980.

Omori Y., Miyata, Y., «The effect of interviewer distance on eyeblinks and heart rate of interviewee», *Shinrigaku Kenkyu*, 69, n. 5, dicembre 1998.

Ouellette R.W., «Approaching an upset person: body language and verbal communications», *J Health Prot Manage*, 26(1), pp. 100-104, 2010.

Pacori M., *I segreti della comunicazione*, De Vecchi, Milano 2000.

—, *Come interpretare i messaggi del corpo*, De Vecchi, Milano 1997.

Peterson C., «Deception in intimate relationships», *International Journal of Psychology*, 31, n. 6, pp. 279-288, 1996.

Peterson C.K., Gravens, L.C., Harmon-Jones E., *Soc Cogn Affect Neurosci*, 2010 (in corso di stampa).

Platek S.M., Singh D., «Optimal waist-to-hip ratios in women activate neural reward centers in men», *PLoS One*, 5, 5(2), febbraio 2010.

Porter S., Woodworth M., Birt A.R, «Truth, lies, and videotape: an investigation of the ability of federal parole officers to detect deception», *Law Hum Behav*, 24(6), pp. 643-58, dicembre 2000.

Pound N., Penton Voak J., Surridge A.K., «Testosterone responses to competition in men are related to facial masculinity», *Proc R Soc*, B 276, pp.153-159, 2009.

Prkachin G.C., Casey C., Prkachin K.M., «Alexithymia and perception of facial expressions of emotion. Personality and individual differences», 46, n. 4, pp. 412-417, 2009.

Raikkonen K., Hautanen A., Keltikangas-Jarvinen L., «Association of stress and depression with regional fat distribution in healthy middle-aged men», *J Behav Med*, 17(6), pp. 605-616, dicembre 1994.

Roney J.R., Hanson K.N., Durante K.M., Maestripieri D., «Reading men's faces: women's mate attractiveness judgments track men's testosterone and interest in infants», *Proc Biol Sci*, 273, pp. 2169-2175, settembre 2006.

Rosenberg A., Kagan, J., «Iris pigmentation and behavioral inhibition», *J Dev Psychobiol*, n. 20(4), pp. 377-392, luglio 1987.

Rosmond R., Eriksson E., Björntorp P., «Personality disorders in relation to anthropometric, endocrine and metabolic factors», *J Endocrinol Invest*, 22(4), pp. 279-288, 1999.

Rosmond R., Björntorp P., «Psychiatric ill-health of women and its relationship to obesity and body fat distribution», *Obes Res,* 6(5), pp. 338-344, settembre 1998.

—, «The interactions between hypothalamic-pituitary-adrenal axis activity, testosterone, insulin-like growth factor I and abdominal obesity with metabolism and blood pressure in men», *Int J Obes Relat Metab Disord*, 22(12), pp. 1184-1196, dicembre 1998.

Rubin K.H., Both L., «Iris pigmentation and sociability in childhood: a re-examination» *J Dev Psychobiol*, 22(7) pp. 717-725, novembre 1989.

Scheflen A., *Il linguaggio del comportamento*, Astrolabio-Ubaldini, Roma 1977.

Schilbach L., Eickhoff S.B., Mojzisch A., Vogeley K., «What's in a smile? Neural correlates of facial embodiment during social interaction», *Social Neuroscience*, 3, n. 1, pp. 37-50, 2008.

Schröder M., Aubergé V., Cathiard M.-A., «Can we hear smile?», *Proceedings of ICSLP*, Sydney, pp. 559-562.

Shuter R., «A field study of nonverbal communication in Germany, Italy and the United States», *Communication Monographs*, 44(4), pp. 298-305, novembre 1977.

Sifneos P.E., *Short-term Psychotherapy and Emotional Crisis*, Harvard University Press, Cambridge 1972.

Smith D., Gier J.E, Willis F., «Interpersonal touch and compliance with a marketing request», *Basic and Applied Social Psychology*, 3, pp. 35-38, 1982.

Smith G.R., «Alexithymia in medical patients referred to a consult/liaison service», *Am J Psychiatry*, 140, pp. 99-101, 1983.

Spitzer C., Siebel-Jürges U., Barnow S., Grabe H.J., Freyberger H.J., «Alexithymia and Interpersonal Problems», *Psychoterapy and Psychosomatics*, 74, n. 4, 2005.

Spivey M.J., Geng J.J., «Oculomotor mechanisms activated by imagery and memory: eye movements to absent objects», *Psychological Research*, 65, n. 4, novembre 2001.

Starr V.H., McCormick M., *Jury Selection*, Aspen Publishers, Gaithersburg, Maryland 2000, 3ed.

Sternglanz R.W., DePaulo B.M., «Reading nonverbal cues to emotions: the advantages and liabilities of relationship closeness», *Journal of Nonverbal Behavior*, 28, n. 4, pp. 245-266, 2004.

Stevenage S.V., Nixon M.S., Vince K., «Visual analysis of gait as a cue to identity», *Applied Cognitive Psychology*, 13, n. 6, pp. 513-526, 1999.

Stewart G.L., Dustin S.L., Barrick M.R., Darnold T.C., «Exploring the handshake in employment interviews», *Journal of Applied Psychology*, 93(5), pp. 1139-1146, 2008.

Streeter L.A., Krauss R.M., Geller V., Olson C.T., Apple W., «Pitch changes during attempted deception», *Journal of Personality and Social Psychology*, 35, pp. 345-350, 1977.

Suzuki M., Haruki Y., «Effects of inclination of trunk and head on emotional awareness», *Shinrigaku Kenkyu*, 62(6), pp. 378-382, febbraio 1992.

Terry R.L., Berg A.J., Philips P.E., «The effect of eyeglasses on self-esteem; when they are prescribed versus how long they are worn», *J Am Optom Assoc*, 64, pp. 947-949, 1983.

Terry R.L., Brady C.S., «Effect of framed spectacles and contact lenses on self-ratings of facial attractiveness», *Percept Mot Skills*, 42, pp. 789-790, 1976.

Thornton G.R., «The effect of wearing glasses upon judgments of personality trait of person seen briefly», *K Appl Psycho*, 28, pp. 203-207, 1944.

—, «The effect upon judgments of personality traits on varying a single factor in a photograph», *J Soc Psycho*, 18, pp. 127-148, 1943.

Troisi A., Delle Chiaie R., Russo F., Russo M.A., Mosco C., Pasini A., «Nonverbal behavior and alexithymic traits in normal subjects. Individual differences in encoding emotions», *J Nerv Ment Dis*, 184(9), pp. 561-566, settembre 1996.

Van Lawick H., Goodall J., «A preliminary report on expressive movements and communication in the Gombe Stream chimpanzees», in P.C. Jay, (a cura di), *Primates: Studies in adaptation and variability*, Hole Rinehart & Winston, Inc., 1968 New York, pp. 313-382.

Visser M., Launer L.J., Deurenberg P., Deeg D.J., «Past and current smoking in relation to body fat distribution in older men and women», *Journal Gerontol A Biol Sci Med Sci*, 54(6), pp. M293-8, 1999.

Volkow N.D., Wang G.J., Fowler J.S., Logan J., Jayne M., Franceschi D., Wong C., Gatley S.J, Gifford A.N., Ding Y.S., Pappas N., «Nonhedonic food motivation in humans involves dopamine in the dorsal striatum and methylphenidate amplifies this effect», *Synapse*, 44, n. 3, pp. 175-180, 2002.

Vrij A., Mann S., Fisher R.P., «An empirical test of the behaviour analysis interview», *Law and Human Behavior*, 30, n. 3, pp. 329-345, giugno 2006.

Vrugt A., Kerkstra A., «Sex differences in nonverbal communication», *Semiotica*, 50, pp. 1-41, 1984.

Walker M.B., Trimboli C., «The expressive function of the eye flash», *Journal of Nonverbal Behavior*, 8 (1), pp. 3-13, settembre 1983.

Wiseman R., «The luck factor», *Skeptical Inquirer*, 27(3), pp. 13-18, maggio-giugno 2003.

Zebrowitz L.A., Tenenbaum D.R., Goldstein L.H., «The impact of job applicants' facial maturity, gender, and academic achievement on hiring recommendations», *Journal of Applied Social Psychology*, 21, 7, pp. 525-548, 1991.

ZUCKERMAN M., DEPAULO B., ROSENTHAL R., «Verbal and nonverbal communication of deception», in L. BERKOWITZ (a cura di), *Advances in Experimental Social Psychology*, 14, Academic Press, New York 1981, pp. 1-59.

ZUCKERMAN M., DRIVER R.E., «Telling Lies: verbal and nonverbal correlates of deception», in S.A. WOLFE, S. FELDSTEIN (a cura di), *Multichannel integrations of nonverbal behavior*, Erlbaum, Hillsdale, New Jersey 1985, pp. 129-148.

Filmati

Capitolo 1

Intervista di Carole Coleman a George W. Bush:
    http://www.youtube.com/watch?v=Fze2J2Ve9is
Dennis O'Mahoney, partita di poker (Incredible poker hand):
    http://www.youtube.com/watch?v=kMVHBtfUrcM&feature=related
Garry Kasparov contro Anatolij Karpov:
    http://www.youtube.com/watch?v=3QXRR9Ql7kI

Capitolo 2

Glenn Beck chiede a Sarah Palin qual è il padre fondatore dell'America
che preferisce:
    http://www.youtube.com/watch?v=asOXRiMssI0&feature=related

Capitolo 4

Intervista a Lady Diana:
    http://www.youtube.com/watch?v=_nJ54cZLQcM&feature=related
    http://www.youtube.com/watch?v=TuYW0nv5hUM&feature=related
Discorso alla Nazione di Jimmy Carter sul tema dell'energia:
    http://www.youtube.com/watch?v=-tPePpMxJaA
Clinton interrogato da Solomon Wisemberg sul caso Lewinsky:
    http://www.youtube.com/watch?v=ClfpG2-1Bv4
O.J. Simpson assiste alla sentenza per rapina e sequestro di persona:
    http://www.youtube.com/watch?v=aZPkrurlMa8

Capitolo 5

Nancy Christy vince 1 milione di dollari a *Chi vuol essere milionario?*:
   http://www.youtube.com/watch?v=7xsCuFO17rM
Kevin Olmstead vince 2,18 milioni di dollari a *Chi vuol essere milionario?*:
   http://www.youtube.com/watch?v=Yrh660rgPVU&feature=related
Il linguaggio del corpo nel gioco professionale (Sam Farha contro Oliver Hudson):
   http://www.youtube.com/watch?v=_OYwPGMaqMc

Capitolo 6

Sarah Palin nasconde qualcosa sulla questione dell'aborto:
   http://www.youtube.com/watch?v=sEZITdTFfPY
Sarah Palin nasconde il fatto che non legge i quotidiani:
   http://www.youtube.com/watch?v=07kO9TtHYzQ

Ringraziamenti

Grazie a tutti quelli che hanno contribuito direttamente o indirettamente alla stesura di questo libro e in particolare a Elisabetta, la mia editor, che ha avuto una pazienza infinita con me; a Pierluigi Bumbaca che ha curato il servizio fotografico, dandomi una disponibilità straordinaria; agli amici Francesco Ciaccia, Elisabetta Maccechini e Giuseppe Cardella che hanno fatto da soggetti per le foto rivelando doti interpretative non comuni.

Stampato presso ELCOGRAF S.p.A.
Stabilimento di Cles (TN)